Katja Petrowskaja
Vielleicht Esther

Geschichten

Büchergilde Gutenberg

Lizenzausgabe für die Büchergilde Gutenberg,
Frankfurt am Main, Zürich, Wien
www.buechergilde.de
Mit freundlicher Genehmigung
des Suhrkamp Verlags, Berlin
© Suhrkamp Verlag Berlin 2014
Alle Rechte vorbehalten
Satz: Satz-Offizin Hümmer GmbH, Waldbüttelbrunn
Druck: CPI – Ebner & Spiegel, Ulm
Printed in Germany 2014
ISBN 978-3-7632-6734-7

Vielleicht Esther

Google sei Dank

Es wäre mir lieber, ich müsste meine Reisen nicht hier beginnen, in der Ödnis um den Bahnhof, die immer noch von der Verwüstung dieser Stadt zeugt, einer Stadt, die im Lauf siegreicher Schlachten zerbombt und ruiniert worden war, als Vergeltung, so schien es mir, denn von dieser Stadt aus war der Krieg gesteuert worden, der tausendfach Verwüstung verursacht hatte, weit und breit, ein endloser Blitzkrieg auf eisernen Rädern, mit eisernen Flügeln. Das ist nun so lange her, dass diese Stadt zu einer der friedlichsten Städte der Welt geworden ist und diesen Frieden fast aggressiv betreibt, als eine Form der Erinnerung an den Krieg.

Der Bahnhof wurde vor kurzem in die Mitte dieser Stadt gebaut, und trotz des Friedens war der Bahnhof unwirtlich, es war, als verkörpere er all die Verluste, die mit keinem Zug einzuholen sind, einer der unwirtlichsten Orte in unserem kreuz und quer vereinigten und doch sehr begrenzten Europa, ein Ort, an dem es immer zieht und wo sich der Blick auf eine Ödnis öffnet, ohne dass sich ihm Gelegenheit bieten würde, in einem städtischen Dickicht hängenzubleiben, auf etwas zu ruhen, bevor man wegfährt von hier, aus dieser Leere inmitten der Stadt, die keine Regierung füllen kann, mit keinen großzügigen Bauten und keinen guten Absichten.

Es zog auch dieses Mal, als ich am Bahnsteig stand und wieder die Großbuchstaben *Bombardier Willkommen in Berlin* unter dem Bogen des geschwungenen Daches mit dem Blick abtastete, die Umrisse befühlte, gelangweilt, aber

doch wieder erstaunt über das Gnadenlose dieses Will-
kommens. Es zog, als ein älterer Herr sich mir näherte
und mich nach Bombardier fragte.

Man denke sofort an Bomben, sagte er, an Artillerie, an
diesen schrecklichen, unbegreiflichen Krieg, und warum
gerade Berlin so grüßen solle, diese schöne, friedliche, zer-
bombte Stadt, die sich all dessen bewusst sei, es könne
doch nicht wahr sein, dass Berlin Ankommende wie ihn
mit diesem Wort in Großbuchstaben sozusagen bombar-
diere, und was heißt hier Willkommen, wer genau soll hier
bombardiert werden und womit. Er suche dringend nach
einer Erklärung, denn er fahre gleich ab. Ich antwortete,
etwas erstaunt darüber, dass meine innere Stimme sich in
Gestalt eines alten Mannes mit schwarzen Augen und ame-
rikanischem Akzent an mich wandte, atemlos und immer
aufgeregter, fast ungezügelt mit Fragen mich bewarf, die
ich selbst schon hundertmal durchgespielt hatte, play it
again, dachte ich, immer weiter in diese Fragen versinkend,
in diese Ferne der Fragen auf dem Bahnsteig, und ich antwortete, dass auch ich sofort an Krieg denke, keine Alters-
frage also, ich denke sowieso immer an den Krieg, besonders hier in diesem Durchgangsbahnhof, der für keinen
Zug Endstation ist, keine Sorge, man fährt immer weiter,
dachte ich, und dass er nicht der erste sei, der sich das frage
und auch mich. Ich bin zu oft hier, dachte ich kurz, vielleicht bin ich стрелочник, *strelotschnik*, ein Weichensteller, und immer ist der Weichensteller schuld, aber nur auf
Russisch, dachte ich, als der alte Mann sagte, my name is
Samuel, Sam.

Und dann erzählte ich ihm, dass *Bombardier* ein französi-
sches Musical sei, das in Berlin erfolgreich laufe, viele Men-

schen kommen deshalb in diese Stadt, stellen Sie sich vor, nur wegen *Bombardier*, die Pariser Kommune oder so von damals, zwei Nächte im Hotel plus Musical alles inklusive von heute, und dass es schon Probleme gegeben habe, weil im Hauptbahnhof für Bombardier geworben wird, nur mit diesem einen Wort, kommentarlos, es stand schon in der Zeitung, sagte ich, ich erinnere mich, sagte ich, dort stand, das Wort wecke falsche Assoziationen, sogar einen Gerichtsfall hat es gegeben im Streit der Stadt mit dem Musical, es wurden Linguisten beigezogen, stellen Sie sich vor, die das Wort auf sein Gewaltpotential hin überprüften, und das Gericht hat das Urteil zu Gunsten der freien Werbung ausgesprochen. Ich glaubte immer mehr an meine Worte, obwohl ich keine Ahnung hatte, was dieses Bombardier am Dachbogen des Bahnhofs bedeutete und woher es kam, aber das, was ich so begeistert und fahrlässig erzählte und was ich auf keinen Fall als Lüge bezeichnen würde, beflügelte mich, und ich schweifte immer weiter ab, ohne die geringste Angst abzustürzen, ich drehte mich immer weiter in den Kurven dieses niemals gesprochenen Urteils, denn wer nicht lügt, kann nicht fliegen.

Wohin fahren Sie?, fragte mich der alte Mann, und ich erzählte ihm alles, ohne eine Sekunde zu zögern, mit dem gleichen Schwung, als würde ich das nächste Musical verurteilen, ich erzählte von der polnischen Stadt, aus der meine Verwandten vor hundert Jahren nach Warschau und dann weiter nach Osten gezogen waren, vielleicht nur, um mir die russische Sprache zu vererben, die ich nun so großzügig niemandem weiterverschenke, dead end also und Halt, deswegen muss ich fahren, erzählte ich, dorthin, in eine der ältesten Städte Polens, wo sie, die Ahnen, von denen man nichts weiß, wirklich, keine Ahnung, wo sie zwei, drei oder auch vier Jahrhunderte gelebt haben, vielleicht seit dem fünfzehnten Jahrhundert, als die Juden in dieser kleinen polnischen Stadt die Garantien bekommen hatten und zu Nachbarn wurden und zu den anderen. And you?, fragte Sam, und ich sagte, ich bin eher zufällig jüdisch.

Wir warten auch auf diesen Zug, sagte Sam nach einer kurzen Pause, auch wir fahren mit dem Warszawa-Express. Mit diesem Zug, der wie ein Vollblutpferd aussieht, wie er nun aus dem Nebel auftaucht, ein Expresszug, der sich zwar gemäß dem Fahrplan, jedoch gegen die Zeit bewegt, in die Zeit von Bombardier, for us only, dachte ich, und der alte Mann fuhr fort, seine Frau suche dasselbe, die Welt ihrer Großmutter nämlich, die aus einem kleinen weißrussischen Dorf bei Biała Podlaska in die USA gekommen sei, und doch sei es nicht seine Heimat und nicht die seiner Frau, hundert Jahre sei es her und viele Generationen, und auch die Sprache kenne von ihnen keiner mehr, aber Biała Podlaska klinge für ihn wie ein forgotten lullaby, gottweisswarum, ein Schlüssel zum Herzen, sagte er, und das Dorf heißt Janów Podlaski, und dort hätten damals fast nur Juden gewohnt und jetzt nur die anderen, und sie beide würden dorthin fahren, um sich das anzuschauen, und, er sagte tatsächlich wieder und wieder *und*, als stolpere er über ein Hindernis, dort sei natürlich nichts geblieben, er sagte *natürlich* und *nichts*, um die Sinnlosigkeit seiner Reise zu betonen, ich sage auch oft natürlich oder sogar naturgemäß, als ob dieses Verschwinden oder dieses Nichts natürlich oder auch selbstverständlich sei. Die Landschaft jedoch, die Namen der Orte und ein Gestüt für Araberpferde, das seit Anfang des neunzehnten Jahrhunderts existiert, gegründet nach dem Napoleonischen Krieg und in Fachkreisen die erste Adresse, das alles sei noch da, erzählten sie mir, das hätten sie alles gegoogelt. Ein Pferd könne dort gut eine Million Dollar kosten, Mick Jagger habe bei einer Auktion schon Pferde aus diesem Gestüt angeschaut, sein Drummer habe drei gekauft, und nun würden sie dorthin fahren, fünf Kilometer von der weißrussischen Grenze entfernt, Google sei Dank. Sogar einen Pferdefriedhof gebe es dort, nein, der jüdische Friedhof sei nicht erhalten geblieben, auch das stehe im Internet.

I'm a Jew from Teheran, sagte der alte Mann, als wir noch am Bahnsteig standen, Samuel ist mein neuer Name. Ich bin aus Teheran nach New York gekommen, sagte Sam, er könne Aramäisch, habe vieles studiert und sei immer mit seiner Geige unterwegs. In den USA hätte er eigentlich Nuklearphysik studieren sollen, habe sich jedoch beim Konservatorium angemeldet, sei bei der Aufnahmeprüfung durchgefallen, und so sei er Banker geworden, und auch das sei er nicht mehr. Noch nach fünfzig Jahren, sagte seine Frau, als wir schon im Zug saßen und der metallene Regenbogen *Bombardier Willkommen in Berlin* nicht mehr auf unsere Köpfe drückte, da sagte seine Frau, egal ob er Brahms, Vivaldi oder Bach spielt, alles klingt iranisch. Und er sagte, es sei Schicksal, dass sie mich getroffen hätten, ich sähe aus wie die iranischen Frauen seiner Kindheit, er hatte iranische Mütter sagen wollen, vielleicht wollte er sogar *wie meine Mutter* sagen, hielt sich aber zurück, und er fügte hinzu, es sei auch eine Schicksalsfügung, dass ich mich in der Familienforschung besser auskenne als sie und dass ich mit dem gleichen Ziel und dem gleichen Zug nach Polen fahre – falls man den Drang, nach Verschwundenem zu suchen, überhaupt als Ziel definieren dürfe, erwiderte ich. Und nein, es ist nicht Schicksal, sagte ich, denn Google wacht über uns wie Gott, und wenn wir etwas suchen, dann gibt er uns nur unsere Reime darauf, genauso wie sie einem, hat man im Internet einen Drucker gekauft, noch lange Zeit danach Drucker anbieten, und wenn man einen Schulranzen kauft, kriegt man noch jahrelang die Werbung dazu, von Partnersuche ganz zu schweigen, und wenn man sich selbst googelt, verschwinden irgendwann sogar die Namensvettern, und es bleibt only you, als würde, wenn man sich den Fuß verstaucht hat und hinkt, plötzlich die ganze Stadt hinken, aus Solidarität vielleicht, Millionen von Hinkenden, sie bilden eine Gruppe, beinahe die Mehrheit, wie soll Demokratie funktionieren, wenn man nur das kriegt, was man schon gesucht hat, und wenn man das ist, was man sucht, so dass man sich nie allein fühlt oder immer, denn man hat keine Chance, die anderen zu treffen, und so ist das mit der Suche, bei der man auf Gleichgesinnte stößt, Gott googelt unsere Wege, auf dass wir nicht herausfallen aus unseren Fugen, ich treffe ständig Menschen, die das Gleiche suchen wie ich, sagte ich, und deswegen haben auch wir uns hier getroffen, und der alte Mann sagte, genau das sei eben Schicksal. In der Exegese war er offensichtlich weiter als ich.

Auf einmal fiel mir das Musical ein, das tatsächlich vor Jahren hier Furore gemacht hatte, als man auf den Werbeflächen der Stadt die Worte *Les Misérables* sah, kommentarlos, anders als der gleichnamige Film, der die Elenden *Gefangene des Schicksals* nannte. Das Musical sprach jeden mit Les Misérables an, als ob man ständig getröstet werden müsste – Ach du Elende! – oder auch nur darauf hingewiesen, dass nicht nur einer, sondern wir alle uns im Elend wiederfinden, im Elend vereint, denn angesichts dieser riesigen Buchstaben, angesichts dieser Ödnis in der Mitte der Stadt sind wir alle Elende, nicht nur die anderen, sondern auch ich. Und so füllen die Buchstaben von Bombardier am Bogen des Bahnhofsdaches uns mit ihrem Hall, wie Orgelmusik die Kirche füllt, und niemand kann entkommen.

Und dann googelte ich wirklich: Bombardier war eine der größten Eisenbahn- und Flugzeugbaufirmen der Welt, und dieser Bombardier, der unsere Wege bestimmt, hatte vor kurzem die Kampagne *Bombardier YourCity* gestartet. Schnell und sicher. Und nun fuhren wir mit dem Warszawa-Express von Berlin nach Polen, mit dem Segen Bombardiers, umgeben von Vorhängen und Servietten, seinen Insignien mit dem Aufdruck WARS, einer Abkürzung so altmodisch und vergangen wie Star Wars und andere Kriege der Zukunft.

KAPITEL I

Eine exemplarische Geschichte

Familienbaum

Ein Fichtenbaum steht einsam
Heinrich Heine

Am Anfang dachte ich, ein Stammbaum sei so etwas wie ein Tannenbaum, ein Baum mit Schmuck aus alten Kisten, manche Kugeln gehen kaputt, zerbrechlich wie sie sind, manche Engel sind hässlich und robust und überleben alle Umzüge. Jedenfalls war ein Tannenbaum der einzige Familienbaum, den wir hatten, er wurde jedes Jahr neu gekauft und dann weggeschmissen, einen Tag vor meinem Geburtstag.

Ich hatte gedacht, man braucht nur von diesen paar Menschen zu erzählen, die zufälligerweise meine Verwandten waren, und schon hat man das ganze zwanzigste Jahrhundert in der Tasche. Manche aus meiner Familie waren geboren, um ihren Berufungen nachzugehen in dem hellen, aber nie ausgesprochenen Glauben, sie würden die Welt reparieren. Andere waren wie vom Himmel gefallen, sie schlugen keine Wurzeln, sie liefen hin und her, kaum die Erde berührend, und blieben in der Luft wie eine Frage, wie ein Fallschirmspringer, der sich im Baum verfängt. In meiner Familie gab es alles, hatte ich überheblich gedacht, einen Bauern, viele Lehrer, einen Provokateur, einen Physiker und einen Lyriker, vor allem aber gab es Legenden.

Es gab
einen Revolutionär, der zu den Bolschewiken ging und im
Untergrund seinen Namen änderte, den nun wir schon fast
hundert Jahre tragen, ganz legal

mehrere Arbeiter in einer Schuhfabrik in Odessa, über die
man nichts weiß

einen Physiker, der ein experimentelles Turbinenwerk in
Charkow leitete und während der Säuberungen verschwand,
sein Schwager wurde beauftragt, das Urteil über ihn zu
sprechen, denn Treue zur Partei maß man an der Bereit-
schaft, die Eigenen zu opfern

einen Kriegshelden namens Gertrud, Ehemann meiner Tante Lida, der geboren wurde, als das Land die Arbeit zum
Selbstzweck erklärte, zuerst arbeiteten alle viel, dann zu
viel und später noch viel mehr, denn die Vorbilder ersetzten die Normen, und Arbeit schafft Sinn in der Nation
der Proletarier und Übermenschen, und so kam es, dass
mein zukünftiger Onkel bei der Geburt den Namen Geroj
truda bekam, Held der Arbeit, abgekürzt Gertrud

dann noch Arnold, Ozjel, Zygmunt, Mischa, Maria, Vielleicht Esther, vielleicht eine zweite Esther und Frau Sis-
kind, eine taubstumme Schülerin von Ozjel, die Kleider
nähte für die ganze Stadt

viele Lehrer, die in ganz Europa Waisenhäuser gründeten
und taubstumme Kinder unterrichteten

Anna und Ljolja, die in Babij Jar liegen, und alle anderen dort

ein Phantom namens Judas Stern, mein Großonkel

einen Pfau, den meine Großeltern für die taubstummen Kinder kauften, um der Schönheit willen

eine Rosa und eine Margarita, meine Blumenomas

Margarita bekam die Empfehlung für die Parteimitgliedschaft 1923 direkt von Molotow, dem zukünftigen sowjetischen Außenminister, so erzählt man sich, als wäre es ein Hinweis darauf, dass wir immer im Zentrum des Geschehens standen

meine Großmutter Rosa, die den schönsten Namen aller Logopädinnen hatte und auf ihren Mann wartete, länger als Penelope

meinen Großvater Wassilij, der in den Krieg zog und erst nach 41 Jahren zu meiner Großmutter Rosa zurückkehrte. Sie hat ihm seine lange Wanderung nie verziehen, aber – bei uns gibt es immer jemanden, der aber sagt – aber, sagte dieser jemand, sie haben sich geküsst, am Kiosk neben der U-Bahn, da waren sie beide schon über siebzig, das Hotel Tourist wurde gerade gebaut, aber Großvater, sagte meine Mutter, Großvater konnte doch damals die Wohnung schon nicht mehr verlassen, und das Hotel Tourist wurde erst später gebaut meinen anderen Großvater, den Revolutionär, der nicht nur seinen Namen geändert hatte, sondern auch seiner Mutter in jedem sowjetischen Fragebogen einen neuen Namen gab, je nach den Anforderungen der Zeit, der Arbeit und seinen literarischen Vorlieben, bis er auf Anna Arkadjewna kam, so hieß Anna Karenina, die damit zu meiner Urgroßmutter wurde

Wir waren glücklich, und alles in mir widersetzte sich dem Satz, den uns Lew Tolstoj vererbt hat, dass die glücklichen Familien sich ähnelten in ihrem Glück und nur die unglücklichen einzigartig sind, ein Satz, der uns in die Falle lockte und den Hang zum Unglück weckte, als wäre nur das Unglück der Rede wert, das Glück aber leer.

Negative Zahlen

Mein großer Bruder brachte mir die negativen Zahlen bei, er erzählte von schwarzen Löchern, zur Einführung in einen Modus vivendi. Er schuf sich ein Paralleluniversum, wo er für immer unerreichbar war, mir blieben die negativen Zahlen. Die einzige Cousine, von der ich damals wusste, sah ich kaum, noch seltener als ihre Mutter Lida, die große Schwester meiner Mutter. Mein strenger Onkel, der große Bruder meines Vaters, stellte mir bei seinen seltenen Besuchen Physikaufgaben zum Thema Perpetuum mobile, als ob die unaufhörliche Bewegung seine Abwesenheit in unserem Leben hätte vertuschen sollen. Meine beiden Babuschkas wohnten bei uns, waren aber nicht ganz da: Ich war noch klein, als sie bereits das volle Unvermögen ihres hohen Alters erreicht hatten. Andere Babuschkas backten Piroschki und Kuchen, strickten warme Pullover und bunte Mützen, manche sogar Socken – Socken, der Kunstflug des Strickens, *vyschij pilotasch*, wie man sagte. Sie brachten die Kinder zur Schule und zum Musikunterricht, sie holten sie ab, und im Sommer warteten sie in ihren Gärten auf ihre Enkel, in ihren Datschas oder Häuschen auf dem Land. Meine Babuschkas lebten bei uns im siebten Stock, wo sie im Beton keine Wurzeln schlagen konnten. Beide hatten sie Blumennamen, und ich dachte insgeheim, dass die Malven, die vor unserem vierzehnstöckigen Haus wuchsen, Verbündete waren beim Komplott meiner Babuschkas, Rosa und Margarita, sich ins Pflanzenhafte zurückzuziehen.

Sie hatten nicht alle Tassen im Schrank, obwohl man auf Russisch nicht alle Tassen sagt, sondern Hast du nicht alle zu Hause? Ich hatte Angst vor dieser Frage, obwohl meine Babuschkas fast immer zu Hause waren, zu meinem Schutz wahrscheinlich, trotzdem hatte mich dieses Nicht alle zu Hause oder einfach dieses *alle* alarmiert, als ob die anderen etwas über uns gewusst hätten, was mir nicht erzählt wurde, als ob sie gewusst hätten, wer oder was eigentlich fehlt.

Manchmal dachte ich, ich wüsste es. Zwei von meinen Großeltern wurden im neunzehnten Jahrhundert geboren, und mir schien, in den Wirren der Zeit sei eine Generation verlorengegangen, übersprungen worden, sie waren in der Tat nicht zu Hause, bei meinen Freunden waren sogar die Urgroßeltern jünger als meine Großeltern, und ich sollte daher für zwei Generationen die Zeche bezahlen und die

Suppe auslöffeln. Ich war die Jüngste in einer Liste der Jüngsten. Ich war die Jüngste überhaupt.

Das Gefühl des Verlustes trat ohne Vorwarnung in meine ansonsten fröhliche Welt, es schwebte über mir, streckte seine Flügel aus, ich kriegte keine Luft und kein Licht, wegen eines Mangels, den es vielleicht gar nicht gab. Manchmal kam es wie ein Blitz, schnell, wie eine Ohnmacht, als ob ich plötzlich den Boden unter den Füßen verlieren würde, kurzatmig ruderte ich mit den Armen um Rettung, um das Gleichgewicht wiederzugewinnen, getroffen von einer Kugel, die nie abgeschossen wurde, niemand hatte Hände hoch gesagt.

Diese existentielle Gymnastik im Kampf um das Gleichgewicht schien mir Teil des Familienerbes zu sein, ein angeborener Reflex. In der Schule haben wir im Englischunterricht weitergeübt, hands up, to the sides, forward, down. Ich dachte immer, das Wort Gymnastik sei aus dem Wort Hymne entstanden, auf Russisch fängt beides mit G an, *Gimnastika* und *Gimn*, und ich streckte die Hände eifrig nach oben, im Versuch, die unsichtbare Hülle des Himmels zu berühren.

Es gab viele, die noch weniger Verwandte hatten als ich. Es gab Kinder ohne Geschwister, ohne Babuschka, ohne Eltern, und es gab Kinder, die sich im Krieg für die Heimat geopfert hatten, kühne Helden, diese toten Kinder, sie wurden zu unseren Götzen gemacht, sie waren immer mit uns. Wir durften ihre Namen selbst nachts nicht vergessen, sie waren viele Jahre vor unserer Geburt gestorben, doch damals hatten wir kein Damals, sondern nur ein Jetzt, in dem die Verluste des Krieges einen unerschöpflichen Vorrat unseres eigenen Glückes bilden sollten, denn wir lebten nur, so sagte man uns, weil sie für uns gestorben waren, und wir sollten ihnen immer dankbar sein, für unsere friedliche Normalität und überhaupt für alles. Ich wuchs nicht in menschenfresserischen, sondern in vegetarischen Zeiten auf, wie zuerst Achmatowa sagte und dann wir alle, wir schrieben alle Verluste dem längst vergangenen Krieg zu, jenem Krieg ohne Artikel und Beiwort, wir sagten einfach Krieg, im Russischen gibt es sowieso keinen Artikel, und wir sagten nicht welcher, denn wir dachten, es gäbe nur einen, fälschlicherweise, denn zur Zeit unserer glücklichen Kindheit führte unser Staat gerade einen anderen Krieg, im fremden Süden, für unsere Sicherheit, so sagte man uns, und für die Freiheit der anderen, einen Krieg, den wir trotz der täglichen Verluste nicht wahrnehmen durften, und auch ich nahm ihn nicht wahr, bis ich mit zehn Jahren vor unserem Hochhaus den Zinksarg sah, der die Überreste eines neunzehnjährigen Nachbarn enthielt, eines Jungen, an den ich mich schon damals nicht mehr erinnerte, aber an seine Mutter bis heute.

Ich hatte keinen Grund zu leiden. Trotzdem litt ich, von früh an, obwohl glücklich und geliebt, umgeben von Freunden, es war mir peinlich zu leiden, ich litt immer wieder an dieser manchmal schneidend scharfen, manchmal wermutherben Einsamkeit, und ich dachte, es komme nur daher, dass mir etwas fehlte. Der üppige Traum von einer großen Familie an einem langen Tisch verfolgte mich mit der Beständigkeit eines Rituals.
Dabei war unser Wohnzimmer voll mit den Freunden mei-

nes Vaters, mit erwachsenen Schülern meiner Mutter, Dutzenden von Schülern, die ihr immer geblieben sind und die bald in mehreren Generationen an unserem Tisch saßen, und wir machten die gleichen Fotos wie andere Familien: vor dem Hintergrund der dunkel geblümten Vorhänge lauter fröhliche, leicht überbelichtete Gesichter, alle in Richtung Kamera gewendet, an einem langen, üppig gedeckten Tisch. Ich weiß nicht genau, wann ich während der lauten, überbordenden Feste meiner Familie zum ersten Mal den leisen Missklang hörte.

Die Liste derer, die sich zu meiner Familie rechnen dürfen, war mit zehn Fingern erledigt. Ich musste die Tonleiter Tante, Onkel, Cousine, Tante zweiten Grades, auch den Onkel dazu, Cousine und Großonkel – rauf und runter, rauf und runter – gar nicht üben, überhaupt schreckte mich das Klavier, die aggressive Vollständigkeit der Tastatur.

In einer anderen Zeit, vor den Feiern an unserem langen Tisch, war eine große Familie ein Fluch, denn unter den Verwandten konnten sich Weißarmisten, Saboteure, Adelige, Kulaken, im Ausland Lebende, viel zu Gebildete, Volksfeinde und deren Kinder sowie andere Verdächtige finden, und unter Verdacht waren alle, deswegen erlitten die Familien einen Gedächtnisschwund, oft um sich zu retten, was nur selten half, und als wir damals feierten, waren solche Verwandte, wenn es sie überhaupt gegeben hatte, meistens schon vergessen, oft vor den Kindern geheim gehalten, und so schrumpften die Familien, ganze Familienzweige sanken in Vergessenheit, die Sippe schmolz zusammen, bis nur der Witz mit den beiden Gleichnamigen übrig blieb. Sind Sie mit ihm verwandt? Keineswegs, wir sind nicht einmal Namensvettern!

Die Liste

Eines Tages standen plötzlich meine Verwandten – die aus der tiefen Vergangenheit – vor mir. Sie murmelten ihre frohen Botschaften vor sich hin in Sprachen, die vertraut klangen, und ich dachte, mit ihnen werde ich den Familienbaum blühen lassen, den Mangel auffüllen, das Gefühl von Verlust heilen, aber sie standen in einer dicht gedrängten Menge vor mir, ohne Gesichter und Geschichten, wie Leuchtkäfer der Vergangenheit, die kleine Flächen um sich herum beleuchteten, ein paar Straßen oder Begebenheiten, aber nicht sich selbst.

Ich kannte ihre Namen. Alle diese Levis, die irgendwo in der Welt verstreut wären, wenn sie noch lebten, denn so hießen meine Urgroßmutter, ihre Eltern und ihre Geschwister. Ich wusste, dass es die Gellers gab oder Hellers, genau weiß man es nicht. Von einem Simon Geller wusste ich nur durch eine einzige auf Russisch verfasste Notiz, eine Übersetzung aus einer jiddischen Zeitung, die nirgendwo auf der Welt mehr zu finden ist. Die letzten Krzewins, die Nachfolger der Hellers, kannte ich noch, jene Verwandten mit dem leicht knirschenden Namen, wie Schnee unter den Füßen, wie *kowrishka*, Pfefferkuchen, zwischen den Zähnen. Es gab auch die Sterns, so hieß mein Großvater bis zu seinem zwanzigsten Lebensjahr, und so würde auch ich heißen, wenn die russische Revolution nicht gesiegt hätte, und so hießen seine zahlreichen Geschwister, seine Eltern und deren zahlreiche Geschwister und seine Großeltern mit deren ganzer Sippe, falls sie wirklich so zahlreich waren, wie ich es mir gerne vorstellte.

Meine fernen Verwandten mit den Namen Krzewin und Levi hatten in Łódź, Kraków, Kalisz, Koło, Wien, Warschau, Kiew und Paris gelebt, noch 1940, wie mir erst kürzlich klar wurde, und auch noch in Lyon, wie meine Mutter sagte. Rusja studierte in Wien und Jusek in Paris, an diesen Satz meiner Großmutter erinnere ich mich. Wer Rusja und Jusek waren, habe ich nie erfahren, irgendwelche Verwandte eben. Vielleicht war es gerade umgekehrt: Rusja studierte in Paris und Jusek in Wien. Das Wort Konservatorium fiel, aber ich erinnere mich nicht, wem dieses Wort zugewiesen wurde. Und an noch einen Satz erinnere ich mich: Auch Rusja und Jusek haben den Bürgersteig mit der Zahnbürste geputzt. In Łódź, Kalisz, Warschau waren vielleicht immer noch Ferien, und am Konservatorium hatte das Semester noch nicht begonnen, sie waren zu Hause und nicht in Paris oder Wien. Als ich diesen Satz in meiner Kindheit hörte, dachte ich, es wäre in der Schweiz, weil unsere Zeitungen damals darüber schrieben, dass in der Schweiz alles sauber sei und manche Schweizer Bürger sich mit kleinen Bürsten und Shampoo vor ihre Häuser hinhockten und den Bürgersteig scheuerten, und ich sah, wie das Land in Seifenblasen versank, dieses Land oder ein anderes in seiner strahlenden, unerreichbaren Sauberkeit.

Einige Namen meiner Verwandten waren so verbreitet, dass es keinen Sinn hatte, nach ihnen zu suchen. Es wäre eine Suche nach Gleichnamigen gewesen, denn in den Listen stehen sie alle untereinander, nebeneinander wie Nachbarn, durcheinandergemischt, und die Meinigen sind nicht zu unterscheiden von Hunderten anderer, die genauso hießen, dabei wäre es für mich nicht möglich, die Meinigen von den Fremden zu trennen wie den Weizen von der Spreu, es wäre eine Selektion gewesen, und ich wollte keine, nicht einmal das Wort. Je mehr Gleichnamige es gab, desto geringer war die Chance, meine Verwandten unter ihnen zu finden, und je geringer diese Chance war, desto klarer wurde mir, dass ich alle Aufgelisteten zu den Meinigen zu zählen hatte.

Akribisch sammelte ich ihre Namen, überall suchte ich nach Levis, Krzewins, Gellers oder Hellers, und irgendwann, als ich in der Militärkirche von Warschau vor den langen Listen stand, die in winziger Schrift von Wand zu Wand liefen, vor den Listen mit den Namen der Ermordeten von Katyń – warum suchen wir sogar in den Listen der Toten automatisch nach dem eigenen Namen? – da fand ich in diesen Listen Stanisław Geller und bekannte mich hier, in der Katyńer Kapelle der Militärkirche, zu allen Namensvettern, auch zu jenem Stanisław, als ob er und alle, die ich noch finden werde, ebenfalls zu meiner Familie gehörten, alle Gellers und Hellers, alle Krzewins und Sterns. Jeder Stern schien mir ein geheimer Verwandter zu sein, auch die am Himmel.

Vor Jahren, als ich in New York war, blätterte ich in den Yellow Pages, einem alten Telefonbuch. Wo sind die Geschwister meines Großvaters? Wo sind die Geschwister seines Vaters, die Stern hießen und aus Odessa in alle Richtungen verschwunden waren? Sangen ihre Nachkommen bei Velvet Underground? Hatten sie eine Bank? Unterrichteten sie in Massachusetts am MIT, oder arbeiteten sie immer noch in einer Schuhfabrik? Jemand muss schließlich auch arbeiten.

Es gab viele Sterne in den Gelben Seiten. Acht volle Seiten. Gelbe Sterne im Telefonbuch. Sollte ich jeden von ihnen anrufen und fragen? Was haben Sie vor 1917 gemacht? Warten Sie immer noch auf die armen Verwandten aus dem Osten? Auch nach hundert Jahren noch? Und die Berühmtheiten, soll ich sie in meine Liste aufnehmen, oder sie mich in ihre?

Wer hat mir erzählt, dass einer unserer Levis Buchhalter in einer Knopffabrik in Warschau war? Ein anderer Levi machte die Jeans 501, die besten, die ich kannte, damals, als ich mit meiner Suche begonnen hatte. Er war bestimmt keiner von uns, ich kann mir nicht vorstellen, dass jemand von den Meinigen überhaupt einen Geschmack am Gewinn gehabt haben konnte oder eine Ahnung davon, wie man sich Vorteile verschafft. Als ich immer weiter über die Knopffabrik in Warschau oder sonst wo nachdachte, wuchs meine Überzeugung, dass es niemand von denen, die in Polen geblieben waren, auf eine solche Liste geschafft haben konnte.

Mir fiel eine Rettungsliste ein, aus einem Film, ich ging sie durch, als ob es möglich wäre, dass jemand von den Meini-

gen dort aufgeführt sein könnte und also gerettet, aufgetaucht aus dem Internet. Ich las einen Namen nach
dem anderen, als sei es eine Suche nach Gewinnzahlen,
als könnte ich jemanden wiedererkennen.

Kein Levi, kein Krzewin, ich hatte aber einen Itzhak Stern
gefunden, ebenfalls Buchhalter, allerdings in einer Fabrik
in Kraków, kein Verwandter von mir, denn meine Sterne
waren in Odessa, und wenn sie nicht schon lange davor
ausgewandert waren, machten sie Revolution im Untergrund, aber einen Krieg später gab es für sie in Odessa
keine Rettungsaktionen und keine Listen mehr. Soll ich
diesen Stern trotzdem auf meine Liste nehmen, weil die anderen nicht ausfindig zu machen sind? Oder wäre das ver-
suchter Diebstahl?

Es gibt, bekanntlich, Spiele ohne Sieger.

Hallo, ich bin der Joe, und ich arbeite in einer Knopf-
fabrik.
Neulich kam mein Chef vorbei und fragte, ob ich beschäf-
tigt sei.
Ich sagte nö.
Da sagte er:
Dann dreh den Knopf mit der rechten Hand.
Hallo, ich bin der Joe …

Das Rezept

Die Erkenntnis, dass die Menschen gingen, traf mich unvorbereitet, legte sich über mich wie ein Schatten, bedeckte mich wie das Becken, das sich Don Quichotte irgendwann als Helm auf seinen Kopf gesetzt hatte und in dem, Jahrhunderte später, meine blinde Babuschka Pflaumenmus kochte. Nun stand das Becken seit Jahren verstaubt auf dem Küchenschrank.

Als Lida, die ältere Schwester meiner Mutter, starb, habe ich begriffen, was das Wort Geschichte bedeutet. Mein Verlangen zu wissen war reif, ich war bereit gewesen, mich den Windmühlen der Erinnerung zu stellen, und dann ist sie gestorben. Ich stand da mit angehaltenem Atem, bereit zu fragen, und so bin ich stehen geblieben, und wäre es ein Comic gewesen, wäre meine Sprechblase leer. Geschichte ist, wenn es plötzlich keine Menschen mehr gibt, die man fragen kann, sondern nur noch Quellen. Ich hatte niemanden mehr, den ich hätte fragen können, der sich an diese Zeiten noch erinnern konnte. Was mir blieb: Erinnerungsfetzen, zweifelhafte Notizen und Dokumente in fernen Archiven. Statt rechtzeitig Fragen zu stellen, hatte ich mich am Wort Geschichte verschluckt. War ich nun erwachsen, weil Lida tot war? Ich fühlte mich der Geschichte ausgeliefert.

Das einzige, was ich von Tante Lida habe, ist ein Rezept für Kwas, einen erfrischenden Trank. Das Rezept ist mir vor kurzem aus einem Haufen unbezahlter Rechnungen in die Hände gesprungen, als ob ich auch bei Lida Schulden hätte. Als ich Tante Lidija, Lida, wie wir sie nannten, die nach dem Krieg als antike Schönheit des Kiewer Pädagogischen Instituts galt, Lida von der Fakultät für Defektologie, wie bei uns die Heilpädagogik immer noch heißt, als ich Lida erlebte, die aus den Fotos dieser Zeit ruhig und etwas lässig auf uns herabschaute, war sie ein schlurfendes Wesen in einer Schürze, das jahrelang nichts sagte, nur servierte, ein Gericht nach dem anderen, in die Küche und wieder zurück, auf Tellern mit goldenem Rand. Esst! Sie war die letzte in der Familie gewesen, die taubstumme Kinder unterrichtet hatte, sie kannte das Geheimnis, sie kannte die Geduld, schweigend kochte sie, und nun war sie weg.

Lange Zeit verstand ich nicht, was EBP.KBAC bedeutete, so stand es ganz oben auf dem Zettel, ich starrte auf dieses EBP, denn die kyrillische Abkürzung hätte genauso gut als ЕВРопейский, JEWropejskij, europäischer, wie als ЕВРейский, JEWrejskij, jüdischer Kwas verstanden werden können – eine unschuldige Utopie der russischen Sprache und das Urbi et Orbi meiner Tante, als ob Europa und die Juden aus einer Wurzel stammten und hier in diesem Rezept und in dieser Abkürzung die erfrischende Hypothese steckte, dass alle Juden, auch die, die gar keine Juden mehr waren, sich zu den letzten Europäern zählen dürfen, schließlich haben sie alles gelesen, was Europa ausmacht. Oder wollte meine Tante das Wort jüdisch nicht ausschreiben, weil das Unvollständige und Abgekürzte noch eine andere Option des Lesens offenließ, zum Beispiel, dass dieser Trank doch nicht so ganz jüdisch sei, sondern nur andeutungsweise, nur ein bisschen, trotz des Knoblauchs.

Das Rezept entpuppte sich als eine Art verschlüsselte poetische Übung. Ich hatte nie wahrgenommen, dass meine Tante etwas Jüdisches an sich hatte, sie hatte wirklich nichts davon, außer dass sie diese Gerichte kochte, die ich erst nach ihrem Tod zuordnen konnte, und ich verstand, dass ausgerechnet sie, die nichts mit dem ganzen Schmerz zu tun haben wollte, dass man Jude sagt und sofort an Gräber denkt, und die, weil sie noch lebte, keine Jüdin sein konnte, dass ausgerechnet sie alles Schmackhafte und Saftige von ihren damals noch jüdischen Großeltern gelernt und vieles übernommen hatte, was selbst ihre Mutter schon nicht mehr kannte. Nun gehörten gefilte Fisch, Strudel, Vorschmack für Lida zu ihrer ukrainischen Küche.

Zutaten:
Ein großes Salatbündel
Eine große Knoblauchknolle
Ein großer Strauß Dill

(Hier fehlt eine Zeile)
Du kochst Wasser und lässt es auf Zimmertemperatur abkühlen.
Du wäschst den Salat, dann schneidest du Wurzel und Stengel ab, dann schneidest du alles klein und schälst den Knoblauch.

Diese Epistel wendete sich an mich. Wer schreibt Rezepte in Form einer Anrede in leicht pathetischem Ton?

Den Dill sollst du waschen und schneiden.
Dann vermischst du alles und legst es in ein Dreiliterglas.

Hatte Tante Lida mit diesem Du mich gemeint oder alle Menschen?

Das Dreiliterglas, *trjochlitrowaja banka*, verunsicherte mich noch mehr. Denn zwischen der Küche dort, mit ihrem Dreiliterglas für das Aufbewahren von Salzbrühen, ihrem Mull für das Abseihen der Brühe, ihren gusseisernen Pfannen, und der Küche hier liegt eine Generation von Gegenständen. Wo kauft man in Berlin Mull? Dort haben wir kleine Lappen und verwaschene Tücher und Mull, Kupferbecken und Holzlöffel für das Pflaumenmus, die irgendwann einmal gekauft worden waren, und wenn man fragte wann, dann wurde gesagt, nach dem Krieg.

Sie hat alles verschwiegen, und mit ihr sind all ihre Strudel, gefilte Fisch, ihre süßen Würste mit Rosinen verschwunden, ihre Kekse, die mit getrockneten Pflaumen, die mit Honig, Zitronen und Nüssen, und auch das Wort Zimmes nahm sie mit, als ob tatsächlich alles ein Geheimnis bleiben sollte. Sie verschwieg alles, ihre frühere Schönheit, ihre Belesenheit, sie verschwieg alles, im Dienst ihres Mannes, eines Kriegshelden, eines siebenmal Durchschossenen, eines der Schönsten unter den Helden, sie verschwieg ihre Krankheiten und Sorgen, ihre Lehrmethoden, ihre zunehmende Taubheit, wenn sie in die Küche ging und zurück, sie verschwieg die Geburtstage der Toten, die Geburtstage der Getöteten, die sie jahrzehntelang feierte, allein, sie verschwieg auch andere Daten, sie erinnerte sich an alles und an alle, die sie im Leben berührt hatten, sie verschwieg den Krieg und das Davor und das Danach und all die Züge und all die Städte, die Trauer um ihren Vater, der den Krieg überlebte, aber nicht zur Familie zurückkehrte und später im Haus nebenan wohnte, jahrelang, in einem der neunstöckigen Plattenbauten unserer anonymen sowjetischen Siedlung. Als sie erwachsen wurde und dann alt, wartete sie immer noch, und irgendwann wurde sie stumm, weil sie verstand, dass sie taub wurde, und sie ging zurück zu ihren taubstummen Kindern, die sie ihr ganzes Leben lang unterrichtet hatte, und wenn sie gekonnt hätte, hätte sie auch ihren Tod verschwiegen. Ich hatte sie nach nichts gefragt und frage mich nun, warum ich sie so vollständig verpasst habe, sie und ihr Leben, als hätte ich ihre entschlossene Taubstummheit von Anfang an akzeptiert, ihre Rolle und ihren Dienst. Was habe ich damals überhaupt gemacht, als sie mir das alles hätte schenken können, zum Beispiel das Rezept von ЕВР.КВАС, mir und ganz Европа?

Perpetuum mobile

Abstraktes Denken sei nicht meine Stärke, scherzte Onkel Wil, der ältere Bruder meines Vaters, als ich von Reibungsverlusten sprach. Um mich zu prüfen, legte er mir bei seinen Besuchen die witzigsten Aufgaben vor, zu ägyptischen Dreiecken, dem Modell eines Perpetuum mobile, als ob sich mir etwas Grundlegendes offenbaren würde, wenn ich die Lösung fände. Aber die Aufgaben von Wil zu lösen gelang mir nie.

Er selbst war das Ergebnis einer sowjetischen Metempsychose, einer Umwandlung der Energien zwischen Staat, Seele und Maschine, der ewigen Bewegung meines Landes. Wil wurde 1924, acht Monate nach Lenins Tod geboren, als das Land seine Trauer in der Benennung von Betrieben, Städten und Dörfern ausdrückte – Lenin lebt, und sein Name dreht die Turbinen der Kraftwerke, dein Name sei Lenin, und die Glühbirnen leuchten. So nannten meine Großeltern ihren Erstgeborenen Wil, nach dem verstorbenen Wladimir Iljitsch Lenin, der als Großvater aller sowjetischen Kinder galt, denn Lenin hatte Enkel, wenn auch keine Kinder. Noch fünfzig Jahre später waren wir seine Enkel und sagten Deduschka Lenin, denn bei uns bewegte sich alles, nur nicht die Zeit.

Es wimmelte von fabelhaften Wesen wie Rabfak, Oblmortrest, Komsomol, Molokoopsojus, alles wurde damals abgekürzt und verschmolzen, Mosselprom, Narkompros oder TscheKa, die langlebigste Organisation, die sich später in GPU, NKWD, KGB, FSB verwandelte. Ich kannte eine Ninel, das Palindrom von Lenin, einen Rem, Sohn von Trotzki-Anhängern aus der Weltrevolution, Rewolutsija Mirowaja, einen Roi, Revolution-Oktober-International, ich kannte sogar eine sehr nette Stalina.

Vielleicht hatte die Wahl des Namens auch damit zu tun, dass meine Großeltern noch Jiddisch konnten, durch Wil schimmerte das jiddische *Wille* hindurch, und in der Tat war niemand in unserer Familie so zielstrebig wie Wil, ständig optimierte er seinen Wirkungsgrad, und sogar die Behörden spielten mit. Als er 1940 mit sechzehn Jahren in Kiew einen Pass beantragte, bekam er ein Dokument, in dem in der fünften Zeile Russe stand, obwohl seine Eltern Juden waren, mit der entsprechenden Notiz in ihren Pässen. Mit blondem Schopf, blauen Augen, breiten Schultern und schmalen Hüften sah Wil in der Tat aus wie der wackere Iwan aus dem Märchen. Infolge welcher mathematischen Operationen sich aus zwei Juden ein Russe ergab, und zwar nicht bei der Geburt, sondern beim Besuch einer Passbehörde, blieb ein Geheimnis, aber im Ergebnis war Wilja, wie wir ihn nannten, zu einem vollwertigen Russen geworden, ohne jüdischen Ballast. Die wahre Herkunft war ein Detail, eine unnötige Zugabe, an die man sich lieber nicht erinnerte, außerdem gab es nichts, woran man sich hätte erinnern können, es gab nur die Zukunft, denn die Welt ist groß und die Wissenschaft unendlich.

Der kleine Bruder von Wil, mein Vater Miron, acht Jahre später geboren, trug den abgewandelten Namen des Großvaters Meir und hatte das Wort Jude im Pass stehen. Weil es für ihn kein Judentum mehr gab, wurde auch Miron zum Russen, Bürger einer Nation von Lesern. Auf seine Herkunft blickte er respektvoll und nachdenklich zurück, wenn auch bisweilen etwas verwundert, was er damit zu tun haben sollte.

Die ganze Sowjetunion war gegen die Gravitation und träumte vom Fliegen, Wil wollte Flugzeuge bauen, selbst sein Körper war aerodynamisch, klein und beweglich genug, um ohne Reibungsverluste durchs Leben zu gehen. Wil hätte der Hymne der sowjetischen Luftwaffe entstammen können, die damals alle sangen: *Wir sind geboren, Märchen wahr zu machen, zu überwinden Raum und All, der Verstand gab uns Flügel, Hände aus Stahl, und statt dem Herzen einen Motor, der Funken schlägt.* Auch mein Herz schlug schneller und höher, wenn ich diese Hymne hörte, fünfzig Jahre später, besonders die aufsteigende Melodie, *immer höher, höher und höher steuern wir den Flug unserer Vögel, und in jedem Propeller atmet die Ruhe unserer Grenzen.*

Mit achtzehn ging Wil an die Front wie seine ganze Klasse, sie wurden in Uniformen gesteckt und losgeschickt, ohne die geringste Vorstellung vom Krieg, nur von Heldentum. Kaum an der Front in Mozdok im Kaukasus, stürmten die Rekruten einen Panzergraben, der unter Kreuzfeuer lag. Als sie mit ihren Körpern den Graben gefüllt hatten, rollten die Panzer über sie hinweg. Wilja erzählte seinen Eltern nie, was genau dort bei Mozdok passiert war, der einzige, der davon erfuhr, war sein damals elfjähriger Bruder Miron, der dieses Wissen für immer bewahrt hat, vielleicht an seiner statt.

Als der Graben nach Lebenden durchsucht wurde, entdeckte man Wil. Er lag ganz unten, gequetscht und mit durchschossener Leiste. Ein Wunder, dass man überhaupt gesucht hat, sagte mein Vater.

Wil hatte schwere Kontusionen und eine traumatische Epilepsie, er verbrachte Monate in Krankenhäusern. Seine Familie fand er in Aschchabad, Tausende Kilometer vom Kaukasus entfernt. Er war Kriegsinvalide, ließ sich jedoch durch Krankheit nicht aufhalten, im Gegenteil, er machte die Krankheit zum Treibstoff und wurde mit seinen neunzehn Jahren, als Vorsitzender des Komitees für Sport und Wehrpflicht von Turkmenistan, jüngster Minister der Sowjetunion.

Sein Studium unterbrach er mehrfach, denn die epileptischen Anfälle verursachten wochenlange Erschöpfung. Man musste seine Zunge festhalten, damit er sie nicht verschluckte, immer wieder sprach mein Vater von dieser Zunge, die er festhalten musste, und jedesmal war er über seine eigenen Worte erstaunt. Wie konnte Wilja nach dem Panzergraben immer noch an die Sowjetmacht glauben, fragte ich meinen Vater, und mein Vater sagte, wer zweifelte, hat nicht überlebt.

Schließlich studierte Wil Mechanik und Mathematik in Leningrad, tauschte die Luft gegen das Wasser und wurde Hydroakustiker. Er musste die gleichen Probleme lösen wie beim Fliegen, doch im Wasser sind die Widerstände größer. Wilja optimierte U-Boote, so dass sie alles hörten, ohne selbst gehört zu werden, jede Reibung vermeidend, ihre Geheimnisse hütend.

Er arbeitete, arbeitete und arbeitete für seine fröhliche Wissenschaft, die Erforschung des Schallfelds und seiner inhärenten Prozesse, die hydrodynamischen Probleme von

Turbulenzgeräuschen und die nichtstationären Aufgaben der Hydroakustik. Sogar seinen Humor stellte er in den Dienst des dialektischen Denkens, seines Perpetuum mobile. Im Namen unseres Friedens arbeitete er für den Krieg, er selbst jedoch sprach vom Gleichgewicht der Kräfte, als ginge es auch hier nur um Mechanik.

Ebenso wie Wil bin auch ich als Teil des staatlichen Stoffwechsels geboren, hundert Jahre nach Lenin. Ich feierte meine Geburtstage zusammen mit Lenin, nur minus hundert. Ich wusste, es wird mir immer helfen, meine Koordinaten in der Weltgeschichte zu finden, aber die Kraft des jungen, aufstrebenden Staats, die meinem Onkel durch Geburt geschenkt wurde, war längst dahingeschwunden. Als ich damals an seinen Aufgaben zum Perpetuum mobile verzweifelte, spürte ich seine Fremdheit. Mein Onkel wusste, dass ich seine Aufgaben nie lösen würde. Wenn eine Lösung für das Perpetuum mobile gefunden würde, wären sämtliche Distanzen aufgehoben sowie die Frage nach Nähe, nach Wärme, nach dem Zweifel, möglicherweise auch nach der Verwandtschaft, denn in Wils Aufgaben galt alles Menschliche als Reibungsverlust, als Hindernis für die ewige Bewegung der geheimen Energien, dem Traum meines Onkels. Vielleicht scherzte Wilja damals gar nicht, als er mir – Abstraktes Denken ist nicht deine Stärke! – das Forschungsfeld der Reibungsverluste überließ, an seiner statt.

Nachbarn

Einen Großteil meiner Kiewer Kindheit verbrachte ich in einem neuen vierzehnstöckigen Wohnblock auf der linken Seite des Dnjepr, in einem Bezirk, der nach dem Krieg entstanden war und keine Vergangenheit zu haben schien, nur eine saubere Zukunft. Es war aber *niemand vergessen und nichts vergessen*, wie die Dichterin Olga Bergholz im Gedenken an eine Million Opfer der Leningrader Blockade geschrieben hatte. Diese Zeile schloss man ins Herz, sie ersetzte die Erinnerung im ganzen Land, man entging ihr nicht, denn sie wurde zur Prophezeiung, mit ihrer offenbaren Wahrheit und den versteckten Lügen, man rief uns dazu auf, niemanden und nichts zu vergessen, damit wir vergaßen, wer und was vergessen war. Und so spielten wir im Hinterhof, neben Gummitwist und Völkerball, unaufhörlich die Unsrigen gegen die Faschisten, ein Spiel wie Räuber und Gendarm, 35 Jahre nach dem Krieg.

Meine Straße hieß Uliza Florenzii, zu Ehren unserer schönen italienischen Bruderstadt, und wir, die dort wohnten, hatten Glück, denn in unserer Adresse manifestierte sich die Schönheit Italiens wie auch unsere Zugehörigkeit zur Welt der Schönheit, dass auch wir schön sein durften, dass auch wir im Geist der Renaissance erzogen wurden, zu neuen wiedergeborenen Menschen, wir sollten im Zentrum des Universums stehen, wenn auch hinter dem Eisernen Vorhang. Die Uliza Florenzii wurde 1975 mit einer Gedenktafel, die man an unserem Haus aufhängte, feierlich eröffnet. Das Haus gehörte einem Sowjetministerium, es war das Sowmin-Haus, wie wir es nannten, und im Vergleich mit den neunstöckigen Plattenbauten im sowjetischen Kasernenstil, die unseren Hof umgaben, war unser Sowmin-Haus ein Luxus aus Ziegelstein. Doch hier wohnten keine Minister, sondern Beamte der staatlichen Apparate, mittleres Kader, kleine Chefs, Lehrerinnen mit ihren stillen zerlesenen Bibliotheken, Putzfrauen, Köchinnen, Sekretärinnen, Elektriker, Ingenieure. Für welche Verdienste wir dort eine Wohnung bekommen hatten, in diesem sozialistischen Paradies – vier Zimmer mit Einbauschränken, einer Nische für den Kühlschrank, zwei Loggien und Hängeböden – haben wir nie erfahren. In den ersten Wochen traf mein Vater im Aufzug einen Führungsoffizier des KGB, der ihn Jahre zuvor verhört hatte, und kam mit einer Variante von My home is my castle nach Hause. Mein Heim ist ihre Festung, sagte er.

Danach zogen die Familien des amerikanischen Konsulats ein, und einmal, am Independence Day, hissten sie eine große amerikanische Flagge auf ihren Balkonen, als hätten sie unsere Festung erobert. Als 1977 die bunte und laute Fußballmannschaft aus Florenz nach Kiew kam, wurde unsere Straße ein zweites Mal eröffnet, obwohl wir dort schon lange wohnten, die Italiener entdeckten uns in unserem Kiewer Florenz, zu ihrer Überraschung, als wären wir Indianer, die von den Europäern in Amerika entdeckt wurden, was für eine Neuigkeit, dass hier Menschen leben! Die Gedenktafel wurde von der einen Seite unseres Hauses auf die andere umgehängt.

Das Haus war voller Frauen, die in ihrer Jugend vom Dorf in die Stadt gezogen waren. Je älter sie wurden, desto schneller vergaßen sie ihr hastig gelerntes und nie richtig verwurzeltes Russisch und ließen sich von ihrem warmen Ukrainisch in die Arme schließen. Wenn sie in Rente gingen, zogen sie ihre buntgeblümten Kopftücher hervor, mit dem Knoten vorn, so dörflich, als hätten sie sie nie abgelegt, sie versammelten sich unten auf der Bank vor dem vierzehnstöckigen Koloss, schälten Sonnenblumenkerne und tauschten den neusten Klatsch aus. Einer der wenigen alten Männer, die in unserem Haus wohnten – die Männer starben Jahrzehnte vor den Frauen – saß auf dem Balkon irgendwo ganz oben und spielte Volkslieder auf der Harmonika, die wehmütig über unserem monumentalen Hof dahinzogen und uns begleiteten auf allen unseren Wegen.

Ich kannte nur wenige Nachbarn und auch nur flüchtig, zum Beispiel eine bezaubernde Frau und ihren Mann, einen Militärarzt, die sich immer freundlich und vornehm bewegten. Sie hatten eine Tochter, von der wir nicht wussten, wie wir sie nennen sollten, wir gingen nicht zu ihr, über das Down Syndrom wussten wir damals nichts. Niemand behielt damals ein solches Kind in der Familie, vielleicht war es sogar verboten, aber niemand im Haus hätte sich erlaubt, darüber zu tratschen, aus Scheu und Bewunderung. Meine Mutter hatte mir erzählt, dass die schöne Frau eines der Waisenkinder aus dem Spanischen Bürgerkrieg war, die Ende der dreißiger Jahre in die verbrüderte Sowjetunion gebracht worden waren.

Ich kannte noch zwei andere Nachbarn, beide waren im Kriegsjahr 1941 geboren: Sergej, eine Kriegswaise aus Ossetien, und Wadim, der bei Partisanen in Polesien aufgewachsen war. Im anderen Flügel wohnte Boris, ein redseliger Mann unbestimmten Alters, stets heiter und hilfsbereit, der einzige, der in einem kleinen jüdischen Städtchen 1941 aus dem Massengrab hinausgelangt war, als alle Einwohner, von Jung bis Alt, ermordet wurden. Erst viel später verstand ich, dass das unheimliche Monster, vor dem wir Mädchen uns im Hof zwischen den langgestreckten Hochhäusern immer gefürchtet hatten, wir nannten ihn den Irren, dass er der Sohn des zerbrechlichen Boris war und damit vielleicht der letzte Sprössling des verschwundenen jüdischen Städtchens.

Manchmal schrieb man uns Briefe in die Veneziastraße, Uliza Venezii. Unser Haus stand tatsächlich an einem Kanal, was nicht alle Briefschreiber wussten. Die Briefe kamen an, denn in Kiew gab es keine Uliza Venezii, und so waren wir für ganz Italien zuständig. Wegen dieses Venezia drängte das Wasser in meine Träume, es überschwemmte alles, aber immer kam Rettung, wenn das Wasser bis zu meinem siebten Stock gestiegen war, immer in einer goldenen Gondel aus nebliger Ferne und nur für mich. An die überfluteten Nachbarn unter mir dachte ich nicht, in meinen Träumen hatte ich sie vergessen.

Drei Stockwerke unter uns wohnte die einsame Makarowna, ein altes ukrainisches Dorfmädchen, sie hatte als Kind die Kollektivierung überlebt, nur um danach Eltern und Bräutigam im Krieg zu verlieren. Jahrelang saß sie in Pantoffeln und Kopftuch auf der Bank vor unserem Haus, sie war die Temperamentvollste von allen, die Frechste und die Unglücklichste, immer angetrunken, manchmal lustig, aber nie fröhlich, sie verteilte Bonbons an uns Kinder, Bonbons, die so alt waren, als kämen sie aus der eisernen Kriegsreserve. In ihrem grellgelben Kopftuch mit weinrot und grün leuchtenden Blumen, in ihrem dunkelblauen Schlafrock – die Uniform der Rentnerinnen –, mit dem Widderblick ihrer leicht hervorquellenden Augen, schien sie mir einer der letzten Menschen ihres starken, wilden, schönen Volkes zu sein, das sich irgendwann hier angesiedelt hatte, wo die ukrainische Steppe begann. Später schenkte sie mir die überflüssigsten Dinge der Welt, Filzstiefel für Säuglinge oder dick bestickte Taschentücher, die ich immer noch aufbewahre, sie schenkte, weil sie Geld brauchte, aber das verstand ich damals nicht, und zwischendurch erzählte sie in wirren Bruchstücken vom Krieg, von ihrer ausgestorbenen Familie und von den Kolchosen. Doch entweder hatte ich im Vorbeigehen nicht genau hingehört, oder sie brachte in ihrem Delirium die sowjetischen Katastrophen durcheinander, jedenfalls stimmten die Jahre nicht überein, die Familie war mal im Krieg umgekommen, dann wieder auf den Kolchosen verhungert, und ihr Bräutigam war nie zurückgekommen, oder es hatte ihn nie gegeben, wie ich insgeheim befürchtete, der Krieg war schuld, und das war das einzige, was hier stimmte.

Im Museum

Ich wollte wieder nach oben, um den Zweispitz von Napoleon anzuschauen, den er bei Waterloo verloren hatte, doch meine Tochter zog mich ins Erdgeschoss, zum zwanzigsten Jahrhundert, ich versuchte, sie mit Dürer und Luther abzulenken, vergeblich, sie zog mich in die Zwanziger, schnell durch die Streiks, den Hunger und Berlins Goldenes Zeitalter, denn sie wollte weiter, sie wollte dorthin, und als wir uns den Dreißigern näherten, wurde ich nervös, sie zog mich weiter, schloss sich einer Führung für Erwachse-

ne an, lieber nicht, sagte ich, aber sie tröstete mich, ich weiß
schon Bescheid, Mama, und ihr Trost beunruhigte mich
mehr als ihr Wissen, sie war elf. Wir schritten durch die
Machtergreifung, das Vereinsverbot, die Verfolgung der
Kommunisten, und als wir vor der Tabelle mit den Nürn-
berger Gesetzen standen und die Führerin – komisch, dass
es dafür kein anderes Wort gibt, sie erzählte gerade vom
Führer – als die Führerin zu erklären begann, wer und wie
viel Prozent, da fragte mich meine Tochter in lautem Flüstern, wo sind wir hier? wo sind wir hier in dieser Tabelle,
Mama? Eigentlich müsste man die Frage nicht im Präsens,
sondern im Imperfekt stellen und im Konjunktiv, wo wären wir gewesen, wenn wir damals gelebt hätten, wenn
wir in diesem Land gelebt hätten – wenn wir jüdisch gewesen wären und damals hier gelebt hätten. Ich kenne diesen
mangelnden Respekt vor der Grammatik, auch ich stelle
mir solche Fragen, wo bin ich auf dem Bild, die mich aus
der Welt der Vorstellung in die Realität versetzen, denn
die Vermeidung des Konjunktivs macht aus einer Vorstellung eine Erkenntnis oder sogar einen Bericht, man nimmt
die Stelle eines anderen ein, katapultiert sich dorthin, auf
diese Tabelle zum Beispiel, und so erprobe ich jede Rolle
an mir selbst, als gäbe es keine Vergangenheit ohne irgend-
ein Als-ob, Wenn oder Falls.
Wo sind wir hier, in dieser Tabelle, Mama, fragte meine
Tochter, ich war über ihre unvermittelte Art erschrocken,
und um sie vor dem Schrecken zu bewahren, wollte ich
schnell anfügen, dass wir auf diesem Bild gar nicht vertreten sind, wir wären doch damals in Kiew gewesen oder
schon evakuiert, und übrigens waren wir überhaupt noch
nicht geboren, diese Tabelle habe nichts mit uns zu tun,

und nun hätte ich beinahe doch *wenn*, *aber* und *als ob* gesagt, als ein Mann aus der geführten Gruppe sich zu mir wendete und sagte, wir haben übrigens bezahlt.

Noch bevor ich verstand, dass er mir sagen wollte, dass die Führung nicht kostenlos sei, und dass er meinte, dass auch ich unbedingt bezahlen solle, sonst seien wir Taschendiebe, ich und meine Tochter, als hätten wir diese Geschichte für acht Euro geklaut, obwohl, vielen Dank, so eine werde ich nicht klauen, bevor ich also verstand, dass wir ohne Bezahlung nicht vor und nicht auf der Tabelle hätten stehen dürfen, dass wir zu spät zum bezahlten Kreis hinzugestoßen waren, noch bevor oder schon als ich das alles dachte, kamen mir die Tränen, obwohl ich gar nicht weinte, etwas weinte in mir, ich wurde geweint, auch den Mann beweinte es in mir, obwohl er es nicht nötig hatte, denn er hatte recht, wir haben nicht bezahlt, oder doch, haben wir übrigens, aber es gibt immer jemanden, der nicht bezahlt hat.

KAPITEL 2

Rosa und die Stummen

Schimon der Hörende

Wenn ein Mensch sich nicht findet,
wird er gänzlich von seinem Stamm verschluckt.
Altchinesische Weisheit

Sieben Generationen, sagte meine Mutter, zweihundert Jahre lang haben wir, meine Mutter sagte immer wir, haben wir taubstummen Kindern das Sprechen beigebracht, obwohl meine Mutter nie taubstumme Kinder unterrichtet hat, sie unterrichtete Geschichte, sie konnte doch nicht meinen, Taubstumme und Geschichte zu unterrichten sei ein und derselbe Beruf, aus ihrem Munde klang es, als wären wir in dieser selbstlosen Hingabe für immer gefangen, als wäre es auch zukünftigen Generationen nicht erlaubt, sich von der Pflicht des Wir zu befreien, der Pflicht, andere zu unterrichten, für andere zu leben, besonders für ihre Kinder. Diese sieben Generationen klangen wie im Märchen, als reichten sieben Generationen aus, um in die Ewigkeit zu gelangen, zum Wort.

Wir haben immer unterrichtet, sagte meine Mutter, wir alle waren Lehrer, und anderes ist uns nicht gegeben. Sie sagte es so überzeugt, als wäre es einer der in unserem Land so oft erprobten Sprüche wie *Die Stimme eines Rufers in der Wüste, Der Prophet gilt nichts im eigenen Land.*

Ihre Schwester, ihre Mutter, ihr Großvater und alle Geschwister des Großvaters, sein Vater und auch dessen Vater unterrichteten taubstumme Kinder, sie gründeten Schulen und Waisenhäuser und lebten mit diesen Kindern unter einem Dach, sie teilten alles mit ihnen, sie kannten keinen

Spalt zwischen Beruf und Leben, diese Altruisten, meine Mutter liebte dieses Wort, sie waren alle Altruisten, sagte sie, und sie war sich sicher, dass auch sie das altruistische Erbe in sich trug, aber ich wusste, dass ich es nicht mehr hatte.

Als meine Mutter mir erzählte, wie unsere Ahnen sich über ganz Europa verteilten und Schulen für Taubstumme gründeten in Österreich-Ungarn, in Frankreich und Polen, erinnerte ich mich an die Passage aus dem Alten Testament, wie ich dachte, aber es steht im Neuen: Abraham zeugte Isaak. Isaak zeugte Jakob. Jakob zeugte Juda und seine Brüder. Juda zeugte Perez und Serah von Thamar – und weitere fremde Namen. Ich kannte diese Passage so vage wie meine eigene Genealogie, mir schien aber, dass auch unsere Reihe der Ahnen kein Ende hatte, dass sie, einer nach dem anderen, jenseits unseres Sehvermögens und hinter dem Horizont der Familienerinnerung, taubstummen Kindern das Sprechen beibrachten. Hören Sie ihr glühendes Flüstern?

Sch'ma Israel, morgens und abends, Sch'ma Israel, höre Israel, höre mich

Der erste, den wir namentlich kannten, hieß Schimon Heller, auf Russisch Simon Geller. Vielleicht folgte er dem Ruf seines hebräischen Namens, denn Schimon bedeutet der Hörende, derjenige, der von Gott gehört hat und von ihm erhört wird. Der erste Jünger, der auf Jesus hörte und ihm folgte, hieß auch Simon, dachte ich, obwohl diese Geschichte für meine jüdischen Verwandten keine Bedeutung hatte. Mein Schimon gründete eine Schule für taubstumme Kinder in Wien, in der ersten Hälfte des neunzehnten Jahrhunderts. Er brachte Kindern das Sprechen bei, damit sie gehört wurden, sonst galten sie seinen Glaubensbrüdern als geisteskrank, denn Verstand und Vernunft, so dachten sie damals, sitzen in der gesprochenen Sprache. Wer gehört wird, gehört dazu.

Laut für Laut, Wort für Wort, Tag für Tag lernten sie beten. Ich war in der Familie der Brudervölker der Sowjetunion aufgewachsen, alle waren gleich, und alle mussten meine Muttersprache lernen, Gebete jedoch nicht, zu meinem Wir gehörten alle. Nicht ohne Stolz war ich überzeugt davon, dass meine Ahnen die Waisenkinder aller Völker unterrichteten. Unzulässig lange konnte ich mir nicht vorstellen, welche Sprache meine Verwandten damals gesprochen haben, welche Sprache sie den Kindern beibrachten. Aus meiner kosmopolitischen Gegenwart dachte ich, sie hätten den Taubstummen in allen Sprachen der Welt das Sprechen beigebracht, als wäre Taubstummheit, wie auch der Waisenstand, ein leeres Blatt – die Freiheit, jede Sprache und jede Geschichte zu seiner eigenen zu machen. Unser Judentum blieb für mich taubstumm und die Taubstummheit jüdisch. Das war meine Geschichte, meine Herkunft, doch das war nicht ich.

Sch'ma Israel, höre mich Israel, wo ist Israel?

Ich bewegte mich durch Stapel von Dokumenten, suchte nach uns in den alten Schriften und im Internet. Der Suchbefehl markierte das Wort taub gelb, als wüsste Google, dass Gelb die Farbe des Judentums ist, so wie ich wusste, dass Google alles Gesuchte leuchtend gelb markiert. Jede Geschichte mit dem gelben Taub wurde zu einem Baustein meiner Vergangenheit, meines Internet-Judentums. Vielleicht kamen die Meinigen direkt aus dem Talmud, aus der Geschichte der zwei Taubstummen, die nicht weit vom Rabbiner wohnten und ihm immer in die Schule folgten, in der er unterrichtete, und die neben ihm saßen, ihn aufmerksam beobachteten und dazu ihre Lippen bewegten. Der Rabbiner betete für sie, und irgendwann wurde festgestellt, dass sie alles wussten, was der Rabbiner seinen Schülern beigebracht hatte, sie hatten alles gelernt, mit den Augen. Ich versuchte, allen anderen Geschichten mit dem gelben Taub zu folgen, ich las die Stellen um die gelben Markierungen und erwartete, dass diese tauben Geschichten irgendwann aufflattern würden und anfangen zu leben.

Am Anfang meiner Familiengeschichte stand eine Übersetzung. 1864 schrieb der Schriftsteller und Aufklärer Faiwel Goldschmidt in einer jiddischen Zeitung in Lemberg einen Artikel über Simon Geller und seine Schule, voller Begeisterung für Simons Persönlichkeit und sein Wirken. Sechzig Jahre später wurde der Text von Simons Enkel, Ozjel Krzewin, ins Russische übersetzt, wieder sechzig Jahre später entdeckte meine Mutter Ozjels Übersetzung in einem Archiv in Kiew, zusammen mit anderen Dokumenten über die Schulen unserer Verwandten. Doch die jiddische Zeitung mit Goldschmidts Artikel war nicht mehr auffindbar. So gründet die Herkunft unserer Familie in einer fragwürdigen Übersetzung ohne Original, und ich erzähle die Geschichte dieser Familie nun auf Deutsch, ohne dass es für sie je ein russisches Original gegeben hätte.

Meine Mutter sagte, immer mit dem Stift, sie alle lernten mit dem Stift, die Spitze im Mund des Lehrers, das Ende im Mund des Kindes. Das hatte nicht in Goldschmidts Artikel gestanden, aber meine Mutter wusste Bescheid, sie erzählte vom Stift, amüsiert über den einfachen Trick und doch etwas erschrocken über die Nähe der Münder. Der Stift vibrierte, und die Kinder spürten, wie aus der Zunge die Sprache entsteht.

»Für jede, auch für die schwerste Krankheit schickt Gott der Herr eine Heilung«, übersetzte Ozjel Krzewin den Artikel über seinen Großvater, als wäre dieser einer der Heiligen des jüdischen Lebens. Nach zwei Jahren konnten die Kinder hebräisch und deutsch lesen und schreiben, und sie konnten fließend von den Lippen ablesen. Nach fünf Jahren hätten Gellers Schüler so sprechen können, dass ihre Reden sich kaum von denen jener unterschieden, die mit dem Gehör beschenkt worden waren. Sie bewegten ihre schweren Zungen, hoben die Steine der Laute, ihr Prophet Mose hatte auch einen schwerfälligen Mund und eine schwere Zunge gehabt.

Als Schimon noch in Wien war, kam ein erwachsener Mann in seine Schule. Sein Vater war gestorben, doch er konnte nicht beten, denn er war taubstumm. Er wollte in der Lautsprache beten lernen, und als er es konnte, ging er auf den Friedhof zum Grab seines vor vielen Jahren ge-

storbenen Vaters, um das Kaddisch zu sprechen. Darüber
hatten sogar Zeitungen geschrieben.

Ozjel fügte dem Namen Geller in der Übersetzung seinen
eigenen Namen, Krzewin, bei. Wollte er auf die Verwandtschaft hinweisen? Oder stand das Wort bereits im Ori-
ginaltext, ein Übername, den sich Simon verdient hatte?
Wer Krzewin heißt, sagt mir ein polnischer Freund, verbreitet Bildung, *krzew* bedeutet Busch, sagt ein anderer,
vielleicht haben deine Krzewins Bäume gepflanzt. Aber
die Juden hatten kein Land, dachte ich, sie pflanzten ihre
Bäume in die Luft, es gefiel mir, dass sogar der Name meiner Ahnen von diesem wuchernden Drang nach Bildung
zeugen sollte. Ich blätterte in *Die Geschichte des Juden-*
tums, sechs Bände, *Die Geschichte des Ostjudentums*, zwei
Bände, *Die Geschichte der Juden*, ein Band, ich ging an den
Judaica-Regalen der Bibliothek auf und ab.
In den vielen dicken Büchern über Wien und seine Taub-
stummen-Institutionen fand ich keinen Simon Geller. In
der grundlegenden Schrift *Das Allgemeine österreichi-*
sche israelitische Taubstummen-Institut in Wien, 1844-1926
kommt ein Simon Heller vor, genau in der Zeit unseres
Hellers oder Gellers, doch er war Leiter eines Blinden-
instituts. Das muss er sein, sagte die Dame im Archiv, in
der kleinen Welt der Behindertenpädagogik kann es nur
einen Simon Heller gegeben haben.

Von Wien aus zog die Schule durch die polnische Provinz,
durch Galizien, wie ein Wanderzirkus, sie blieben jeweils
kurz in einer Stadt, einem Städtchen, einem Shtetl, dann
zog Simon weiter, mit seiner Familie, den Waisenkindern

und jenen Kindern, die von ihren Eltern geschickt wurden.

Ich blickte hinein und hörte zu, ich dachte an die zahlreichen selbstlosen Männer der jüdischen Aufklärung, die, beseelt von der Idee, Wissen zu verbreiten, es von Mund zu Mund weitertrugen. Für dieses vom Hören besessene Volk war die gesprochene Sprache alles. Ich gestikulierte, rief, öffnete meine Lippen, ich probierte *Sch'ma Israel*, wieder und wieder, *Sch'ma Israel*, als hätte ich noch nie gesprochen, ich schüttelte die Luft, *Sch'ma Israel*, ich wollte so sehr gehört werden, erprobte meine Zunge, meine Sprache, ich versuchte, die Geschichten zu erzählen, sie in mein fremdes Deutsch zu übertragen, ich erzählte die Geschichten, eine nach der anderen, aber ich hörte selbst nicht, was ich sagte.

Ein Flug

Ich ließ den Lehrer, Schimon, nicht aus den Augen, wie er, zurück von einer Geldsammelreise, eilig durch das Städtchen mit den altersschiefen Häusern schritt, in diesen Seitengassen wohnte Gott, Polen, Polyń, Polonia, Polania, *po-lan-ja*, hier-wohnt-Gott, drei hebräische Wörter, die aus dem slawischen Polen ein gelobtes Land der Juden machten, und sie wohnten alle hier, die Sprachgetriebenen, ich ließ ihn nicht aus den Augen, während er durch die engen Gassen zu seinen Kindern lief, und dann, hinter der nächsten Ecke, löste er sich von der Erde und flog durch den Sternenhimmel über dem Städtchen, warum nicht fliegen, wenn es so viele Sorgen gibt, fliegen, verliebt, verträumt, so viele Kinder, eigene und Waisen, wie Sterne am Himmel, wie sechshundertdreizehn Gebote, mehr kann man auf einem Spaziergang nicht zählen, ich habe es probiert, sie fliegen Richtung morgen, parallel zu Zeit und Raum, manchmal quer dazu, der eigenen Flugbahn folgend und den weisen und strengen Büchern, die wir nie lesen und verstehen werden, die Wege des Städtchens schimmern dunkelgrün, mein nächtlicher Spaziergang, meine Jagd nach Schimon, dem Lehrer, der kleine bunte Glaskügelchen aus Wien in die Taschen seines schwarzen Lapserdakes steckt, der schwärzer ist als die Nacht, Lutschbonbons aus Lemberg, leicht säuerlich, denn die Sprache soll schmecken, und einen Stift hat er immer dabei, durch den Himmel jagen ihm ein *kościół* nach, eine Kirche, ein Krug, ein Kerzenständer, die Windsbraut im Himmel, der voll ist von fliegenden Objekten, noch eine Kirche mit kupfernen Zwiebeltürmen und schiefem, goldenem Kreuz, dann Geige und blaue Blume eines Jungen mit großen langbewimperten Augen, sie ziehen noch ein paar Kreise über der Erde ihres geliebten Polania, ihres gelobten Polonia, dem Haus Gottes, und hier könnte die Geschichte einer Familie, eines Clans anfangen und vielleicht sogar diese Geschichte.

Das Tor

Meine erste Reise ins Ausland führte mich nach Polen. Es war im Sommer 1989, und das Land zitterte unter der Schocktherapie, wie das wirtschaftliche Experiment hieß, als die Preise freigegeben wurden. Wir hatten nur sechs Tage, einen davon für Oświęcim. Ich erinnere mich an den Blick aus dem Fenster auf die flache Landschaft, die mir vertraut schien, als wäre ich gar nicht verreist, mit den kleinen Hügeln und der langgezogenen Ebene, der bescheidenen Pflanzenwelt und den leicht verblichenen Farben, ich erinnere mich an meine Nachbarn im Bus, an Gespräche über ein Musikfestival in Kraków und an ein kleines Geschäft am Eingang von Oświęcim, voll mit Gegenständen, die nichts mit der Gedenkstätte zu tun hatten, man konnte in dem Geschäft ganz billig Silber kaufen, Ketten, Ringe, Kreuze, vielleicht gab es auch andere Dinge, die ich jetzt nicht mehr deutlich sehe. Alle, die schon einmal in Polen gewesen waren, hatten Silber mitgebracht. Kauft Silber!, war die Devise. Rasch entwickelte man Geschmack an diesen Geschäften, und einige Damen im Bus hatten Bügeleisen und Lockenwickler dabei, um sie hier in Polen gewinnbringend zu verkaufen. Ich erinnere mich, wie in mir die Begierde, unbedingt etwas kaufen zu müssen, eine Kette zum Beispiel, obwohl ich sie nicht wirklich brauchte, mit der Scham kämpfte, gerade hier, vor diesem Tor, über Geld und Profit nachzudenken, schließlich kam ich aus guter Familie, was bei uns hieß, dass man sein Profitstreben zügelte, bei unserem Geldmangel nicht schwer, und das verlieh Würde und bestätigte die eigene Wohlanständigkeit. Es waren aber neue Zeiten angebrochen, und mit unseren für die Ewigkeit gültigen moralischen Normen stimmte etwas nicht mehr. Wenn ich die Kette nicht kaufte, dachte ich, würde ich später bestimmt bereuen, dass ich die Gelegenheit verpasst hatte, dabei zu sein, endlich dazuzugehören, zu allen zu gehören, die kaufen konnten, weil es endlich etwas zu kaufen gab, und wenn das alle taten, war es bestimmt eine gute Investition. Investition war eins dieser nagelneuen Wörter, es kann also nicht so schlimm sein, hier eine echte Silberkette zu kaufen, beim Eingang von Oświęcim. Das war keine unmoralische Tat, sondern es war zeitgemäß, sich hier etwas Irdisches zu leisten, als Zeichen des Sieges über den Faschismus zum Beispiel. Doch je mehr ich mich selbst davon zu überzeugen versuchte, desto schneller wuchs die Zerrissenheit und das Gefühl, dass Pragmatismus hier fehl am Platz sei. Mit gepresstem Atem, so meine ich mich zu erinnern, entschied ich mich für einen Kompromiss und kaufte drei Ketten, als Geschenk, als ob der Akt des Schenkens die Frage nach Gut und Böse eliminierte. Eine für Mama, eine für die beste Freundin, eine für alle Fälle. Später habe ich die dritte Kette doch an mich genommen, bis eine Art Unbehagen mich dahin brachte, sie halb unbewusst, dennoch mit leichtem Bedauern verlorengehen zu lassen. Auch Karl Marx hatte etwas über Ketten geschrieben, die man auf dem Weg in die Freiheit verliert.

Als ich die drei Ketten gekauft hatte und vor dem Tor von Oświęcim stand, machte mein Gedächtnis halt. Von diesem Augenblick an erinnere ich mich an nichts. Ich habe mehrmals versucht, mein Gedächtnis durch das Tor schleichen zu lassen, nur zur Besichtigung – vergeblich. Keine Spur. Ich war dort, empfinde aber nichts davon und tauche erst am nächsten Tag wieder auf, als wir in ein kleines hübsches Städtchen im Süden Polens einzogen, mit pittoreskem Marktplatz und *kościół*, einer neugebauten, kahl-modernen Kirche. Ich kam erst wieder zu mir angesichts des jungen Priesters, den ich wie eine mir und der gesamten Wissenschaft unbekannte Kreatur betrachtete, als wäre er der erste Mensch, den ich sah, als wäre ich gerade aus seiner Rippe herausgekommen, und als könnte er nicht wissen, dass ich von ähnlicher Art sei, nach der Sintflut. Ich betrachtete seine scharf geschnittenen Nasenlöcher, seine zur Muttergottes gerichteten Augen mit fächerartigen Wimpern, seine Hände mit den langen, viel zu braven Fingern, als ob alles Menschliche mir neu vorkäme, die ganze Anatomie, die nun, Gott weiß warum, vom Priesterrock verdeckt war, und als er uns begeistert und leise von seiner neuen Gemeinde erzählte, konnte ich mich nicht auf seine Sorgen konzentrieren, so über alle Maßen schön war er. Hätte ich mich konzentrieren können, hätte ich meine Erinnerung an gestern zulassen müssen, das Wort und das Geschehen, wie man Menschen konzentriert und sich selbst, stattdessen fragte etwas in mir, wie ist das mit dem Zölibat und dem Willen Gottes, wenn ich ihn so lieb habe? Ich erinnere mich ganz genau daran, dass ich fest an Gott glaubte, in ebendiesem Moment, in dem ich Schönheit mit Begehren verwechselte, ein Glaube, der erst dadurch möglich wurde, dass ich etwas vergessen hatte, ich wusste aber nicht genau, was.

Meine nun mit Silber geschmückten und ausgerüsteten Kiewer Mitreisenden, die damals in Polen als Russen galten, waren an diesem Tag ungewöhnlich schweigsam, sie quietschten und quatschten nicht, sondern stellten dem Pfarrer vernünftige Fragen über Gott, die Kommunisten und besonders über die Wirtschaftsreformen, und ihr Ernst zeugte davon, dass auch sie aus ihrem Albtraum noch nicht ganz erwacht waren und seine Spukbilder immer noch auf langen dünnen Beinen vor ihren Augen galoppierten.

Natürlich weiß ich, dass wir durch dieses Tor gegangen sind, ich weiß, was auf diesem Tor steht, so wie ich weiß, was zwei mal zwei ist, wie Bruder Jakob geht oder das Vaterunser, nur kenne ich das nicht so gut, ich weiß genau, was über dem Tor steht und dass ich deswegen die Arbeit so hasse, selbst das Wort, das sich niemals, mit keinem Geld oder Gedicht von diesem Spruch, von diesem Fluch wird freikaufen können, und dass ich überhaupt keine Einstellung zur Arbeit finden kann, weil ich immer frage, wohin es mich mit dieser Arbeit treibt, weil es stimmt, was von der Freiheit hier gesagt wird, und es gibt hier keine Lösung. Ich weiß, wie die Wege verlaufen, ich weiß, was es zu sehen gab, was ich dort hätte sehen können, denn ich habe später die Baracken, die Container, wie aus dem Großhandel, und das ganze Gelände mehrmals gesehen, oft genug, um es mir ins Gedächtnis einzuprägen, aber von jenem Tag habe ich nichts in Erinnerung.
Ich habe versucht, diese Amnesie, die mir wie eine dicke Milchglasscheibe vorkam, mit späteren Eindrücken zu überkleben, nichts hat gehalten, alles verschwand wie vorjähriges Laub, und ich sah nur einen goldenen Herbsttag mit Mischwald am Rande eines Gemäldes.

Ariadnefaden

Viele Jahre sind vergangen, seit meine Babuschka Rosa gestorben ist, aber immer noch finde ich ihre Haarnadeln, die sowjetischen schwarzen Haarnadeln aus mir unbekanntem biegsamem Metall, die mit dem Zerfall des sowjetischen Imperiums aus dem Handel verschwunden sind, vielleicht wurde das Rohmaterial in einer unserer Republiken produziert, die Klammern selbst aber in einer anderen und dann irgendwo in Asien in Papierchen gepackt, um später wieder ins Zentrum transportiert zu werden, denn alles wurde damals in planwirtschaftlicher Willkür gefertigt. Ich finde Rosas Haarnadeln in allen Städten der Welt, in Hotels, auf modernen Bahnhöfen, in den Gängen von Zügen und in fremden Wohnungen, als hätte Rosa sich kurz vor mir an diesen Orten aufgehalten, als wüsste sie von meiner Verlorenheit und zeigte mir mit ihren Haarnadeln den Weg nach Hause – sie, die niemals ins Ausland gereist war.

In den letzten Lebensjahren schrieb Rosa unablässig und in großer Eile an ihren Memoiren, mit Bleistift auf weißem Papier. Das Papier vergilbte schnell, als wollte es seiner natürlichen Alterung zuvorkommen, aber Rosas Erblindung war schneller. Sie numerierte die Blätter nicht, sondern legte sie nur aufeinander. Ahnte sie, dass es unnötig war, eine Reihenfolge festzulegen, wenn sich schon die Zeilen nicht entziffern ließen? Oft vergaß sie, ein neues Blatt zu nehmen, und schrieb mehrere Seiten auf dasselbe Papier. Eine Zeile ragte in die nächste hinein, eine weitere legte sich darüber, sie überlagerten sich wie Sandwellen am Strand, einer Naturkraft gehorchend, verknäulten sie sich im Bleistiftgekritzel, gehäkelte und gewebte Spitzen.

Rosa kritzelte mit ihren Zeilen gegen die Blindheit an, sie häkelte die Zeilen ihrer entschwindenden Welt. Je dunkler es um sie herum wurde, desto dichter beschrieb sie die Blätter. Manche Stellen waren unentwirrbar wie verfilzte Wolle, die Kartoffelpreise Ende der achtziger Jahre verknoteten sich mit Erzählungen aus dem Krieg und von flüchtigen Begegnungen. Das eine oder andere Wort sickerte durch das wollene Dickicht, die »Kranken«, »Moskau«, »Herzblut«. Jahrelang dachte ich, sie ließen sich entziffern, in Amerika gibt es Geräte, die solche Zeilen entwirren können, bis ich verstand, dass Rosas Schriften nicht zum Lesen gedacht waren, sondern zum Festhalten, ein dick gedrehter, unzerreißbarer Ariadnefaden.

Sie saß am Fensterbrett in unserem Hochhaus in der Uliza Florenzii wie an einem Tisch. Sie sah draußen genauso wenig wie drinnen und schrieb.

Das einzige, was ich noch mit der Hand schreibe, sind Telefonnummern, in ein kleines, mit der Schrift von Leonardo da Vinci geschmücktes Telefonbüchlein, das ich vor Jahren in Florenz gekauft habe, und wenn ich Leonardos kultivierte Schnörkel sehe, aus einer Zeit, in der man noch glaubte, der Mensch sei das Maß aller Dinge, denke ich immer an Babuschkas unlesbares Spitzengekritzel.

Rosas Hände, die in der Gebärdensprache immer lebendig waren, fanden auch im Ruhestand keine Ruhe, sie wollte kochen, konnte aber nicht, denn sie sah nichts, und ihre

Hände folgten nun anderen Gesetzen. Sie hatte ihr ganzes Leben mit Gehörlosen verbracht, sie sprach jeden Tag Gebärdensprache, ihre Schüler nannten Rosa Mi-ni-a-tur-na-ja-mi-mi-ka, Miniatur-Mimik, als wäre es ihr Name, als hätten sie die Silben ihres vollen Namens Ro-sa-li-ja-A-si-li-jev-na gezählt, sie in Gebärden übersetzt und dann zurück in die Lautsprache, damit wir es auch verstehen. Rosa habe die schönste und scheueste Mimik aller Hörenden gehabt, erzählte mir eine alte Lehrerin aus ihrer Schule.

Als ich Rosa kannte, war sie fast blind, sie konnte kaum mehr Umrisse erkennen und verwechselte mich mit meinem Vater oder mit meinem Bruder. Nie mit meiner Mutter, ihrer Tochter, denn meine Mutter war selten zu Hause. Rosa war in einen Blindenverein eingetreten, und nun fuhr sie durch die ganze Stadt und brachte anderen Blinden Pakete mit Lebensmittelrationen, die vom Verein verteilt wurden: ein mageres blaues Küken, eine Tüte Buchweizen, etwas Kondensmilch und eine Dose Sprotten. Lange verstand ich nicht, warum sie anderen half, die oft längst nicht so blind waren wie sie, und ihr niemand.

Einmal sah ich, wie sie die Straße überquerte, sie konnte die Ampeln und Autos nicht sehen, dafür ihr geheimes Ziel, das den anderen Passanten verborgen blieb, die Blinden und ihre Lebensmittelpakete. Sie stürzte sich hinaus auf die Fahrbahn, als wäre es eine Bühne. Ehe ich schreien konnte, war sie schon mitten im unaufhörlich dahinbrausenden Strom. Die Autos bremsten, als bringe eine unsichtbare Hand sie weich zum Stehen, man hörte kein Quietschen, als wären wir für einen kurzen Moment in die Welt der Tauben übergesiedelt. Offenbar hatte Rosa Engel, die über sie wachten. Wie sie die Haltestellen, Nummern, Adressen, Eingänge, Stockwerke, Wohnungen und Menschen fand, ist mir noch heute ein Rätsel.

Rosa war unabhängig und stur, sie ließ sich von niemandem helfen, sie kam gar nicht auf die Idee, dass sie Hilfe brauchen könnte. Sie sparte heimlich Geld für ihr eigenes Begräbnis, wie es viele Alte taten, die niemandem zur Last fallen wollten, auch nicht nach dem Tod. Dann kam die Perestrojka, die Preise wuchsen wie die Riesen in unseren Märchen, und Rosas Ersparnisse wurden zunichte.

Jedesmal wenn der Zeiger eines uns unbekannten Messgeräts ausschlug, ging Babuschka hinunter zur Bäckerei. Sie kaufte ein Viertel Brot und versteckte es unter dem Kissen. So trickst man den Tod aus, du besorgst dir einen

Brotkanten, und der Tod kann dir nichts anhaben. Je älter sie wurde, desto tiefer sank sie zurück in den Krieg. Meine Mutter war jedesmal entsetzt, wenn sie eines dieser Stücke fand, es war ein verbreitetes Kriegssyndrom, und niemand wusste ein Mittel dagegen.

Ich erinnere mich, wie Babuschka aufrecht vor dem Fernseher saß, am linken Rand, direkt vor dem Bildschirm, stundenlang, schon ohne Brille, denn die Brille leistete ihr keine Hilfe mehr. Ihr Profil ragte ins schwarzweiß flimmernde Fernsehbild. Ich hatte nie ohne sie ferngeschaut, und noch viele Jahre danach spürte ich, wenn ich fernsah oder ins Kino ging, ihre Silhouette vor den Augen, als hätte ich sie damals an meinen Sehnerv angeschlossen. Einmal sang sie vor dem Fernseher die Internationale mit, »Es rettet uns kein höh'res Wesen, kein Gott, kein Kaiser, noch Tribun. Uns aus dem Elend zu erlösen, können wir nur selber tun!«, auf Russisch waren wir noch mehr im Elend vereint, sie glaubte daran, und ich glaube ihr bis heute.

Ihre zunehmende Blindheit, so beschwerlich sie den Alltag machte, schien eine ehrenhafte Auszeichnung zu sein, denn Rosa blieb dafür von der Taubheit verschont. Ihr Gehör schärfte und verfeinerte sich, bis sie Stimmen hörte, die es schon lange nicht mehr gab. Je blinder sie wurde, desto mehr sang sie die Welt ihrer Jugend herbei.

Rosa wollte Opernsängerin werden oder zur Operette gehen, denn sie liebte das Tanzen, als junge Frau stahl sie sich häufig fort von zu Hause, diesem selbstlosen Taubstummenlehrer-Betrieb, um die Operette zu besuchen, ganz für sich allein. Sie wurde Logopädin und Gehörlosenpädagogin, sie tanzte und sang für ihre Schüler, wann immer sie konnte. Noch mit fünfundsiebzig Jahren führte sie mir ihre Lieblingsstücke vor: *Der Zigeunerbaron, Die Fledermaus, Die Bajadere* und Verdi jederzeit.

»Warum bin ich schuldig, dass ich mich in Alfredo verliebt habe«, sang sie, wie die russische Übersetzung seltsamerweise lautet – »L'amore d'Alfredo perfino mi manca«. Jahre später fand ich heraus, dass es sich um die Arie der Violetta aus *La Traviata* handelte, ich erschrak jedesmal, so leidenschaftlich sang Rosa, so fremd erschien mir diese Leidenschaft meiner Babuschka, die seit vierzig Jahren ohne Mann lebte, und so gegenwärtig. Rosa kannte Dutzende italienische Arien auf Russisch, und sie begleitete sich dabei selbst, sie sang und spielte blind auf dem schwarzen Klavier, das in meinem Zimmer stand.

Sie und ihre ältere Tochter, Lida, hatten noch taubstumme Kinder unterrichtet, meine Mutter und ich taten es nicht mehr. Aber die Gestik, die Gebärden blieben uns. Sprechend arbeiteten wir mit den Händen, als ob unsere Rede ohne diese Begleitung nicht der Rede wert, nicht vollständig wäre. Die eine Hand aufhebend oder die andere, die Finger ineinanderfaltend, kleine Bewegungen ohne Sinn und Ziel, im Widerspruch zu sich selbst, spannen wir Ornamente in die Luft, wir, die Nachfolgerinnen, begleiteten uns gestisch, niemand verstand unsere Akkorde, nicht einmal wir selbst, wir spielten nicht mehr Klavier, langsam verlernten wir die Sprache der Hände und tasteten in die Leere.

Als Rosa alt war und nicht mehr unterrichtete – ich habe nie gesehen, wie sie sich in Gebärdensprache mit jemandem unterhielt –, machte sie bei Tisch in der Uliza Florenzii unnötige schöne Bewegungen, als wäre sie tatsächlich in Italien geboren, und sie hörte damit nicht auf, wenn sie mit Messer und Gabel hantierte, oft fiel das Besteck zu Boden, Messer flogen durch die Luft. Andere hatten Silberbesteck geerbt, wir die Ungeschicklichkeit im Umgang mit Besteck aus rostfreiem Stahl. Als Tante Lida, Rosas Tochter, mit ihrer Arbeit in der Taubstummenschule aufhörte, fing sie an zu rauchen, beim Sprechen zügelte sie ihre schnell auffliegenden Hände mit Zigarette und Streichholz. Ein. Aus. Ruhe! Lidas Tochter, Marina, strickte unaufhörlich, doch nicht in der Luft, wie die Gehörlosen und ihre Lehrer, sondern Pullover, Socken, Röcke, sie strickte alles, sogar Bikinis, nur ich blieb mit leeren Händen vor der Computertastatur.

Das Wichtigste waren aber ihre Beine, sagte meine Mutter, Rosa war stolz auf ihre Beine, und, unter uns, von allen Frauen in unserer Familie hatte Rosa die schönsten. Meine Babuschka hatte tatsächlich sehr schöne Beine, sie war leichtfüßig, noch im Krankenhaus, kurz vor ihrem Tod, zeigte sie den Krankenschwestern, wie man Charleston tanzt, das war, als die Krankenschwestern die Zimmer lüfteten und Rosa aufstehen musste, trotz ihrer Schmerzen, sie konnte nur noch liegen und tanzen. Meine Mutter war zu Besuch und sah zu, wie ihre Mutter tanzte, es war ihr nach dem Herzinfarkt streng verboten zu tanzen, und alle wussten das, und dann, so erzählt meine Mutter, hielt Rosa vor allen Kranken eine Rede, sie sprach über die zwanziger

Jahre in Moskau, wie sie Tanzen gelernt hatte, tanzend erzählte sie von der Neuen Ökonomischen Politik und wie sie die Rede von Trotzki im Molokokoopsojus, dem Milch-Coop-Verein, hatte miterleben dürfen und wie er eine Kuh auf die Bühne geführt hatte, na ja, vielleicht nicht er selbst, meinte meine Mutter, sondern jemand anderes, während Trotzki seine Rede hielt, und ich dachte, dass es der Charleston war, der meine Rosa an Trotzki und seine Kuh erinnerte, leichtfüßig tanzte sie mitten in die Weltgeschichte hinein.

Die Beine der Frauen unserer Familie wurden in jeder Generation schlechter, sie verkümmerten buchstäblich, sagte meine Mutter – und sie meinte es ernst, sonst scherzte sie gerne –, das lag daran, dass die Frauen unserer Familie jahrhundertelang an sechs Tagen der Woche vor ihren Schülern standen. Die Beine wurden immer krummer und die Füße flacher, so flach wie bei den Schwänen, sagte meine Mutter, als glaubte sie gleichzeitig an Darwins Evolution und Ovids Metamorphosen und als wäre sie alarmiert, was nun aus mir werden wird.

Auf dem Foto ist mein Großvater Wassilij zu sehen, ein schöner Mann mit schmalem Gesicht und feinen Zügen. Er stützt sich auf sein linkes Knie, auf dem Tisch liegt eine schwere Tischdecke mit Fransen, darauf ein Korb voller Rosen. Rosa tanzt keck auf dem Tisch, etwas aus einer Operette von Kálmán, »Die Schöne, die Schöne, die Schöne aus dem Cabaret«. Ich kann auf diesem Bild nichts verändern, nur den Rosenkorb ein wenig zur Seite schieben, hier geht es um einen Heiratsantrag, so wurde uns erzählt, ein Korb voller Rosen und Rosa, die Logopädin, auf dem Tisch.

Als die Herzschmerzen stärker wurden und Rosa die Namen Anna und Ljolja rief, ihre Mutter und ihre Schwester, die auf der Bolschaja Shitomirskaja ihrem Tod entgegengegangen waren, schickte mir meine Mutter ein Telegramm nach Leningrad. Rosa starb auf einer der obersten Etagen des Klinikums. Zehn Minuten nach ihrem Tod trat meine Mutter ans Fenster und sah, wie ich dort unten quer durch den riesigen Hof eilte und im über Nacht gefallenen Schnee Spuren hinterließ, wie ein Vogel, sagte sie.

Die letzte Mutter

Auf der Flucht vor dem Krieg, nach monatelangen Wanderungen, fand meine Großmutter Rosa Arbeit in einem kleinen Ort namens Kinel-Tscherkassy im Südural. Der Leiter der Kreisbehörde vertraute ihr zweihundert Kinder an, Rosa sollte ein Waisenhaus aufbauen, leiten und verwalten, ein Waisenhaus für zweihundert halbverhungerte Kinder aus Leningrad, keines darf sterben. Der Leiter der Kreisbehörde habe noch etwas anfügen wollen, erzählte mir meine Mutter, habe sich dabei aber verschluckt, dann habe er meiner Großmutter Hilfe versprochen, doch etwas Unausgesprochenes sei hängengeblieben, etwas wie *sonst … Erschießung.* Vielleicht hing dieses Wort einfach in der Luft wie eine alte Gewohnheit, eine Routine der Kriegszeiten, denn sogar die berühmte Formel *Kein Schritt zurück! Hinter uns ist Moskau!* drohte damit. Die Worte *sonst Erschießung* saßen einem zuvorderst auf der Zunge, man musste sich bezähmen, damit sie einem nicht aus dem Mund fielen, einfach so, wie bei der Krähe das Gekrächz. Vielleicht wollte der Leiter auch nur sagen, dass die Kinder sehr schwach waren und ihr Leben in Gefahr sei, wenn Rosa sich nicht beeile.

So wurde Rosalia Krzewina-Owdijenko, ehemalige Direktorin der Kiewer Taubstummenschule, im Frühjahr 1942 Direktorin eines Waisenhauses für zweihundert Leningrader Blockadekinder im Ural – ein Kriegsbefehl. Sie hatte sich beeilt, und alle hatten geholfen. Militäreinheiten, die an die Front gingen, gaben den Kindern einen Teil ihres Proviants, nahe gelegene Kolchosen und die lokale Bevölkerung halfen mit Kleinigkeiten, alle hungerten. Die Kinder waren schwach, einige bereits im fortgeschrittenen Stadium des Hungers, *distrofiki*, die der Blockade Leningrads auf der sogenannten Straße des Lebens über den Ladogasee entkommen waren. Keines von Rosas Waisenkindern ist gestorben.

Ich kann nicht anders, als an die Rochaden des Schicksals zu denken, an die Zufälle in Raum und Zeit. Denn damals war auch Janusz Korczak, der Nachbar und Kollege von Rosas Vater Ozjel in Warschau, evakuiert worden, ebenfalls mit zweihundert Waisenkindern – auch ein Kriegsbefehl. Janusz Korczak wurde angeboten, sich selbst zu retten, ohne die Kinder.

In Kiew hatte Janusz Korczak während des Ersten Weltkriegs sein Buch *Wie man ein Kind lieben soll* begonnen, wobei es im polnischen Titel kein *soll* gibt, nur in der deutschen Übersetzung, auf Polnisch heißt es *Wie man ein Kind liebt*, drei Worte nur, *Wie lieben Kind*, sein Buch begann Korczak in Kiew, in der Straße, wo später meine Großmutter wohnte, wieder waren sie Nachbarn in Raum und Zeit, ohne es zu wissen, er schrieb in Kiew, weil ihn der Erste Weltkrieg in meine Stadt gebracht hatte, dann kehrte er nach Warschau zurück. Wären mein Urgroßvater Ozjel und meine Großmutter Rosa damals zurückgegangen, wären sie und ihre Waisenhäuser, ihre Waisen und ihre eigenen Kinder, Nachbarn von Janusz Korczak geworden, mit allen folgenden Adressen.

Rosas wichtigste Aufgabe als Direktorin bestand darin, Essen aufzutreiben. Sie musste dem einen Halbverhungerten etwas wegnehmen, um einem anderen Hungernden etwas zu geben. Sie fuhr Tag und Nacht durch die Dörfer mit dem Ziel, bei den Anwohnern Proviant zu sammeln, einmal wäre sie beinahe erschossen worden. Von einer weitab liegenden Kolchose wurden ihr zwei Fässer Öl für die Kinder geschenkt, ein seltenes Glück. Als sie in der Nacht mit dem Fuhrwerk zurückkam, war ein Fass leer, doch in den Papieren stand *zwei volle Fässer*. Das bedeutete Kriegstribunal wegen Diebstahls. Niemand glaubte, dass Rosa imstande gewesen wäre zu stehlen, aber das Gesetz des Krieges war stärker als jeder Glaube. Lida, Rosas ältere Tochter, die große Schwester meiner Mutter, damals fünfzehn, überredete die Verantwortlichen zurückzufahren, und nach Dutzenden von Kilometern fanden sie eine Ölspur.

Langsam kamen die Kinder zu Kräften, langsam gewannen sie ihre Sinne zurück. Nun zeigte sich, dass sie kleine Musiker und Tänzer waren, evakuiert auf Geheiß des Leningrader *Palastes der Pioniere*, wo sie Unterricht hatten, unter ihren Begleitern waren ihre Musik- und Ballettlehrer. Ballettschuhe gab es keine, so förderte die Armut die Moderne, die Kinder tanzten barfuß und frei, in selbstgebastelten Umhängen schwebten sie durch den breiten Flur des Waisenhauses. Sie führten Konzerte auf, in der Umgebung und vor dem Militär.

Das Reserve-Luftregiment Nummer 5 wurde besser versorgt als andere Abteilungen und teilte seine Vorräte mit dem Waisenhaus. Manchmal spielten die Piloten mit den Kindern, sie vermissten ihre Kinder, und den Kindern fehlten die Väter. Meine Mutter besaß damals zwei wunderschöne Kleider, aus dunkelroter und dunkelblauer Seide, ihr Vater hatte sie aus dem von der Sowjetunion frisch eroberten Litauen mitgebracht, als Landwirt war er 1940 dorthin gefahren, um Kühe zu kaufen. Rosa hatte diese Kleider für ihre Tochter mitgenommen, als sie Ende Juli 1941 aus Kiew floh, Wintersachen hatten sie keine dabei, vielleicht dachten sie, bis zum Winter sind wir zurück, vielleicht dachten sie in der Eile auch nichts.

Rosa, damals sechsunddreißig Jahre alt, hörte zwei Jahre lang nichts von ihrem Mann, sie war überzeugt davon, dass alle im Leiden vereint waren, und so stellte sie keine persönlichen Ansprüche an das Leben. Sie wohnte im Flur des Waisenhauses, zusammen mit ihren beiden Töchtern, dort, wo auch die Proben stattfanden, zwischen Tanz, Gesang und Orchestervorspielen, nur durch einen dünnen Vorhang von der Kunst getrennt.

Waren diese Kinder wirklich Waisen? Oder wurden sie nur Waisen genannt, weil sie ohne ihre Eltern evakuiert worden waren? Hatte sich jemand bemüht, nach den Eltern zu suchen? Oder war man sicher, dass die Eltern tot waren? Es hieß, die Eltern der Kinder wären in der Blockade vor Hunger gestorben oder an der Front gefallen, niemand fragte nach.

Einmal kam doch eine Mutter. Sie trug Uniform, und sie war schwer krank. Vielleicht war sie die letzte von den Müttern der Waisenkinder. Seit langem hatte sie nach ihren Kindern gesucht, sie waren hier, ein kleiner Junge und ein Mädchen von zehn Jahren. Als ihre Mutter kam, waren die Kinder gerade in der Schule. Sie unterhielt sich lange mit Rosa, die die Kinder auf den Besuch vorbereiten sollte. Meine Großmutter habe die Frau dazu überreden wollen wegzugehen, ohne ihre Kinder zu sehen, sagte mir meine Mutter.

Die Mutter der beiden Kinder war von der Front abkommandiert worden, sie hatte offene Tuberkulose und wollte nur noch zu ihren Kindern. Sie war hoch ansteckend und konnte nicht im Waisenhaus bleiben, Rosa fand ein Zimmer in der Nähe, wo ihre Kinder sie besuchen konnten. Nach zwei Wochen starb die Mutter, die Kinder waren in der Schule. An diesem Tag gab es wieder ein Konzert, der Vereinigte Chor des Waisenhauses trat vor Soldaten auf, die am nächsten Tag an die Front mussten. Rosa sagte dem Mädchen, ihr müsst nicht singen. Aber das Mädchen sagte, nein, wir singen.

73

Mogendovid

Auf meiner Polenreise im Jahr 1989 kam ich auch nach
Warschau, der Stadt, in der im Jahr 1905 meine Großmut-
ter Rosa geboren wurde, damals gehörte Polen noch zu
Russland.

Alles roch anders. Ich flanierte in der wiederaufgebauten
Altstadt, ging in jede Kirche, spazierte im Park. Dann
streifte ich durch die langgezogenen neuen Straßen mit
den hellgrauen und gesichtslosen Hochhäusern, die vor-
sintflutlichen Wesen mit leeren Augenhöhlen glichen. Das
alte Warszawa gab es nicht mehr. Irgendwo am Ende einer
dieser langen Straßen sah ich alte, halbzerstörte Häuser. Sie
standen dort wie aufgeschlagene Bücher, nackt, das Innere
nach außen gewendet, dem Himmel zu und den Menschen,
und froren in der Sonne. Sie waren zum großen Teil demoliert, nur Buchrücken und Einband standen noch, der Inhalt war herausgerissen. Auf dem Vorsatz Spuren fremden
Lebens, eine verkehrte Intimität, bunte kleine Quadrate
aus Schlafzimmern, Wohnzimmern und Küchen, unter-
schiedliche Tapeten, durchweg mit irgendwelchen Schriften bemalt, die ich zu entziffern begann, je mehr ich verstand, desto langsamer, bis ich begriff, dass sie mit unzähligen Hetzparolen beschriftet waren gegen diejenigen,
die es hier nicht mehr gab. Das hatte ich mir in dieser Stadt
nicht vorstellen können, in der Hauptstadt meines ersten
Auslandes, Heimatstadt meiner Großmutter, auf den ver-
wundeten, wehrlosen Häusern. Mein Blick tastete sich
weiter durch die Fluchten der nichtexistierenden Zimmer,
ohne dass ich verstand, warum ich die Schändungen so lan-

ge betrachtete, warum ich diese klaffende Nacktheit an-
starrte, als schlüge in einem sonnigen Park plötzlich ein
Exhibitionist seinen Mantel auf, und nirgendwo gäbe es
Zuflucht vor dieser ungewollten Begegnung. Und wie hätte ich die Augen abwenden können und wohin, in dieser
einst jüdischsten Stadt Europas?

So schweifte ich in der Stadt mit ihrer neu aufgebauten Geschichte umher und kaufte mir nicht weit vom Chopin-
Denkmal eine Schallplatte, aus purer Überraschung. Auf
dem Umschlag prangte ein Mogendovid, ein Davidstern.
Das Wort Mogendovid für den sechszackigen Stern hatte
ich vor kurzem zum ersten Mal gehört. Auf der Plattenhül-
le stand so etwas wie *Żydowskie piosenki wschodniej Euro-
py*. Die polnischen Wörter transkribierte ich mir damals
ins Russische, und nun übersetze ich sie ins Deutsche, *Jüdische Lieder aus Osteuropa*. Der Mogendovid räkelte und
streckte sich auf dem Umschlag, so selbstverständlich, wie
sich unser Land von Europa bis zum Stillen Ozean er-
streckte. Ich beobachtete ihn, als wäre er ein unbekanntes
Tier, das sich im nächsten Moment bewegen könnte, ich
tastete jede der sechs Spitzen ab, jede Drehung, jeden Winkel. Unser ganzes Leben lang hatten wir fünfzackige Sterne gemalt, die auf der Erde und die, die am Himmel prang-
ten, die Sterne unseres Kremls, wie wir sie in einem Lied
besangen, wir kannten auch ein anderes Lied, in dem ein
Stern mit dem anderen spricht, man sang es, wenn man
sich allein auf einen Weg begab, aber keiner dieser Sterne
hatte sechs Zacken. Nie zuvor war ich in meinem unendlich langgestreckten Vaterland einem Mogendovid begegnet, weder als Zeichen noch als Gegenstand.

Der sechszackige Stern hatte mich nicht deswegen überrascht, weil ich immer einen Mogendovid hätte sehen wollen, ich wusste nicht einmal, dass man sich das wünschen konnte, der Wunsch war seines Inhalts beraubt, mit den Wurzeln herausgerissen, wie der Inhalt der Zimmer jener verlassenen Häuser. Ich war vor Überraschung verlegen beim Anblick dieses Mogendovids, der sorgfältig in Dunkelblau auf weißem Grund gemalt war, mit einer bunten Taube in der Mitte.

Zurück in Kiew, legte ich die Schallplatte auf, und meine Großmutter, die ihr ganzes Leben lang mit leichtem polnischem Akzent sprach – ich erinnere mich an das Wörtchen *cacki*, ein polnisches Wort für Kleinod, das Rosa für meinen Kram, die unnützlichen Dinge benutzte, *cacki*, wie ein Lutschbonbon, ein *ledenets*, mit einem schnalzenden *ts* –, meine Großmutter, die, solange ich mich erinnern konnte und auch so lange, wie meine Mutter sich erinnern konnte, niemals ein Wort auf Jiddisch gesagt hatte, begann auf einmal, übermütige Lieder in einem obdachlosen Moll zu singen, erst den Worten folgend, ihnen nachgehend, dann sicher im gleichen Schritt und plötzlich den Worten voraus, fröhlich und vorschnell, und ich hörte ihr mit der gleichen Ungläubigkeit zu, wie ich den Mogendovid auf der Schallplatte ertastet hatte. Wäre die Perestrojka, wäre meine Polenreise, wäre diese Schallplatte nicht gewesen, so hätte sich das versiegelte Fenster ihrer frühen Kindheit nie mehr für uns geöffnet, und ich hätte niemals verstehen können, dass meine Babuschka aus einem Warschau kommt, das es nicht mehr gibt, dass wir von dort sind, ob ich will oder nicht, aus dieser verlorenen Welt, an die sich meine Großmutter, schon von uns gehend, abtretend, auf einer letzten Grenze, am Rande, erinnerte.

Als wäre sie beim Erinnern ertappt worden, streckte sich die Zeit aus und griff nach Rosa, durch die Schallplatte erreichte sie mich und erweckte Rosas Erinnerungen, die, so schien es, völlig verstummt und verschüttet waren wie auch das, was einmal ihre Muttersprache gewesen sein mochte, die wir und sogar sie selbst vergessen hatte. Seit diesen Liedern, die meine Babuschka mitsang, dazu komisch und ungeschickt im Sitzen hüpfend – eine Bewegung, die ich nie zuvor bei ihr gesehen hatte –, denke ich über die unendlichen Varianten unseres Schicksals nach, pausenlos, die in ganz anderen Liedern hätten erklingen können. Was wäre wenn, was wäre falls, was, wenn es nicht geschehen wäre, oder was wäre gewesen, wenn sie in Warschau geblieben wären 1915 oder nach Amerika ausgewandert, alle zusammen.

Dann hüpfte auch ich komisch und ungeschickt, wie eine Nadel auf einer abgespielten Platte, übersprang den ganzen Krieg wie ein Gebiet, das meinen rettenden Phantasien nicht unterstellt war, und landete in den siebziger Jahren meiner Kindheit, aus denen meine Eltern schon hätten wegfahren können. Aber sie blieben, um Bewegungen und Gegenstände aufzubewahren, die längst außer Gebrauch sind und nicht mehr im Handel.

Wünschelrute

Meine Großmutter Rosa hätte uns beide nicht verstanden, meinen Bruder und mich. Mit Ende zwanzig lernte er Hebräisch, ich Deutsch. Er wandte sich dem orthodoxen Judentum zu, aus blauem Himmel, wie wir alle dachten, ich verliebte mich in einen Deutschen, beides war von Rosas Lebensvorstellungen gleich weit entfernt. Sein Hebräisch und mein Deutsch – diese Sprachen veränderten unsere Lebenswege, *Betreten auf eigene Gefahr.* Wir waren eine sowjetische Familie, russisch und nicht religiös, das Russische war das stolze Erbe aller, die wussten, was Verzweiflung ist, angesichts des Schicksals der eigenen Heimat, wie der Dichter sagt, *Nur du gibst mir Stütze und Halt, o du große, mächtige, wahrheitsgetreue und freie russische Sprache,* und heute höre ich in diesen Worten *o du fröhliche, o du selige,* wir bestimmten uns nicht mehr durch die lebenden und die toten Verwandten und ihre Orte, sondern durch unsere Sprachen. Als mein Bruder mit Hebräisch anfing, um sein Leben dem Judentum zu widmen, stürzte er sich in diese Sprache, ohne die Furcht des Spätanfängers, mit der Begierde eines Neophyten, ohne zu wissen, was er tat, und eroberte die ganze Tradition zurück, mitsamt dem verschollenen Wissen vergangener Epochen. Meine Wahl war unbedacht, aber logisch. Gemeinsam schufen wir, mein Bruder und ich, durch diese Sprachen ein Gleichgewicht gegenüber unserer Herkunft.

Mein Deutsch blieb in der Spannung der Unerreichbarkeit und bewahrte mich vor Routine. Als wäre es die kleinste

Münze, zahlte ich in dieser spät erworbenen Sprache meine Vergangenheit zurück, mit der Leidenschaft eines jungen Liebhabers. Ich begehrte Deutsch so sehr, weil ich damit nicht verschmelzen konnte, getrieben von einer unerfüllbaren Sehnsucht, einer Liebe, die weder Gegenstand noch Geschlecht kannte, keinen Adressaten, denn dort waren nur Klänge, die man nicht einzufangen vermochte, wild waren sie und unerreichbar.

Ich begab mich ins Deutsche, als würde der Kampf gegen die Stummheit weitergehen, denn Deutsch, *nemeckij*, ist im Russischen die Sprache der Stummen, die Deutschen sind für uns die Stummen, *nemoj nemec*, der Deutsche kann doch gar nicht sprechen. Dieses Deutsch war mir eine Wünschelrute auf der Suche nach den Meinigen, die jahrhundertelang taubstummen Kindern das Sprechen beigebracht hatten, als müsste ich das stumme Deutsch lernen, um sprechen zu können, und dieser Wunsch war mir unerklärlich.

Ich wollte auf Deutsch schreiben, auf Teufel komm raus Deutsch, ich schrieb und versank unter dem Gewicht des aufquellenden Sprachfutters, als wäre ich Kuh und ungeborenes Kalb zugleich, brüllend und muhend, gebärend und geboren, all der Mühe wert, meine unübersetzbaren Leitsterne wiesen mir den Weg, ich schrieb und verirrte mich auf den geheimen Pfaden der Grammatik, man schreibt, wie man atmet, trist und Trost habe ich stets versöhnen wollen, als könnte mir diese Versöhnung einen Schluck Meeresbrise schenken.

Oft verbiss ich mich in die Sprache, mit dem Recht der Be-
satzungsmacht, ich wollte diese Macht, als müsste ich die
Festung stürmen, mich mit dem ganzen Körper in die
Schießscharte werfen, à la guerre comme à la guerre, als
wäre mein Deutsch die Voraussetzung für den Frieden,
der Blutzoll war beträchtlich und die Verluste sinn- und
gnadenlos, wie bei uns zulande üblich, aber wenn sogar
ich auf Deutsch, dann ist wirklich nichts und niemand
vergessen, und sogar Gedichte sind erlaubt, und Friede
auf Erden.

Mein Deutsch, Wahrheit und Täuschung, die Sprache des
Feindes, war ein Ausweg, ein zweites Leben, eine Liebe,
die nicht vergeht, weil man sie nie erreicht, Gabe und Gift,
als hätte ich ein Vöglein freigelassen.

Der Zug

Im Juli 1941, als meine Mutter ihre Heimatstadt Kiew verließ, war sie noch keine sechs Jahre alt. Alles, was sie mir
über ihre Kindheit erzählte, drehte sich um den Krieg.
Sie hatte Erinnerungen an das Davor, aber im Krieg hatte
sie gefunden, was ihren Hunger nach großen Gefühlen,
ihre natürliche Sehnsucht nach Gerechtigkeit stillte. Am
Krieg maß sie alles, was danach geschah.
Der Krieg brachte die Trennung vom Vater, den Abschied
von der Kindheit und die erste beschwerliche Reise durch
das riesige Land. Als der Krieg zu Ende war, lebte ihr
Großvater nicht mehr, ihre Großmutter Anna und ihre

Tante Ljolja waren getötet geworden, ihr Vater Wassilij war verschwunden. Mir schien, dass ihre Erinnerungen an das Davor – die Ausflüge mit dem Großvater ins Kino, das Ginsburg-Haus am Ende ihrer Straße, damals das höchste Haus der Stadt – nur für ein späteres Wiedersehen bestimmt waren, denn der Krieg leuchtete in beide Richtungen, das Davor gab es nicht mehr, und die Erinnerung wurde zum einzigen Beweis der Vergangenheit.

Immer wieder erzählte sie mir vom Krieg, obwohl es kaum etwas zu erzählen gab, nur ein paar wenige Geschichten, aber aus diesen Primärfarben malte sie alle weiteren Geschichten ihres Lebens. Ihr Krieg wurde zu meinem, wie auch die Unterscheidung eines Davor und eines Danach zu meiner wurde, und irgendwann war es mir nicht mehr möglich, ihren Krieg von meinen Träumen zu unterscheiden und ihre Erinnerungen in den Regalen meines Gedächtnisses ruhen zu lassen.

Immer wieder wachte ich in einem überfüllten Zug auf, die Menschen auf Säcken, meine sechsjährige Mutter, ihre Schwester Lida, meine Babuschka Rosa, sie alle kauerten in einer Ecke des Viehwaggons, die Reise dauerte schon Tage. Meine Mutter lag auf dem Boden des Waggons, der spärlich mit Stroh bedeckt war, sie hatte die Masern. Das Wort Viehwaggon beschäftigte mich nicht besonders, denn ich wusste, sie fuhren in die andere Richtung, nicht in die Richtung des Todes, sondern ins Ungewisse.

Meine Mutter Rosa, so hat mir meine Mutter erzählt, holte bei jeder Gelegenheit Wasser, das war nur möglich, wenn der Zug in der Nähe eines Bahnhofs hielt und nicht mitten auf einem endlosen Feld. Die Züge hielten ohne Vorankündigung, und ohne Vorankündigung setzten sie sich wieder in Bewegung, Hunderte von Müttern stiegen aus. Einmal geschah es, dass sich der Zug in Bewegung setzte, als Rosa mit ihrer Kanne noch am Brunnen stand.

In diesem Moment sehe ich alle zugleich: meine Babuschka, meine Mutter als Kind, ihre Schwester, mich selbst. Wirf die Kanne weg! Renn! Aber Rosa ist mit dieser Kanne wie verwachsen, sie rennt, das Wasser ist längst verschüttet, für einen Moment ist es, als sei alles verloren und als könne sie den Zug niemals mehr einholen, doch als alles verloren scheint außer der Kanne in ihrer Hand, da hat sie den Zug auf einmal erreicht, wie nach einem Filmschnitt, als hätten wir kurz weggeschaut. Wie sonst kann man erklären, dass ein Mensch am Ende seiner Kräfte schneller ist als ein Zug, der Fahrt aufnimmt? Durch die offene Schiebetür des Waggons strecken ihr die anderen Frauen ihre Hände entgegen, sie schaffen es, die Mutter meiner Mutter hochzuziehen, meine Babuschka, die gerade fünfunddreißig Jahre alt ist. Ich sehe die Szene zuerst im Schnelldurchlauf, dann setzt eine Verlangsamung ein, als ließe sich etwas erklären, wenn man das Geschehen so verlangsamt, dass der Wendepunkt sichtbar wird.

Meine Mutter war zeitlebens davon überzeugt, dass sie einander für immer verloren hätten, wenn Rosa den Zug nicht eingeholt hätte, und dass sie noch im Zug an den Masern gestorben wäre, trotz der Mühen ihrer Schwester.

»Es ist der gleiche Traum, der sich immer wiederholt«, heißt es in dem Lied, das mein Bruder zu singen pflegte, in einem schnellen, jagenden Rhythmus zur Gitarre, er sang, »Ich träume, dass ich hinter dem Zug zurückbleibe«. Es gab andere Züge in unserer Kindheit, wie jenen »Schützenpanzerwagen, der auf dem Reservegleis« stand, denn wir waren alle »friedliche sowjetische Menschen«, aber das war nicht mein Zug, denn mein Zug war weg, und ich musste ihn einholen.

Wieder und wieder setzt sich der Zug in Bewegung, und ich sehe die aufgerissenen Münder, die lautlosen Schreie, wie im Stummfilm, als hätten sich alle Sinne in Bewegung verwandelt, als gäbe es nur noch etwas zu sehen und nichts mehr zu hören. Und wieder läuft die junge Frau im hellen Kleid mit der Kanne Stafette, um sie weiterzureichen, denn ohne Wasser gibt es kein Überleben, ihre Beine schimmern wie in einem Trickfilm, die Frau ist jünger als ich heute. Ich kann besser rennen, Babuschka!, und obwohl ich es nicht möchte, renne ich, ich renne für sie, jedesmal wenn ich mich an diese Szene erinnere, ich renne für sie, es ist keine Erinnerung, ich renne um ihr Leben. Mitten im Rennen wache ich auf, ich renne, und der Zug nimmt Fahrt auf. Von oben sehe ich die ausgestreckten Hände, ich bin oben, oder nein, oben ist meine Rosa, ich stehe unten, der Zug saust vorüber und wird von der grauen Landschaft verschluckt.

Facebook 1940

Manchmal hatte ich das Gefühl, ich bewege mich durch den Baumüll der Geschichte. Nicht nur meine Suche, sondern auch mein Leben wurde allmählich sinnlos. Ich wollte viel zu viele Tote ins Leben zurückrufen und hatte dafür keine durchdachte Strategie. Ich las zufällige Bücher, ich reiste durch zufällige Städte und machte dabei unnötige, sogar falsche Bewegungen. Aber, vielleicht – das ist nur eine kühne Vermutung – habe ich mit all den Bewegungen die Geister der Vergangenheit aufgestört, irgendwo eine zarte Membran berührt, dort, in der untersten Himmelsschicht, an die ein Mensch noch gerade heranreichen kann. Und ich dachte, dass meine Mutter, eine eigenwillige Lehrerin, sich schon immer in dieser Umgebung aufgehalten hat.
Diesmal klingelte das Telefon. Silvester 2011 in Kiew. Meine Mutter geht an den Apparat.

Ich heiße Dina, sagt eine alte Dame, ich habe gehört, dass Sie alles über die Schule Nummer 77 in Kiew sammeln, ich habe diese Schule im Jahr 1940 absolviert. Ich rufe aus Jerusalem an.

Aus dem Jahr 1940 hatten wir schon lange keinen Anruf mehr erhalten, von dorther wehte es mit einer Kälte, als käme der Anruf direkt aus dem Jenseits, Jerusalem war der Beweis dafür, eine Zwischenstation. Meine Mutter stand wie versteinert mit dem Hörer in der Hand und konnte nur mit heiserer, aber fester Stimme sagen, Ja, ich höre zu.

Das Telefon wurde auf laut gestellt.
Die Silvestergäste verstummten.

Kiew haben wir zu Kriegsbeginn sofort verlassen, sagte Dina resolut. Wir wurden nach Dagestan evakuiert. In den siebziger Jahren sind wir von dort nach Israel emigriert, nach Kiew bin ich nie zurückgekehrt. Gerade habe ich eine meiner Freundinnen aus meiner Abschlussklasse von 1940 gefunden, auf Facebook. Sie sagte mir, dass Sie uns suchen. Ja, ich bin 88 Jahre alt, mit dem Computer komme ich zurecht, meine Tochter hilft. Sind Sie Archivarin?
Nein, ich bin Geschichtslehrerin, sagte meine Mutter und erzählte, dass sie seit vierzig Jahren in dieser Schule arbeitet und sich bemüht, die Geschichte der Schule zusammenzustellen, obwohl, ich würde eher sagen, dass meine Mutter die Geschichte der Schule neu erdichtet. Vor langer Zeit habe ich mit Schülern ein Theaterstück inszeniert, sagte sie, über die Abiturienten, die direkt am Tag nach ihrem Abschlussball, dem ersten Tag des Krieges, an die Front zogen, wir hatten einige von ihnen gefunden und auf die Bühne geholt.
Statt zu antworten, zählte Dina die Namen ihrer Klassenkameraden auf, dann die aller Lehrer und einiger Eltern. Sie erinnerte sich an alle, siebzig Jahre nach ihrem Schulabschluss.

Nach dem Krieg, als die Überlebenden langsam nach Kiew zurückkehrten, von der Front oder aus der Evakuierung, wusste niemand etwas über Dina. Ein Viertel der Klasse war im Krieg gefallen, und irgendwann hörte man auf, einander zu suchen. Dina war Jüdin und hätte von der

Schlucht Babij Jar oder sonst wo verschlungen worden sein können. Manchmal suchte man nicht, weil man sicher war. Aber Dina lebte.

Wo haben Sie in Kiew gewohnt, fragte meine Mutter.
Nicht weit von der Schule, auf der Institutskaja.
Als meine Mutter diesen Straßennamen hörte, wurde sie hektisch.
Wo genau?
An der Ecke Karl Liebknecht.
In dem grauen Haus an der Ecke? Gegenüber der Apotheke?
Ja!, sagte Dina, der erste Eingang links.
Aber wir wohnten auch da!, schrie meine Mutter.
Es gab aber keine Petrowskijs in unserem Haus, erwiderte Dina.
Ich bin doch Owdijenko!
Swetotschka!, nun schrie Dina.

Alle Anwesenden schwiegen, als wüssten sie Bescheid. Mein Vater war der erste, der kurz aufschluchzte. Jemand hatte meine Mutter angerufen, der bereits erwachsen gewesen ist, als sie noch ein Kind war. Es gibt sonst niemanden mehr aus dieser Generation.
Dina war tatsächlich eine Nachbarin meiner Mutter gewesen, dreizehn Jahre älter als Swetotschka. Sie erinnerte sich an alle Mitglieder unserer Familie und an andere Nachbarn aus dem Vorkriegshaus.
Nach dem langen Aufzählen sagte sie, Danke, Swetotschka.
Wofür?, fragte Swetotschka.

Und Dina bedankte sich siebzig Jahre später dafür, dass meine Großmutter Rosa, damals Direktorin der Taubstummenschule, ihr, als sie Arbeit suchte, die eigenen Schüler anvertraute. Daraus wurde der Beruf ihres Lebens, nach dem Krieg wurde Dina Gehörlosenpädagogin, wie später auch ihre Tochter, sie unterrichteten zuerst in Dagestan, dann in Israel, und auch die Kinder ihrer Tochter wurden Gehörlosenpädagogen und Logopäden, ebenso einige der Enkelkinder. Wegen euch, Swetotschka.

Dann sagte Dina, dass sie sich an den Tod meines Urgroßvaters Ozjel Krzewin 1939 erinnere. Ich habe gehört, wie er auf den Boden fiel, und bin nach oben gerannt, das war im Herbst. Ich war vier Jahre alt, sagte meine Mutter, und ich weiß noch, alle Erwachsenen waren verblüfft, weil ich gesagt habe, Lasst ihn, er ist müde. Und Dina sagte, stimmt, das hast du gesagt!

KAPITEL 3

Mein schönes Polen

Polscha

I carried my chalise through the mobs of foes
James Joyce

Als ich in Kiew aufwuchs, war Polen, unser nächster Nachbar, auf Russisch Polscha, unsere Nachbarin, ein unerreich-
bares, schönes Ausland. Dort lebten anmutige Frauen, die
Männer hatten Manieren, man glaubte dort an Gott, trotz
oder dank des Kommunismus, vielleicht auch schon immer, und alle gingen in die himmelhoch gereckten gotischen Kirchen. In Polen gab es sogar Kaugummi zu kaufen.

Oft verkündete ich ohne Anlass, dass meine Großmutter
Rosa, Rosalia, in Warschau geboren wurde, als stecke in
dieser Nachricht ein gewisser Eigensinn. Ich war stolz darauf, dass meine Großmutter aus Polen stammte, es war ein
Trumpf in einem Spiel, das niemand mit mir spielte. Einige
in meiner Klasse trugen auffällig polnische Namen wie
Studzinski oder Schtschegelskaja, wir waren aber sowjetische Kinder, alle gleich, mit dem gleichen Nebel in der Familiengeschichte, der vielleicht gerade die Voraussetzung
für unsere Gleichheit bildete. Ich war stolz, als hätte ich
selbst einen Hauch von polnischer Anmut, Manieren und
Glauben, als hätte auch ich die Haltung der Fronde gehabt – oft erniedrigt, nie unterworfen, *jeszcze Polska nie
zginęła*, noch ist Polen nicht verloren, und dies der Erkenntnis zum Trotz, dass ich nie dazugehören würde, dass
damals, im Jahr 1905, als meine Großmutter zur Welt kam,
dieser Teil Polens dem russischen Imperium unterstand

und meine Familie jüdisch war. In den sowjetischen Jahren meines Lebens habe ich meine polnische Trumpfkarte, die *kozyrnaja karta,* nie ausgespielt, aber aufbewahrt, bis sie mir in Warschau plötzlich wieder in die Hände fiel.

Wenn ich neue Polen kennenlernte, pflegte ich mich zuerst für die drei Teilungen zu entschuldigen und dann dafür, dass die sowjetische Armee im Jahr 1944 am Ufer der Weichsel wartete, bis der Warschauer Aufstand niedergeschlagen war, ich entschuldigte mich bei den modernen Europa-Polen, die ich zu Gefangenen meines Gewissens machte, ich entschuldigte mich für Katyń und für den Kanal, weil ich davon wusste, aber nichts dagegen tun konnte, ich entschuldigte mich sogar für das Jahr 1981, als hätte ich damals mit elf, als Elfe, die Solidarność retten müssen. Denn wir waren schuld. Ich bekannte mich zum sowjetischen Imperium, im Bewusstsein seiner Errungenschaften, doch im Gleichschritt mit dem Leid, das wir anderen zugefügt hatten.

Mein Vater war verliebt in dieses arme Polen, in die polnische Poesie und in den Klang der Sprache, in diese Polscha, die *jeszcze nie zginęła. Sie* war die weiblichste Erscheinung unserer sozialistischen Welt. Mein Vater las viele Bücher auf Polnisch, weil sie nicht ins Russische übersetzt waren, sogar *Die Dubliners* von James Joyce hatte er im verwandten Polnisch gelesen, selbst manche russischen Bücher, in der Originalsprache unzugänglich, lasen er und seiner Freunde auf Polnisch. Es gab etwas in seiner Liebe, was mich verwirrte. Mein Vater, ein Kriegskind, ein Angehöriger des auserwählten Volkes, das in seiner Stadt Kiew, vor allem aber in Polen, fast vollzählig ermordet worden war, trauerte großherzig um Polen – der Kanal, der Warschauer Aufstand, die polnischen Teilungen, Katyń. Die polnische Tragödie schmerzte ihn, als dürfe er das Eigene nur im Schmerz der anderen erkennen, in einer Art Übersetzung. Den Gram zu hegen, den er in sich trug, wäre ihm unanständig vorgekommen. Viele seiner Kiewer Freunde, die sich in den fünfziger, sechziger und späteren Jahren von Polen angezogen fühlten, waren jüdischer Herkunft, sie wussten über alles Bescheid, was in Polen passierte, auch über die Nachkriegszeit und den Umgang mit Überlebenden. Sie haben es den Polen niemals übel genommen, denn sie hatten das andere Polen im Herzen, und als ich meinen Vater fragte, wie es möglich sei, dass sie Polen so hingebungsvoll liebten, wenn Polen sie nicht liebte, sagte er, Liebe muss nicht erwidert werden.

Ozjels Asyl

Ozjel Krzewin, der Vater meiner Großmutter Rosa, war Lehrer, Direktor eines kleinen Internats für taubstumme Kinder in Warschau, die meisten der Kinder waren Waisen, ich kannte die Adresse des Hauses, wo die Familie vor dem Ersten Weltkrieg gelebt hatte und wo Rosa und ihre beiden Geschwister zur Welt gekommen waren. Sie lebten zusammen, die Familie und die Waisenkinder, und ich stellte mir einen bescheidenen, aber fröhlichen Haushalt vor, die mühevolle tägliche Arbeit. Das war kein Beruf, sondern eine familienweite Obsession: Ozjels sechs Geschwister hatten ebenfalls Schulen für taubstumme Kinder gegründet, in Ungarn, Frankreich und Österreich. Doch schon meine Eltern konnten über niemanden von ihnen mehr genauere Auskunft geben. Auf der Suche nach Ozjel reiste ich von Berlin geradeaus nach Osten, ins Warschau der Vorkriegsantike.

Ozjel wurde hundert Jahre vor mir in Wien geboren, im Jahr 1870. Auch darauf war ich stolz, wir – aus Wien. Wie durch ein Wunder hat bei uns zu Hause ein sowjetisches Arbeitsbuch meines Urgroßvaters überdauert sowie eine biographische Notiz, wonach er Lehrer für Taubstumme in Koło-Kalisz-Limanowa-Warschau-Kiew gewesen war. Nach dem Tod seines Vaters übernahm er dessen Schule in Warschau. Er hieß Ozjel, aber ich hörte Asil oder Asilij, denn im Russischen wird ein unbetontes O als A ausgesprochen. Zuerst dachte ich, der Name komme von Asalijen, vielleicht weil meine Großmutter mit vollem Namen Rosalija Asilijewna hieß, manche sagten Rosalija Asalijewna. Als ich älter wurde, dachte ich über diesen seltsam klingenden Urgroßvater nach, seinen Namen, der mir zugleich Herkunft und Herberge bot, Asilij, und sein Asyl, das Schutz gab, ein Ort der Zurückgezogenheit und der Sicherheit, Obdach für alle. Ich stammte von einem Menschen ab, der sich um die Verlassensten kümmerte. Die taubstummen Waisenkinder waren die wichtigsten Bewohner von Asilijs Asyl. Es gab Eltern, die ihre Kinder aus Kraków, Vilnius und Kiew nach Warschau in Ozjels Schule schickten.

Wir haben es auf keinem Fall erwartet, dass unsere Tochter nach 3 Monaten schon schwierige russische und jüdische Worte schreiben und sprechen wird. Sogar einen Brief schreiben! Wir wenden uns an alle unglücklichen Eltern, Brüder

im Unglück, wir fühlen mit Euch. Schickt, Brüder, Eure
armen taubstummen Kinder zum hervorragendsten Lehrer.
Die Adresse ist: O. Krzewin – Warszawa – Ciepła.

Er galt als Heiler, obwohl er nur Lehrer war. Die jiddischen Zeitungen schrieben über Ozjel und seine kleine
Schule auf der Ulica Ciepła und druckten Dankesbriefe
ab. In diesen Briefen hört man die Stimmen von übermü-
deten Eltern, unbeholfenes Glück strömt aus der gebroche-
nen Syntax.

Die Feder ist nicht fähig, das zu schreiben, was ich fühle. Egal
wie lange ich Ihnen danken würde, wäre es nichtig im Ver-
gleich dazu, was Sie getan haben. Ich kann auf dem Papier
nicht meinen Jubel aufschreiben: Ich konnte mir nicht vor-
stellen, dass mein Sohn schon so bald schreiben und sprechen
wird! Ich habe in Ihrer Schule Taubstumme gesehen, die so

zu sprechen angefangen, dass man nicht erkennen konnte,
dass sie Taubstumme waren. Ich habe vor Freude geweint,
als mein Kind mit mir zu sprechen anfing. Ich wünsche, dass
Gott Ihnen helfen möge, damit Sie immer Glück haben wer-
den.

Der Brief stammt aus Kiew, im Mai 1914. Dann kam der
Krieg, und 1915 wurden Ozjel und seine Schwester Maria
wegen Spionage für Österreich angeklagt und ins Sed-
lecka-Gefängnis gebracht. Wurde ihnen vorgeworfen, junge Männer vor dem Militärdienst zu verstecken? Oder
wurden, wie in Kriegen üblich, Taubstumme für Spione gehalten? Wer nicht spricht, verheimlicht etwas.

Wenige Stunden nach der Entlassung aus dem Gefängnis
packte Ozjel die Koffer und verließ Warschau zusammen
mit seiner Familie – seiner Frau Anna Levi-Krzewina
und den drei Kindern Rosa, Ljolja und Arnold, neun,
sechs und zwei Jahre alt, sowie zehn taubstummen Waisen
seiner Schule und dem taubstummen Lehrer Abram Silberstein.

Ozjel hatte einen Sohn aus erster Ehe, erzählte mir meine
Mutter, Zygmunt muss 1915, als sein Vater nach Kiew aus-
wanderte, etwa sechzehn Jahre alt gewesen sein. Er war in
Polen geblieben. Fünfzehn Jahre später kam Zygmunt mit
seiner Frau Helena, Hela, nach Kiew, um seinen Vater zu
besuchen. Mein Großvater Wassilij, der Ehemann von Rosa, hatte mit der polnischen Helena geflirtet, mehr wusste
meine Mutter über ihn nicht zu erzählen.

Auf der Flucht vor dem Krieg kamen Hunderttausende Polen nach Kiew und machten Kiew für ein paar Jahre zu einer lebendigen polnischen Stadt. Ozjel gründete die erste Schule für Taubstumme, und als die meisten Flüchtlinge nach Warschau zurückkehrten, blieb er. Warschau hat er nie wieder betreten. Ozjel fing mit seinen zehn Warschauer Kindern an, sie lebten zusammen in einem Haus, wie immer.

Auf diesem Foto sind sie alle zu sehen. Rechts steht Silberstein, der taubstumme Lehrer, der aus Warschau mitgekommen war, und vielleicht sind wir die einzigen, die noch wissen, dass es ihn gegeben hat. Er brachte sich 1916 um, wegen einer unerfüllbaren Liebe, er hatte sich in ein sprechendes Mädchen verliebt, sie wollten heiraten, doch ihre Eltern sagten nein.

Während des Ersten Weltkriegs wuchs die Schule, aufgenommen wurden nicht nur Kinder, die von Geburt an taubstumm waren. Im Bericht eines Besuchers las ich, dass Ozjel im Jahr 1919 am Stadtrand ein Mädchen fand, »Pogrom-Mädchen«, so heißt es dort, als wäre das ein ganz normaler Begriff. Ein großer Teil der taubstummen Waisen stammte aus Pogrom-Familien, hieß es in einem Artikel über Ozjels Schule, der 1924 in der *Proletarskaja Prawda* erschienen war, ohne weiteren Kommentar.

Später zog das Waisenhaus in ein größeres Gebäude in der Bolschaja Shitomirskaja, damals noch Uliza Lwowskaja. Studenten, Pädagogen, Arbeiter und Wissenschaftler kamen aus Moskau und Leningrad, um die Schule zu besichtigen, manche aus Neugier, manche im Auftrag des Bildungsministeriums. Dank dieser Besucher wissen wir von der Atmosphäre, von der Hingabe der Lehrer, von den Fähigkeiten der Kinder und ihrem offenen Gemüt, als wären sie zum Leben erwacht. Die Gebärdensprache wurde zu jener Zeit offiziell nicht mehr unterstützt, doch meine Verwandten beherrschten sie noch. Sie beschäftigten taubstumme Lehrer, ältere Schüler wurden im Unterricht für die jüngeren eingesetzt.

Mitten in der Stadt hielten die Kinder Hühner, Kaninchen, Ziegen, ein fuchsrotes Pferd und Kühe. Außerdem gab es einen Pfau – ein Pfau in einer sowjetischen Schule, ein göttliches Wesen, das zu keiner Klassentheorie passte, wie die Schule selbst. Der Pfau war schön, Schönheit war so wichtig wie Können, und die tauben Kinder genossen die Schönheit der hundert Augen in einer Weise, die wir nicht kennen, sie sahen sein schillerndes Rad, das den Horizont verdeckte, seinen verstörenden Schrei hörten sie nicht. Sie lernten nützliche Dinge, sie nähten für sich selbst, produzierten Schuhe für andere Waisenhäuser, banden Bücher und Mappen für private und staatliche Kunden und nahmen dabei die Schönheit der Welt in sich auf, sie spielten Pantomime und spazierten durch die Stadt, kneteten und schufen Skulpturen, und sie gingen in die Oper, denn sie hörten zwar die Klänge nicht, doch vom Gesehenen waren sie so fasziniert, dass sie noch lange danach Bilder zu Gounods *Faust* malten, sie malten auch Porträts von Karl Marx und seinen Nachfolgern, so jedenfalls hieß es in einem Bericht. Die ganze Familie arbeitete mit, Ozjels Frau, Anna Levi, und ihr jüngster Sohn Arnold, ihre älteste Tochter Rosa, meine Großmutter, hatte mit sechzehn Jahren angefangen, in der Schule zu arbeiten, und vielleicht war sie mit ihrer Opernbegeisterung diejenige gewesen, die die Kinder ins Ballett und in die Oper ausführte und danach mit ihnen tanzte und malte. An Karl Marx und seine Nachfolger schien auch sie zu glauben. *Nicht mit den Ohren, mit dem Herzen hören wir Lenins Ruf zum Kommunismus*, hieß es auf einem Plakat in der Schule.

In den dreißiger Jahren änderte sich der Ton der Berichte, oft wurden die Besucher ungnädig, ihre Gutachten vernichtend. Erst war Schluss mit den Gebeten, mit Hebräisch und Jiddisch, dann mit Ozjels unkonventionellem Lehrplan. Später wurde die Gebärdensprache verboten, sie galt als sichtbares Merkmal einer Minderheit, einer geschlossenen Gesellschaft, doch in der Sowjetunion durfte es keine Minderheiten mehr geben. Den Internationalisten standen alle Türen offen, eine große Familie und eine große Sprache. Ozjel versuchte, seine Sprachen zu retten, er widersetzte sich, ging Kompromisse ein, verhandelte. Seine Tochter Rosa folgte ihm auf dem Direktorenposten nach.

Er starb rechtzeitig, wie man von diesen Zeiten zu sagen pflegt, Anfang Oktober 1939 an einem Herzinfarkt im noch friedlichen Kiew. Am 1. September hatte Deutschland Polen überfallen. Am 17. September waren die Truppen der Roten Armee von der anderen Seite her auf Polen zumarschiert. Als Warschau fiel und Polen kapitulierte, kochte Ozjel gerade heißes Wasser für ein Bad, denn es war Sonntag. Mit Warschau fiel auch Ozjel, der sein Polen nie wiedergesehen hatte.

Ulica Ciepła

Ich wollte nach Warschau, damals Russisches Reich, heute Europäische Union. Zwischen dem Warschau von heute und dem Warschau von damals liegt eine der zerstörtesten Städte Europas. Ich wollte hin, wenn auch nur, um die Luft zu riechen.

Ich fuhr als Russin aus Deutschland in das jüdische Warschau meiner Verwandten, nach Polen, nach Polscha, es schien mir, als machten mich meine beiden Sprachen zu einer Vertreterin der Besatzungsmächte. Als Nachkommin der Kämpfer gegen die Stummheit war ich einsatzbereit, aber sprachlos, ich beherrschte keine der Sprachen meiner Vorfahren, kein Polnisch, kein Jiddisch, kein Hebräisch, keine Gebärdensprache, ich wusste nichts über die Shtetl, ich kannte kein Gebet, ich war Anfängerin in all jenen Disziplinen, zu denen meine Verwandten sich berufen fühlten. Mit meinen slawischen Sprachen versuchte ich, das Polnische zu erraten, Ahnungen ersetzten Kenntnisse, Polen war taub, ich war stumm.

O. Krzewin. Taubstummenschule, Ulica Ciepła 14, Warszawa.

Heinrich Schliemann hat sein Troja zuerst gar nicht bemerkt, weil er zu tief gegraben hatte. Ich reiste in ein Warschau, das zwei Epochen zuvor existiert hatte. Um überhaupt etwas sehen zu können, musste ich die Trümmer ignorieren, die zwischen mir und jener Zeit vor hundert Jahren lagen.

Es genügt, die Worte Warschau und Juden auszusprechen, und schon reden alle über das Ghetto, als ob es ein mathematischer Vorgang wäre, Warschau plus Juden gleich Ghetto. Ghetto sagen die Historiker, Ghetto sagen meine Freunde, Ghetto bellt das Internet. Ich versuchte, im Internet darüber zu klagen, als wäre das Internet die Klagemauer der Ungläubigen, stieß aber auch dort auf die Mauern des Ghettos. Ich versuchte, mich dagegen zu wehren, ich wiederholte, dass das Ghetto natürlich das Wichtigste sei, ich hier aber meine Geschichte suche, die viel früher anfange, meine Großmutter sei 1905 in Warschau geboren, mein Urgroßvater habe hier bis 1915 eine Taubstummenschule gehabt und Schluss. Aber mein Gesprächspartner, mein Gegenüber, die Warschauer Geschichtsschreibung und ihre gut gerüsteten Vorposten in Internet und Wissenschaft – sie waren in der Überzahl, und sie alle sagten Ghetto. Ghetto dort! Ghetto hier! Ghetto da! Ghetto oben! Ghetto unten! Sie glitzerten in ihrem Harnisch und blendeten meinen Verstand. Und irgendwann habe ich mich ergeben. Meine Großmutter wurde hier geboren. Mittendrin. Lasst uns endlich im Ghetto sagen. Es gab 1905 kein Ghetto, und es gibt jetzt keins. Wo einmal ein Ghetto war, stehen Bankgebäude. Das Ghetto ist überall.

Als Ozjel Warschau verlassen hatte, blieben seine Mutter und seine Schwester Maria zurück, ich hatte nie daran gedacht, aber langsam eroberte mich ein Satz. Als Ozjel 1939 starb, haben wir seiner Mutter in Warschau nichts gesagt, sie war schon einundneunzig. Und dann leuchtete noch einer auf. Wir haben Pakete nach Warschau geschickt, noch 1940, später wurden sie nicht mehr angenommen. Wie viele Jahre steckten diese beiden Sätze in mir, bis ich sie hörte?

Wir haben ihnen Pakete geschickt. Ich spürte die Größe dieses kleinen Satzes und dachte die ganze Zeit daran, womit diese Pakete wohl gefüllt waren, die aus Kiew nach Warschau geschickt wurden, ob sie in Warschau noch koscher aßen im Sommer 1940, als das Ghetto eingerichtet wurde, und ob meine Verwandten in Kiew noch koscher aßen, und wie es in Kiew überhaupt war mit koscher, und was für ein kuscheliges Wort dieses *koscher* ist, und ob es im Jahr 1940 noch wichtig war, denn Hauptsache Essen, und ich dachte auch daran, dass es mit unserem Judentum so ist wie mit diesen Paketen, in die man nicht mehr hineinschauen kann. Man sagt jüdisch, weiß aber nicht, womit das Wort gefüllt ist.

Die Ulica Ciepła fand ich auf der Karte des Ghettos. Ich zeichnete mir dazu meinen eigenen Plan. Sechs Linien horizontal und sechs vertikal, in der zweiten Spalte von unten, ziemlich in der Mitte, machte ich ein Kreuz für unser Haus, Ciepła 14.

Es war kalt. Warum reise ich immer im Winter? Die Bebauung wirkte chaotisch. Der Weg durchs Ghetto: ein Kaufhaus, ein Bürogebäude, ein Wellness-Zentrum, ein Westin-Hotel, kleine Geschäfte, ein Friseur, ein Internetcafé, eine Bäckerei, eine Ruine aus ungewissen Zeiten, noch ein Hotel. Wer wohnt in all diesen Hotels?

Wieder und wieder lief ich die Ulica Ciepła auf und ab. Natürlich hatte ich vorher gewusst, dass von meiner Gegend nichts geblieben ist, doch auf meiner Suche ging ich hin und her wie ein Pendel, ein Messinstrument, wie der Zeitverlauf selbst, ohne Verlangsamung, als ob ich durch dieses Pendeln ein Ritual vollziehen würde, das ich dabei selbst ertastete und ersann, in der Hoffnung, die Umrisse der Zeit zu erkennen. An einer Stelle roch es nach Brot, an einer anderen nach Internetverbindungen, ich hätte in ein Lokal gehen können, um mich aufzuwärmen, Tee zu trinken und Piroschki zu essen, zu leben, ich ging aber hin und her. Ich ging und ging und glaubte, die alten Häuser würden hervortreten und die Vergangenheit mir ihr Antlitz zeigen, aus Respekt vor meiner sinnlosen Mühe. Doch dafür ging es mir noch nicht elend genug.

Irgendwann wurde mir so kalt, dass ich in einen Supermarkt trat und meine Ghetto-Karte noch einmal studierte. Ich kannte die neue Ulica Ciepła auswendig, wusste aber immer noch nicht, in welchem Block sich mein Haus befunden hatte. Mir gegenüber standen gutgekleidete polnische Bürger in einer Schlange. Sie erledigten ihre Einkäufe, während ich mich mit der verschwundenen Welt beschäftigte, die einstmals auch die Stadt ihrer Vorfahren war und nicht nur die Stadt von irgendwelchen anderen. Sie waren mir sympathisch, und ich wollte ihnen auch sympathisch sein, ich wollte so sehr, dass jemand von ihnen versteht, was ich hier suche.

Zwei Städte

Als Tourist muss man sich entscheiden, mit welcher Katastrophe man die Stadt betritt, Warschauer Aufstand oder Ghetto, als hätte es zwei Warschaus gegeben, und manche meinen, es habe tatsächlich zwei gegeben, getrennt durch Zeit und Raum.

Im Stare Miasto, der Altstadt, tragen die Häuser Tafeln wie ein Kriegsveteran Medaillen, die Tafeln gelten dem Warschauer Aufstand, und es gibt so viele davon, dass nicht nur die Häuser des Zentrums sich auf die Tafeln hätten stützen können, sondern das ganze polnische Volk. Vor dem Krieg wurde in Warschau jüdisch geglaubt, gegessen und gesprochen, anders als im Kiew meiner Kindheit. Nun wirkten die Spuren dieses Lebens wie Fremdkörper. Im Jahr 1939, als der Krieg begann, lebte eine Million Menschen in Warschau, neununddreißig Prozent davon Juden. Ich bin jedesmal erstaunt, dass die Mörder und diejenigen, die des Mordes gedenken, immer genau wissen, wie man zählt, diese Neununddreißig veränderte für mich alles. Bei neununddreißig geht es nicht mehr um wir und die anderen, sondern um dich und deinen Nachbarn, dachte ich, um jeden zweiten oder dritten, um dich und mich. Im Jahre neununddreißig neununddreißig Prozent.

Wie soll man dieser Hälfte der Stadt gedenken? Und wie kann man hier noch leben? Wenn man wie in Berlin für jeden Menschen einen Stolperstein der Erinnerung in den Bürgersteig einlassen würde, wären die Gassen und Straßen von Warschau mit goldenen Steinen gepflastert. Die Menschen und die anderen Menschen, die Opfer und die anderen Opfer, immer gab es die anderen, egal, woher man kam, Polen und Juden, Juden und Polen, und wenn sie in Katyń umgekommen waren, durften sie Polen sein, aber ihre Frauen und Kinder blieben Juden und lebten im Ghetto.

Family Heritage

Dort wo ich das Jewish Genealogy & Family Heritage Center suchte, stand ein dunkelblau verspiegelter Wolkenkratzer von Peugeot, eine endlose Wand nach rechts, links und oben. Ich ging ein paar Schritte zurück und studierte die Oberfläche des Wolkenkratzers, als machte ich einen Augentest und tastete die Glasscheibe ab nach Family Heritage, bis ich eine Tafel aus Plexiglas entdeckte, die nur sehen kann, wer ohnehin in diesen Dingen unterwegs ist. Ich ging näher heran und las. Hier stand die größte Synagoge Warschaus, gebaut dann und dann, gesprengt dann und dann, dazu ein Foto. Im Erdgeschoss, neben einem Supermarkt und einer Auto-Ausstellung, fand ich Family Heritage und öffnete die schwere Tür.

Die Suche ging schneller, als ich erwartet hätte. Ich habe es, sagte Anna und zeigte mir eine Tabelle im Computer. Wir saßen eng beieinander am Tisch im Büro, nach wenigen Sekunden hatten wir die richtige Schreibweise aller Namen. Ozjel Krzewin heiratet 1895 Estera Patt, erklärte sie mir, und 1898 bekommen sie einen Sohn namens Szymon, euren Zygmunt. Ich war erst zehn Minuten im Institut, und schon hatte ich neue Daten und einen neuen Namen, Estera Patt, die erste Frau von Ozjel. Sie haben Glück, sagte Anna, dass Ihre Familie nicht direkt aus Warschau stammt. Glück?
Von Warschauer Familien sei kaum etwas erhalten, alle Archive wurden zerstört. Die christliche Bevölkerung wurde bei Geburt, Heirat und Tod jeweils doppelt registriert, in

der Kirche und in der Stadtverwaltung, die jüdische jedoch nur einmal, sagte Anna, deshalb kann man die Daten der Polen teilweise rekonstruieren, doch für die Juden war der Verlust natürlich fatal, sagte Anna. Ich dachte an dieses *Natürlich fatal*, nicht nur waren die Menschen verschwunden, es haben sich auch kaum Hinweise erhalten, dass es sie jemals gegeben hat. Anna sprach wieder von meinem Glück, als könne man in diesem Spiel etwas gewinnen, als hätte ich alle Trümpfe in der Hand. Dazu kommt, fuhr sie fort, dass Ihre Familie einen seltenen Namen hatte.

Die Familie Krzewin stammt aus der Region Kalisz. Sie zeigte mir die Tabellen mit Namenlisten meiner mutmaßlichen Verwandten, Dutzende von Hawas und Ozjels, Rivkas und Bajlas, Rajzla, Icek, Frajda, Józef, Natan, wieder Rajzla und ein Tobiasz. Krzewins aus dem Shtetl Koło, nicht weit von Kalisz.

Tobiasz Krzewin erstaunte mich besonders. Er war einer der ersten, die in den Familientabellen erwähnt wurden, sein erstes Kind wurde in dem Jahr geboren, in dem Joseph Haydn *Il ritorno di Tobia* schrieb, Die Rückkehr des Tobias. Mein Mann heißt Tobias, ich kannte den Namen nur im deutschen Kontext und hatte niemals an *Tewje, der Milchmann*, Tewje, Tobias, gedacht, den Roman von Scholem Alejchem und das Musical *Fiddler On The Roof, Anatevka*.

Blieben noch Zygmunt und Hela.

Hier, hier, ich sehe sie beide, Anna drehte den Bildschirm zu mir, und ich sah zwei Death Records aus Yad Vashem. Vielleicht bin ich nur deshalb nach Warschau gefahren, um diesen Internet-Fund aus Annas Händen entgegenzunehmen: Zygmunt Krzewin, geboren in Kalisz, während des Krieges in Warschau, deportiert nach Lublin, erschossen 1943. Hela Krzewina (Hammer), geboren in Kalisz, während des Krieges in Warschau, deportiert nach Treblinka, Todesdatum August 1942.

Ich brauche noch mein Haus, sagte ich rasch zu Anna. Plötzlich wirkte alles sehr langsam, wie in Zeitlupe. Stara Warszawa, Anna zeigte mir eine Website, das Warschau der Vorkriegszeit. Hier ist ein Foto der Ulica Ciepła, allerdings nicht von dem Abschnitt, den Sie brauchen.

Gehen Sie rüber zu Janek, sagte Anna, er hat alles.

Ebay now

Jan Jagielski war gut siebzig Jahre alt und begrüßte mich mit der überschwenglichen Höflichkeit eines Gentleman der vergangenen Epoche. Er führte mich in ein geräumiges Zimmer des *Żydowski Instytut Historyczny*: Schränke mit dicken Glastüren und schweren Rahmen, Tische, die auf Löwenpfoten standen, Stühle aus dunklem Holz, Regale mit Hunderten von Ordnern. Ich suche die Ulica Ciepła 14, sagte ich und erzählte meine Geschichte. Die Ciepła!, sagte Janek, ich wohne um die Ecke, das ist eine Arme-Leute-Gegend gewesen. Er zog einen Ordner aus dem Regal mit der Aufschrift Bezirk Mirów und zeigte mir Fotos aus der Gegend. Er zitierte Louis Aragon und murmelte in einer Mischung aus Französisch, Russisch und Polnisch vor sich hin. Plötzlich richtete er sich auf, als ob er mir eine Ehrenbezeigung erweisen wollte, und sagte, hier ist es, das Foto.

Viele, sehr viele Menschen sind auf der Straße, manche schauen mich an, voller Angst, als ob eine Gefahr von mir ausginge, als wäre ich der Fotograf, ein Täter. Judensterne. Hier ist das Haus. Sie haben Glück, sagte Janek, das ist das einzige Foto.

Ich verstand nicht mehr, wie ich mir jemals hatte einbilden können, ich sei verschont geblieben. Irgendwie wusste ich, dass meine polnischen Verwandten alle umgekommen waren, die Geschwister von Ozjel, seine Mutter, Zygmunt, Hela, ihre Familie, wie sonst, aber ich hatte nie an sie gedacht.

Was für ein Glück?, fragte ich Janek.

Ich habe dieses Foto gerade auf Ebay gekauft, sagte er, in letzter Zeit ist Ebay eine gute Quelle, Hunderte neuer Fotos, alte Leute verkaufen sie, bevor sie abtreten, oder ihre Kinder, dieses Foto habe ich von einem Angehörigen der Wehrmacht gekauft, für siebzig Euro, ein guter Preis.

Die Probe

Als ich am Abend zu einer Verabredung mit einem polnischen Theaterregisseur ging, der für sein Stück über eine Schulklasse zur Kriegszeit gerade die Goldene Nike gewonnen hatte, den größten Literaturpreis Polens, traf ich auf der Straße meinen Nachbarn aus Berlin, was ein schöner Zufall gewesen wäre, hätte ich nicht gerade ein Theaterstück gelesen, das sich auf ein Buch mit dem Titel *Nachbarn* bezieht und in dem es um Klassenkameraden geht, Polen und Juden, die zusammen aufwuchsen, zusammen lebten, einander mochten und sich dann gegeneinander wendeten und einander töteten, wer wen, just guess, und gerade dachte ich an die Nachbarn in einer kleinen polnischen Stadt mit dem für mich unaussprechlichen Namen Jedwabne und warum man seine Nachbarn tötet, im Delirium, in der Finsternis, im Affekt oder auch gerne, da stand er plötzlich vor mir, hier in Warschau, mein Nachbar, der in Berlin schräg gegenüber wohnt und mit dem ich gern kleine Gespräche führe.

Wir proben hier gerade, sagte mein Nachbar, der Opernsänger ist und Tobias heißt wie mein Mann und der eben gefundene Vorfahre, Tobias hatte ein Engagement in einer Warschauer Produktion der *Oresteia* von Xenakis, ausgerechnet, wir standen in der Kälte, überrascht von unserem Zusammentreffen, ich wusste nicht, auf welche Probe wir gestellt wurden, und ich erwähnte, dass ich mich gerade mit dem Thema Nachbarn beschäftigte und damit, wie es hier wohl gewesen sein muss im Krieg, als alle die Nachbarn von allen waren, und er erzählte mir begeistert von der Gewalt in der Xenakis-Oper, von der unendlichen Kette der Geopferten und Getöteten, Agamemnon tötet seine Tochter Iphigeneia, Iphigeneias Mutter Klytaimnestra tötet ihren Mann Agamemnon, als er aus dem Trojanischen Krieg zurückkommt, und Orestes tötet seine Mutter Klytaimnestra und wird von den Erinnyen verfolgt, und dann das Schlagzeug, die berühmte Schlagzeugszene, und wie schön es sei, dass man sich zufällig sehe, wie nett und Tschüss, doch im Weitergehen hörte ich den Einmarsch der Erinnyen in die schnell eindunkelnde Stadt.

Nike

In meiner Kindheit zeichnete ich zur Lektüre der *Legenden und Mythen des antiken Griechenland* mit Bleistift eine Galerie der Götter und Helden, jede Figur auf einem eigenen Blatt. Ich las die eng gedruckten Mythen aufmerksam und immer wieder, so dass das Glanzpapier der Prachtausgabe allmählich matt wurde von meinen Fingerabdrücken, dem einzigen Personalausweis, den ich damals hatte, eine Bescheinigung meiner Person, die ich auf den Feldern, Felsen und Meeren der antiken griechischen Welt zurückließ. Irgendwann floss auch mein Blut auf die Seiten, das erste Nasenbluten meines Lebens, es wurde sofort vom griechischen Boden aufgesaugt und gab den Mythen die Terrakottafarbe antiker Keramik, als ob ich bei den griechischen Schlachten dabei gewesen und nur in den Pausen zur sowjetischen Schule gegangen wäre.

Ich zeichnete den ganzen Olymp samt Umgebung, Apollon, Athene, Zeus und Artemis, Herkules, Polyphem, Odysseus, Pan mit seiner Flöte und sogar die wuscheligen Schafe. Ich war neun oder zehn Jahre alt, und mir war unheimlich, mit welcher Selbstverständlichkeit die Götter und Helden uns ihre Körper zeigten, ihre nackten Muskeln, Brüste, Genitalien. Ich konnte mir nicht vorstellen, dass wir oder unsere Erwachsenen dazu imstande wären, solche Posen einzunehmen, in der ewigen Ruhe des Körpergenusses, nicht einmal allein, wenn man nicht gesehen wird. Ich mochte das Anderssein dieser unerreichbaren Griechen, doch ich wusste nicht, was ich mit den mir zugewandten Geschlechtsorganen machen sollte, wie ich sie in meiner allmählich entstehenden Galerie der Götter und Helden wiedergeben sollte, bis ich eine radikale Lösung fand. Ich malte die Götter und Helden mit dem Rücken zum Betrachter, als ob sie sich von uns abwenden würden, als hätte ich gewusst, dass die Götter uns verlassen werden, ich malte sie so, dass man ihre göttlichen Attribute sehen konnte, aber nicht ihre menschlichen Schätze.

Von meiner Galerie hat nur Nike, die Göttin des Sieges, alle Zeiten und Regierungen überlebt. Das Blatt besitze ich noch heute, eine Figur mit gut geformtem Hintern und zwei breiten Flügeln, gesichtslos, geschlechtslos, wie ein Engel.

Das falsche Haus

Ich rief meine Mutter an und machte den Versuch einer Zusammenfassung, Mama, ich habe Zygmunt gefunden, den ältesten Sohn von Ozjel, und Helena, seine Frau, du weißt, die beiden, die damals aus Polen kurz zu Besuch nach Kiew gekommen waren. Beide sind auf der Liste von Yad Vashem. Nein, kein Fehler. Im Internet. Nein, von Ozjels Mutter und Maria keine Spur. Dann schüttelte ich alle Rivkas, Bajlas, Rajzlas, Iceks, Frajdas, Józefs, Natans, alle unsere neuen Altverwandten wie aus einem Füllhorn, und weißt du, Mama, dass die erste Frau von Ozjel Estera Patt hieß? Ja, sagte meine Mutter, natürlich, ich weiß, sie war stumm, ja, Ozjel war in erster Ehe mit einer taubstummen Frau verheiratet, die ist ganz früh gestorben, das habe ich dir tausendmal erzählt. Ich konnte es nicht glauben, nie hatte sie davon erzählt. Aber meine Mutter blieb dabei, sie habe mir von Estera Patt erzählt, sogar mehrmals, sie blieb so hartnäckig dabei, als hätte sie mir ein Wiegenlied davon gesungen, dass die erste Frau meines Urgroßvaters taubstumm gewesen sei, Estera Patt war stumm, mm, Estera Patt war stumm.

Und dann sagte ich, Mama, stell dir vor, ich habe das Haus gefunden, Ulica Ciepła 14, nein, nur das Foto, und meine Mutter sagte, ja, unglaublich, wirklich wunderbar, aber es tut mir leid, ich habe ganz vergessen, dass das Haus, das du gesucht hast, die Nummer 16 war und nicht 14. Entschuldige, Katenka, wir haben überall Nummer 14 geschrieben, aber das Waisenhaus und die Schule und die Wohnung waren in der Nummer 16.

Mir wurde schwindelig. Ich fühlte mich als Betrogene und Betrügerin zugleich, wie viele hatte ich aufgescheucht, mir meine Nummer 14 zu suchen, und nun war sie falsch, mein Haus war nicht mehr meins.

Dieses Foto der Ulica Ciepła 14 von 1940 mit all den Menschen, die drei Jahre später tot sein würden, ich würde zurückgehen und Janek sagen müssen, dass wir das alles umsonst gefunden und erlebt hatten, weil meine Verwandten vor dem Ersten Weltkrieg in der Nummer 16 gelebt und gearbeitet hatten, nimm deine Toten bitte zurück, du stehst vor dem falschen Haus in der falschen Zeit.

Ich schaute das Foto noch einmal an. Was für ein Glück! Auf dem Foto, das Janek vor einem Jahr auf Ebay gekauft hatte, waren zwei Häuser zu sehen, Nummer 14 und Nummer 16. Ich schaute die Umrisse der Häuser auf der Ghetto-Karte an. Sie sind beide da, ich besitze zwei Häuser und auch die Menschen, die davor stehen, ich kann mir nicht vorstellen, dass noch jemand zu Janek kommt auf der Suche nach der Nummer 14, und sei es nur infolge einer Verwechslung.

Kozyra

Überall in der Stadt hingen Plakate für ein Casting, das Wort hatte ich schon im Ghetto gesehen, die Ankündigung einer Ausstellung der Videokünstlerin Katarzyna Kozyra. Auch der Name Kozyra schoss mir ins Herz, *kozyr'* ist auf

Russisch der Trumpf, *kozyrnaja karta*, ich überließ mich meinem Glücksspiel und roch die Luft, nirgendwo habe ich mich so perfekt verloren gefühlt wie hier in Warschau. Ich dachte auf Russisch, suchte meine jüdischen Verwandten und schrieb auf Deutsch. Ich hatte das Glück, mich in der Kluft der Sprachen, im Tausch, in der Verwechslung von Rollen und Blickwinkeln zu bewegen. Wer hat wen erobert, wer gehört zu den Meinen, wer zu den anderen, welches Ufer ist meins?

Mehrmals waren Einwohner des Ghettos für Propagandafilme benutzt worden, in *Film Unfinished*, einem Film, der im Warschauer Ghetto gedreht worden war, mit dokumentarischen und nachgestellten Szenen, so dass man nicht weiß, welche welche sind, und nicht versteht, für wen und wofür diese Aufnahmen gemacht wurden, man wird gezwungen, auf die Menschen im Ghetto zu schauen, mit dem verunsicherten Auge eines Kameramanns der Wehrmacht, der selbst nicht wusste wozu.

In einem dunklen Raum liefen Videos. Ich hatte immer noch kalte Hände, Kozyra hatte sich mit angeklebtem Bart in eine Männersauna eingeschlichen, bedeckt mit Handtüchern, sah sie aus, als wäre sie ein zierlicher junger Mann. Ich war noch in meinem Krieg, ich fror und sah, wie sie die schwitzenden Männer beobachtete, diese anderen, für die sie einer der Ihren war, sie gehörte dazu, so schien es ihnen, doch das hatte sie nur durch Tarnung, durch Betrug erreicht. Siegreich spazierte sie im Männerumkleideraum auf dem langen Tisch herum wie auf einem Podium, mit Handtüchern um Brust und Hüften, bis sie plötzlich eins fallen lässt und man ihren angeklebten Penis sieht, ich schockiert, sie triumphierend.

Ich wusste nicht, was ich damit anfangen sollte, nach meinem Ghetto-Spaziergang, in meiner Sehnsucht nach den anderen. Du wolltest doch spielen, nicht Krieg und Frieden, sondern ein Spiel, in dem du jemand anders spielen würdest, doch sie hat schon das Geschlecht gewechselt, und so ging ich hinter den schwarzen Vorhang, auf dem in großen Buchstaben *Casting* stand, und geriet in ein Zimmer. Papiere waren zu unterschreiben, auf denen ich bezeugte, dass ich bewusst am Casting teilnähme und bereit sei, die Fragen zu beantworten, die mir gestellt werden würden, dann noch Datenschutz.

Ich wurde in ein Zimmer geführt mit Dutzenden von Hüten, Sonnenbrillen und Make-up-Sets. Ich setzte mir einen roten Hut auf, eine Sonnenbrille, fand einen Lippenstift, den ich sofort haben wollte, und starrte mich im Spiegel an, so hatte ich doch immer sein wollen, kühn und unerreichbar, sogar für mich selbst. Dann kam das Casting. Mir wurden Fragen gestellt, zum Beispiel, wie ich mich in der Sauna unter Männern fühle, dabei war ich noch nie in einer Männersauna gewesen, nicht einmal in einer gemischten, obwohl ich mich immer wie in einer Männersauna fühle, getarnt mit meiner deutschen Sprache, alle denken, ich gehöre dazu, dabei bin ich nicht von hier. Ich antwortete ungeschickt und unpassend, der Kameramann, der seine Aufgabe genau kannte und wusste für wen und wofür, war genervt, und allmählich verstand ich, dass ich Katarzyna spielen und die Fragen so beantworten sollte, als ob ich Katarzyna wäre. Es gelang mir wieder nicht, die fremde Rolle einzunehmen.

Ich ging ins Make-up-Zimmer und hielt den Lippenstift in der Hand, mein Fund in diesem Spiel, ein Joker, nie im Leben hatte ich etwas, das so gut zu mir passte, eine Täuschung, lag es am Licht oder an der Dunkelheit, und ich dachte, dass man so etwas nur findet, wenn man in ein fremdes Spiel einsteigt. Der Lippenstift war eine Einladung zur Tat, ich steckte ihn mehrmals ein und nahm ihn wieder heraus, ich wollte ihn mitnehmen, war aber für einen Diebstahl nicht mutig genug und hatte die Wahl, entweder dem eigenen Ich treu zu bleiben, also nicht zu stehlen, oder endlich aus meiner Bahn herauszutreten, zu agieren und zu stehlen, denn ich begehrte diesen Lippenstift, und sonst tat es niemand, hier war er nur ein Requisit. Doch ich schaffte es nicht, und mit dem Gefühl, dass ich auch in diesem Spiel verloren habe, legte ich den Lippenstift auf den Tisch.

in der nacht konnte ich nicht schlafen, ich träumte von der sauna, vom ghetto, von nackten körpern, gekrümmt im tod oder im genuss, ich träumte vom anderssein, männer und frauen, gemischt, ich hatte fieber, ich erzählte katarzyna, dass auch ich katerina heiße, zitterte, ich könnte auch polin sein, sagte ich ihr, la double vie, wie kalt ist es hier, ich muss gar nicht spielen, ich könnte jede sein, aber doch besser nicht, nie würde ich es tun, nein, lieber nichts tun, ich habe mich auch unter anderen versteckt, oder nein, eher zur schau gestellt, schau, ich habe nicht shoa gesagt, du hast shoa gesagt, du oder ich, entweder oder, ich weiß nicht, ob ich jemals unter den meinigen war und wer sind die, die meinigen, diese ruinen um uns herum und in uns, und die sprachwechsel, die ich unternehme, um beide seiten zu bewohnen, ich und nicht ich zugleich zu erleben, was für ein anspruch, ich bin anders, aber ich verstecke mich nicht, warm, und sonst bin ich scheu, schau, shoa, kalt, wieder ganz kalt, aber ich kann so tun, und ich und ich und ich, was für ein seltsames wort, wie ort, was für ein ort, als ob ich zu jemandem gehörte, zu einer familie, zu einer sprache, und manchmal sieht es sogar so aus, als wäre es so, ich kann mich nicht verstecken, und das alles auf deutsch, diese sprache, mein angeklebtes geschlecht, auf deutsch ist die sprache weiblich und auf russisch ist sie männlich, was habe ich mit diesem wechsel getan? ich kann mir das ankleben, wie du, katarzyna, ich kann mich auf den tisch stellen und es demonstrieren, schaut alle, ich habe es! hier unten, o mein deutsch! ich schwitze, mit meiner auf die zunge geklebten deutschen sprache

Life Records

Namen, Daten, drei Orte: Geburt, Krieg, Tod, mehr nicht. Auf dem Bildschirm sind die Death Records von Zygmunt Krzewin und seiner Frau Hela Krzewina-Hammer zu sehen. Kalisz-Warschau-Lublin, Kalisz-Warschau-Treblinka. Die beiden waren die letzten aus unserer polnischen Sippe, an die sich meine Kiewer Familie noch halbwegs erinnerte.

Das Wort Death, diese abgespielte Platte von Death Records, beschäftigte mich in seiner Endgültigkeit so sehr, dass ich das Wort Testimony übersehen hatte. Wenn Yad Vashem ein Todesdokument, ein Zeugnis hatte, dann musste auch jemand überlebt haben, jemand wusste Bescheid und bezeugte Namen, Daten und Orte. Ich hatte Monate gebraucht, um den Blick zu senken, von den Todeszeilen oben im Dokument zu dieser Lebensnachricht unten. Dort stand ein Name, eine Adresse und das Wort Nichte. Mira Kimmelman, Oak Ridge, TN, USA 1992. Ich konnte nicht damit rechnen, dass diese Frau noch lebte, doch als ich Mira Kimmelman Oak Ridge in den Computer eingab, kam eine mächtige Welle auf mich zu, Mira, eine Holocaust-Überlebende, weit über Tennessee hinaus bekannt, und sollte sie noch leben, war sie 87 Jahre alt. Mira – die Nichte von Hela Krzewina, die damals mit ihrem Mann Zygmunt nach Kiew gekommen war. Meine Urgroßeltern, die Eltern von Zygmunt, kannte Mira offenbar nicht, deren Spalte in den Death Records ist leer.

In Berlin war es Nacht, in Oak Ridge noch heller Tag, als Google mir Vorträge, Auftrittsdaten, Bücherangebote lieferte sowie ein Interview mit Mira auf oakridge.com vom 5. Mai 2009, es war spätnachts, als ich der Journalistin eine E-Mail schrieb in der verwegenen Hoffnung, sie könne einen Kontakt zu Mira herstellen, bitte lass sie noch leben, denn ich habe heute Geburtstag, aber nur in Berlin, in Oak Ridge ist es noch gestern, vor zwei Stunden gab es noch keine Mira, und schon kam die Antwort der Journalistin, dabei war mir, als hätte ich meine Nachricht *Mira Kimmelman – my relative* noch gar nicht abgeschickt, die Journalistin war so aufgeregt wie ich, denn sie hatte eine Mail von morgen erhalten, aus einer längst vergangenen Zeit, und sie versprach, mit dieser Nachricht von der Verwandtschaft, wie sie es nannte, sofort, jetzt gleich, zu Mira zu gehen, die keinen Computer hätte. Oak Ridge, Oak

Ridge, wiederholte ich, der Schrei eines Nachtvogels, der erste Atomreaktor der Welt war hier gebaut worden. Als man 1943 in Osteuropa die Ghettos liquidierte, wurde die Stadt Oak Ridge gegründet, als geschlossene Siedlung für die Entwicklung des Manhattan Project. Auf der Website des Oak Ridge National Laboratory heißt es noch immer: »Gegründet für die Atombombe, die den Zweiten Weltkrieg beendete.« Oak Ridge hat die Welt gerettet.

Bei meinem Versuch, die inneren Verbindungen meiner Familie, unsere Leitmotive zu begreifen, las ich stundenlang über den Atomreaktor von Oak Ridge, und als ich dachte, neben einem Reaktor darf man doch nicht leben, stieß ich auf das Datum. Der Graphitreaktor von Oak Ridge wurde am 4. November 1943 in Betrieb genommen. Dieses Datum haben wir in der Schule gelernt, an diesem Tag begann die Schlacht um die Befreiung von Kiew, meiner Heimatstadt. Stalin wollte, dass am 7. November, dem Jahrestag der Revolution, sowjetische Truppen durch die Stadt marschieren, und unsere Lehrer wollten, dass wir uns daran erinnern. Ich erinnerte mich und wartete auf eine Nachricht von Mira.

Am nächsten Morgen fand ich ihre Antwort in meiner Mailbox, getippt von der Journalistin. Mira freute sich wie ein Kind. Sie könne es nicht erwarten, von jemandem aus der Verwandtschaft zu hören, weit entfernt, aber je weniger geblieben sind, desto näher ist man sich. Sie stellte mir Fragen über meine Familie, über mich, empfahl mir ihre beiden Bücher, besonders *Life Beyond the Holocaust*, und erzählte von meinen Cousinen in England. Sie fragte mich, welche Sprache mir lieber sei, Englisch oder Deutsch, dabei hatte ich befürchtet, dass schon meine Berliner Adresse ein Problem sein könnte. Beyond steckte in meinem Kopf, auf Deutsch Jenseits, ein apokalyptisches Wort, Jenseits von Gut und Böse. Am Ende der E-Mail stand ihre Telefonnummer. Aber ich war zu aufgeregt, als wäre ich verliebt, und rief nicht an.

Miras Bücher bestellte ich sogleich bei Amazon, 4-6 Wochen Lieferzeit und Bitte antworten Sie nicht auf diese E-Mail, diese Nachricht wurde maschinell erstellt. Ich schrieb an die Bestelladresse, ships from the UK, an den Versand aus England und aus Amerika, an irgendwelche Depots mit Nummern, die mir die Bücher zu liefern versprachen, in vier bis sechs Wochen. Ich erklärte ihnen, warum ich die Bücher von Mira sofort haben müsse, erläuterte den Maschinen, was es bedeutet, den Holocaust zu überleben und nach mehr als siebzig Jahren von mir gefunden zu werden, Miras Verwandter und treuer Kundin von Amazon, und dass es sich um einen der seltenen Fälle handle, wo Zeit alles sei. Es wirkte. Umgehend antwortete mir ein gewisser Hagar Abdelfattah, er versprach, alles zu tun, um mir zu helfen, aber früher als in drei Tagen gehe es wirklich nicht, sorry. Ich stellte mir vor, wie er – vielleicht ein Ägypter? – in der Dämmerung durch die endlosen Containerreihen in den Londoner Docks geht, eine Taschenlampe in der Hand, um *Life Beyond the Holocaust* für mich zu finden. Ich spürte die Macht von Mira, die dem anonymen Tod entgangen war und nun menschliche Stimmen aus der Anonymität erweckte. Ehrlich gesagt, ich hatte damit gerechnet.

Im Internet sah ich, dass aus Miras nächster Familie nur zwei Menschen überlebt haben, sie und ihr Vater Moritz. Nach dem Krieg sind sie nach Amerika gezogen. Sie lebten schon in Oak Ridge, als Moritz mit der resoluten Handschrift eines erfolgreichen Danziger Kaufmanns zwanzig Testimonies für Yad Vashem niederschrieb, für seinen Sohn, seine Frau, seine Eltern, seine Geschwister und deren Kinder. Benno, Schlomo, Sara, Rozka, Leon, Celina, David, Genia, Joseph, Gucia, Aron, Esther, Efraim, Maryla, Hella, Roma, Tillie. Ich lese die Records von diesen Verwandten, die ich siebzig Jahre nach ihrem Tod im Internet gefunden und sofort wieder verloren hatte, und beschließe, Mira am Montag anzurufen.

Related through Adam

Am Sonntagabend klingelte das Telefon, Viktor Rashkovsky, ein alter Freund meines Vaters, der mich noch nie angerufen hatte. Ich war außerstande, mich zu wundern. Viktor, wie auch mein Vater, gehörte zur Dissidentenszene in Moskau, so definiert man es heute flott. Anfang der siebziger Jahre emigrierte Viktor in die USA und landete irgendwo in der amerikanischen Provinz, wo er, von Haus aus Filmsoziologe, Reformrabbi wurde. Einmal hatte ich ihn in Berlin zufällig bei einem Hauskonzert getroffen. Erst spielte jemand Schubert, danach wurde in vielen Sprachen gesprochen, Italienisch, Deutsch, Hebräisch, Russisch, Englisch, Polnisch. Ich erzählte von Kiew, plötzlich sprang ein alter Mann auf und fragte mich streng, wie ist Ihr voller Name? Ich antwortete, und er erwiderte, dann bist du die Tochter von Miron! Fünfunddreißig Jahre nach seiner Emigration aus Moskau hatte Viktor Rashkovsky mich in einer für uns beide fremden Stadt erkannt, ohne an mich zu denken, ohne mich jemals gesehen zu haben, einzig durch das Wort Kiew und eine mir nicht bewusste Ähnlichkeit mit meinen Eltern. Nicht schlecht für einen Rabbi, dachte ich.

Das war vor fünf Jahren, und nun rief er mich an. Wissen Sie, Katya, warum ich Sie anrufe?, fragte er mich, und ich wusste es sofort, aber mein Wissen schien mir absurd. Er sagte, ich bin durch meine Gemeinde gegangen und habe die Alten besucht, wie gewöhnlich, und eine Dame, die hier sehr verehrt wird, erzählte mir, eine Verwandte aus Berlin habe sie gefunden, und sie zeigte mir einen Brief. Ich las zuerst über eine polnisch-russische Familie, und als ich dann Ihren Namen sah – Katya!

Der einzige Rabbi, den ich kannte, war der Rabbi der einzigen Überlebenden unserer polnischen Sippe. Viktor hatte auch keine Erklärung, und Mira brauchte keine. Dann riefen sie mich beide an, Viktor und Mira. Erst sprach Viktor. Ich dachte kurz über das Paradoxon ihrer beider Namen nach, als ob Sieg (Viktor) und Frieden (Mir) mich gleichzeitig anriefen, aber dann begann Mira, mit mir Deutsch zu sprechen. Es verschlug mir den Atem. Sie sprach nicht nur besser Hochdeutsch als ich, es war Vorkriegsdeutsch, langsam und gepflegt, mit der Verzögerung alter Schauspieler, es war, als hörte man dabei das Knarren des Grammophons oder das Knistern von Zelluloid. Kein Hauch von Jiddisch, kein polnischer Akzent. Deutsch war Miras Muttersprache. Sie stammt aus Zoppot bei Danzig, war in Danzig aufgewachsen und vier Jahre älter als Günter Grass. Sie hatte dort ein deutsches Gymnasium besucht, solange das noch möglich war. Nach dem Verbot ging sie auf eine polnische Schule, Polnisch konnte sie damals noch nicht gut.

Aber ich bin ja gar nicht Ihre Blutsverwandte, entschuldigte sich Mira plötzlich, vielleicht finden Sie die andere Geschichte interessanter. Es gibt einen Blutsverwandten von Ihnen, der den Krieg überlebt hat, sagte Mira, Gutek Krzewin, Gutek, Gustaw, das einzige Kind von Zygmunt und Hela. Als seine Mutter aus dem Warschauer Ghetto abgeholt wurde, hatte ihm ein polnischer Freund der Familie arische Dokumente besorgt, als Tadeusz Podkulecki konnte er sich retten. Während des Krieges kam er, ein junger polnischer Arbeiter, der Autos liebte, nach Graz, später erkämpfte er sich einen Platz bei Opel in Wien, und schließlich schaffte er es sogar nach Berlin, wo er für die Organisation Todt Brücken und Straßen baute. Am Ende des Krieges flüchtete er nach Italien, schloss sich der britischen Armee an, kam nach England und wurde von einer katholischen Familie aufgenommen. Von seinem früheren Namen, vom Ghetto oder von seinen Eltern erzählte er niemandem. Jetzt hieß er Anthony Gorbutt.
Diese Gorbutts sind Ihre Verwandten, sagte Mira, sie leben in London.

Ich hatte erwartet, dass Mira mir von der Vergangenheit berichten würde, von Zygmunt und Hela, von deren Eltern, aber sie erzählte von meiner neuen Verwandtschaft und in die Zukunft hinein, von Karen und Sarah, den beiden englischen Töchtern von Tony Gorbutt, Gutek Krzewin, und deren insgesamt vier Kindern, die alle in London lebten, und sie erzählte von einem späteren Sohn von Tony namens Simon. Meine Cousinen Karen und Sarah führten, ohne es zu wissen, die Familientradition der Krzewins weiter, sie waren Lehrerinnen geworden wie viele von uns seit Generationen, von denen meine Cousinen nichts wussten. Dann kamen noch Didi mit weiteren drei Kindern und Didis Vater Mietek in Israel hinzu, und irgendwann konnte ich Mira nicht mehr folgen, sie machte immer neue Kurven, wer mit wem, wo sie lebten und in welcher Beziehung sie zueinander standen und zu mir. Nie hatte ich mich für eine so entfernte Verwandtschaft interessiert – rücken wir tatsächlich zusammen?

Tony Gorbutt ist Mitte der achtziger Jahre gestorben. Warum hatte er einen so offensichtlich fremden Namen angenommen? War es der Name seines polnischen Retters? Der Name eines Freundes, der gefallen war? Erst in den sechziger Jahren, nach langer Suche, fand Mira Gutek in England, er hatte den Beruf eines optischen Technikers erlernt, war bei einer koscheren Cateringfirma und arbeitete später für Night Clubs.

Er war ein sehr schöner Mann, sagte Mira, und wusste diesen Vorzug in seiner Arbeit zu nutzen. Den Namen Anthony Gorbutt hatte er aus dem Telefonbuch. Zufällig.

Mira hörte schlecht, ich musste schreien, und so schrie ich aus meiner Berliner Wohnung hinüber nach Oak Ridge, alle meine Fragen nach Zygmunt, dem Halbbruder meiner Großmutter, nach Hela, Warschau und Kalisz, nach *Life Beyond the Holocaust*, dann schloss ich mich im Bad ein und überlegte, ob die Nachbarn in meinem hellhörigen Berliner Haus meinen Fragen hatten folgen können. Ja, Mira hatte Zygmunt noch persönlich gekannt, er war Typograph und druckte die Filmtickets für alle fünf Filmhäuser von Kalisz, und im Sommer, wenn Mira bei ihren Großeltern in Kalisz war, schaute sie so viele Filme an, wie sie nur konnte, denn Zygmunt besorgte Tickets umsonst. Mira wusste auch, dass Zygmunt und Hela in Kiew gewesen waren, um Verwandte zu besuchen – oder wiederholte Mira nur, was ich ihr erklärte? Wir wollten beide so sehr, dass alles stimmte. Katja, Sie müssen unbedingt zur Hochzeit nach Malaga, sagte Mira. Simon, Guteks jüngster Sohn, heiratet im Mai. Und so habe ich eine neue Familie, related through Adam, sozusagen, über tausend Ecken.

Es heißt, es sei eine Mischung aus Lebenswillen, Zufall und Glück, doch in welchem Verhältnis? Mira ist nicht verbittert, nicht gebrochen. Sie heiratete, bekam zwei Söhne, arbeitete und unterrichtete. Wenn es in diesem Bereich einen Wettbewerb gäbe, würde Mira den Rekord im Überleben halten. Sie meint, dass es an einem kleinen Blechnapf gelegen habe, den sie hätte retten sollen, ich hatte es meinem Vater versprochen, sagte sie. Durch alle Lager hindurch, in denen man nicht einmal eine Nadel hätte verstecken können, war es ihr gelungen, diesen Blechnapf mit Familienfotos und Papieren aufzubewahren, später hat sie damit ihre Bücher illustriert. Am Ende habe nicht sie den Blechnapf gerettet, sondern der Blechnapf sie.

Ich schaute mir die Landkarte an. Miras Weg durch den Krieg, ihre Route durch Europa, sah sehr schön aus. Der Weg beschrieb beinahe eine Rundung, wie eine leicht verzierte Stadtmauer, in Lucca zum Beispiel oder Dubrovnik. Die Stationen lauten Danzig, Warschau, Tomaszów Mazowiecki und Bliżyn-Majdanek, Auschwitz-Birkenau, Hindenburg, Gleiwitz, Mittelbau-Dora, Bergen-Belsen. Ein Ghetto, fünf KZ und ein Todesmarsch. Wie oft hätte sie sterben können? Als das Warschauer Ghetto noch nicht geschlossen war, aber alle Juden schon eine Armbinde mit dem Judenstern tragen mussten, hatte sie ihre Binde abgenommen und war in einen Zug gestiegen, der aus Warschau hinausfuhr. Der Zug wurde mehrmals kontrolliert, aber sie wurde nicht nach ihren Dokumenten gefragt, die Frage hätte ihren Tod bedeutet. Im Ghetto von Tomaszów Mazowiecki verließ sie frühzeitig das Hospital, aus reiner Sturheit, kurz danach wurden alle Kranken und Ärzte getötet. Dann hatte sie das Glück, zuerst in ein Arbeitslager zu kommen und nicht gleich nach Treblinka. Brille weg, flüsterte jemand in Auschwitz, als alle Kurzsichtigen in die Gaskammer geschickt wurden. Dann hat sie sich als Sekretärin ausgegeben, ohne jemals im Leben Schreibmaschine geschrieben zu haben. Im KZ Hindenburg, einem Außenlager von Auschwitz, überlebte sie Typhus, Freunde in der Küche versorgten sie mit Extraportionen Essen. Als sie erschöpft und krank war, schrieben SS-Kontrolleure ihre Nummer auf, alle wussten, was das bedeutete, aber sie wurde nicht abgeholt, weil der Lagerkommandant Adolph Taube, den man Engel des Todes nannte, den Fall deckte, wie sie dachte. Auch einen zehntägigen Todesmarsch bei minus 30 Grad und ohne Essen überlebte sie, und selbst wenn es nicht genau zehn Tage und nicht genau 30 Grad gewesen sein sollten, was ändert das? Ein alter SS-Mann hatte ihr seine Ersatzstiefel geschenkt. In Hindenburg spielten die Häftlinge Theater, und sie deklamierte den Erlkönig. Mira und Imre Kertész, der Buchenwald-

Insasse, waren vielleicht die einzigen im Deutschen Reich, die Goethes Gedicht vom Tod eines Kindes am Ende des Krieges noch zu erwähnen wagten.

Kalisz

Als ich nach Kalisz kam, nieselte es. Es nieselte drei Tage lang, und ich glaubte, am Ende dieser Reise zum Ursprung zu gelangen, und der Reiseführer gab mir recht, dort stand, die keltische Wortwurzel von Kalisz bedeute Quelle oder Ursprung, und hier in Kalisz und Umgebung sollen meine Krzewins mehrere Jahrhunderte gelebt haben, all die Rivkas, Raizlas, Natans, Ozjels, Józefs. Ich wusste nicht mehr, warum ich sie suchte und was die ursprüngliche Frage war, meine Suche war seit langem zur Sucht geworden, aber ich ahnte, wenn ich hier etwas fände, dann würde ich zurückkehren, obwohl ich nicht wusste, ob dieses Zuhause, in das ich zurückkehrte, in der Sprache, im Raum oder in der Verwandtschaft lag. Ich wollte eine totale Rückkehr, wie im Märchen vom goldenen Schlüssel, der auf dem Boden eines Sumpfes liegt und eine Tür aufschließen soll, man weiß lange nicht welche, und dann befindet sie sich zu Hause, dort, von wo man fortgegangen ist. Die slawische Wortwurzel von Kalisz lautet Sumpf und Moor, auch das stand im Reiseführer, was mich darin bestärkte, dass ich auf dem richtigen Weg war.
Ende des neunzehnten Jahrhunderts, als mein Urgroßvater hier lebte, war Kalisz die westlichste Stadt des russischen Imperiums, nur wenige Kilometer von der preußi-

schen Grenze entfernt. Überall wurde gewebt und genäht, die Stadt war voll mit kleinen und größeren Fabriken, denn Kalisz versorgte ganz Russland mit Spitzen, überall webten Frauen Spitzen, *koronka* auf Polnisch, *krushewo* auf Russisch, ich suchte nach meinen Krzewins, und auch sie waren aus einem Gewebe entstanden, aus diesem sprachlichen Ornament. Warum hat mein Urgroßvater Ozjel seinen Sohn Zygmunt in Polen gelassen, als er mit seiner Familie nach Kiew umsiedelte? Ich ging durch Sumpf und Spitzenschleier.

Im Netz war ich auf Hila gestoßen, sie war mit der Vergangenheit der Stadt vertraut, eine Historikerin, dachte ich, eine offizielle Vertreterin der jüdischen Geschichte. Sie besaß aber eine Immobilienfirma im Zentrum der Stadt und verwaltete die verschwundene Geschichte aus Berufung. Was ich suchte, wusste Hila besser als ich, ich war nicht die erste, der sie half, vor mir waren schon Kanadier, Amerikaner, Israelis bei Hila gewesen, die nach ihren Vorfahren geforscht hatten. Im Archiv fanden wir die Urkunde der Eheschließung von Ozjel Krzewin mit Estera Patt 1895, zu meinem Erstaunen in kalligraphischem Russisch, eine Szene wie aus dem Volkstheater. Die handelnden Personen:

Hudesa Krzewina, die Mutter von Ozjel Krzewin,
    Analphabetin.
Ozjel Krzewin, der Bräutigam, Sohn der Hudesa,
    Vater unbekannt, zwanzig Jahre alt
Estera Patt, die Braut, taubstumm und minderjährig
Zelig und Chaja Patt, die Eltern von Estera
Juda Wolfovich Erdberg, der Trauzeuge
ein Notar namens Sikorsky
der Rabbiner

Sie verständigen sich mühelos mit Gebärdensprache, hielt der russische Schreiber in der Heiratsurkunde fest, und ich notierte: Vater unbekannt, Mutter Analphabetin, die Braut taubstumm.

Aber das erzählst du nicht in deinem Buch, sagte meine Mutter, als ich ihr davon berichtete. Ich dachte, sie sei über die *Analphabetin* gestolpert, denn sie meinte immer, wir wären seit Adam und Eva belesen und dazu auserwählt, andere zu bilden, aber was sie empört hatte, war *Vater unbekannt*, er hatte doch seine Schule und seinen Beruf vom Vater, sagte sie, und wenn er nie darüber gesprochen hat, dass er ein uneheliches Kind war, dann geht es gegen seine Ehre, und auch du handelst dir keine Ehre ein, wenn du davon erzählst, vielleicht war es eine besondere Liebe, von der wir nichts wissen.

Ich fand aber nur Dokumente, und als ich den Eintrag Ad. Krzewin im Handelsbuch von Kalisz 1931 sah, dachte ich, ein Adam, wie schön, meine Mutter wird sich freuen, ich jedenfalls freute mich über diesen kleinen Spalt zum Paradies, der sich in diesem Namen aufzutun schien. Wir alle sind durch Adam verwandt. Ad. Krzewin, Inhaber der Druckerei Polonia. Von Mira wusste ich, dass auch Zygmunt lange als Typograph gearbeitet hatte. Typograph war ein verbreiteter Beruf unter Taubstummen und ihren Angehörigen, hat mir meine Mutter einmal erzählt, denn sie hörten den Lärm der Maschinen nicht, sie waren auf das Sehen ausgerichtet und darauf, die Buchstaben zu fixieren, Reihe für Reihe, und die Schrift zu erstellen. Im Büro für Zivilakten öffnete die Beamtin einen Folianten. Adolf!, platzte sie heraus, Adolf Krzewin, geboren 1899, gestorben 1938, der Sohn von Ozjel und Estera. Ein Adolf unter meinen Juden, *related through*, damit hatte ich als letztes gerechnet. Er war der Bruder von Zygmunt, und niemand wusste von ihm. Hatten sie zusammen in der Druckerei gearbeitet? War Adolf taubstumm?

Die taubstumme Mutter der beiden, Estera Patt, so wurde mir erzählt, war bereits Anfang des Jahrhunderts gestorben, danach hatte Ozjel Anna Levi geheiratet, und so kam meine Großmutter Rosa zur Welt. Ich hielt Esteras Anmeldungskarte in der Hand, mit allen Adressen, sie war oft umgezogen.

1931: Targowa, 9
1931: Brzezina
1932: Margowiska
1933: Piaskowa 7

Estera war nicht früh gestorben, sie lebte ein Jahr länger

als der 1939 in Kiew gestorbene Ozjel. Nun war klar, dass Zygmunt, der erste Sohn meines Urgroßvaters Ozjel, in Polen bei seiner Mutter Estera geblieben war, wie auch Adolf, und ich las die weiteren Adressen von Estera:

1935: Winiary

1935: zam. Piłsudskiego 35,

1936: Stawiszyńska, 13

1938: Stawiszyńska, 13

die letzte Zeile steht auf Deutsch

28/1 1940: Abg. in unb. Richt.

Es nieselte. Ich fotografierte die Häuser im Nieselregen. Wir hatten eine lange Adressliste aufgeschrieben, wer wo gewohnt hat, darunter die Adresse einer Spitzenfabrik, die jemandem von den Meinigen gehört hatte und noch im Ersten Weltkrieg zerstört worden war, ich hatte nicht einmal den Wunsch, hier etwas zu finden, Hauptsache, wir suchen, es ging mir um die Restitution des Geistes, deutlicher konnte ich es nicht sehen, denn es nieselte, und ich fotografierte das Nieseln, um etwas aus Kalisz mitzunehmen.

Hila schloss das Tor zum jüdischen Friedhof auf. Wie Unkraut ragten die wenigen verbliebenen Gräber aus der Erde. Sie zeigte mir das Grab des Kaliszer Rabbi, der Zygmunt Krzewin und Hella Hammer getraut hatte. Das Gras war nass, mir war kalt, ich wollte weg von hier, doch Hila sagte, du hast auch ein Grab in Kalisz, das Grab von Adolf, es ist nicht erhalten geblieben, aber das sagte sie so, als genüge es zu wissen, dass es einmal da gewesen ist, um es zu besitzen.

Wir suchten im Internet nach allen Krzewins in Polen und

fanden eine römisch-katholische Kunigunda in Kalisz, und obwohl sie nicht zu unserer Sippe gehören konnte, haben wir im Vorbeigehen ihr Haus aufgesucht, im Erdgeschoss war ein Dessous-Geschäft. Dann fanden wir noch einen Hary Krzewin, einer von uns. Er starb noch im Säuglingsalter. Das Erstaunen darüber, dass es ihn gegeben hatte, wog schwerer als die Tatsache, dass er kaum gelebt hatte, ich dachte an ihn, an Adolf, an Kunigunde, die nichts mit uns zu tun hatte, und an einen Roman mit dem Titel *Adolf, Hary und Kunigunde,* aber dafür fehlte mir der Stoff.

Die Vergangenheit betrog meine Erwartungen, sie entschlüpfte meinen Händen und beging einen Fauxpas nach dem anderen. Mein Stammvater, der die ruhmreiche Geschichte meiner Familie erzählte, war ein uneheliches Kind, doch das durfte ich nicht schreiben, außerdem war Ozjel gar nicht früh verwitwet, und dann noch dieser Adolf, damals ein gewöhnlicher Name, doch für mich ein alarmierender. Adolf bestätigte meine Befürchtung, dass ich keine Macht über die Vergangenheit habe, sie lebt, wie sie will, sie schafft es nur nicht zu sterben.

Verlorene Buchstaben

Die Taubstummen verschwanden durch den
Generalstabsbogen und spannen weiter ihr Garn,
doch schon bedeutend ruhiger, gerade so, als schickten
ihre Hände nun nach allen Seiten Brieftauben.

Ossip Mandelstam

Die Geschichten der Krzewins ergaben keine gerade Linie,
sie kreisten und kreisten, rissen ab, wie die Kaliszer Spitzen, ich sah kein Ornament, nur kleine Fetzen, uneheliche
Kinder, nie gehörte Namen, verlorene Fäden, unnötige Details. Ich sollte spinnen, beherrschte aber keine Handar-
beit. In diesem Moment wurde mir Verstärkung geschickt,
in der Gestalt von Pani Ania. Sie war nicht nur in die Stadt
Kalisz verliebt, sondern auch – und das ist höchst ungewöhnlich mitten in Polen – in Nikolaj den Zweiten, den
letzten russischen Zaren. Sie zeigte mir die schönsten *koś-*
cioły der Stadt, die Reliquien der heiligen Ursula, ich wollte unbedingt den Kelch von König Kazimierz sehen, doch
als ich meine Bewunderung für den Katholizismus äußer-
te, erklärte mir Pani Ania in gepflegtem Englisch, sie sei
praktizierende Muslimin und habe vier Jahre in London
studiert, und jetzt arbeite sie im Gefängnis von Kalisz.
Sie war die perfekte Andere, fremd und doch wie ich, und
ich dachte, mit solchen Menschen ist Polen tatsächlich
nicht verloren. Ausgerechnet Pani Ania zeigte mir die jüdischen Buchstaben im Straßenpflaster von Kalisz.
Die Menschen gingen in schnellem Schritt, es nieselte immer noch, und niemand schien zu wissen, dass einige Stra-

ßen der Stadt mit Grabsteinen aus dem alten jüdischen Friedhof gepflastert waren. Noch während des Krieges, als es in Kalisz keine Juden mehr gab, wurden aus dem Friedhof die Mazewen entfernt, die jüdischen Grabsteine, sie wurden in Quadrate zersägt und auf die Straße gelegt, mit der Rückseite nach oben, so dass man die hebräischen Buchstaben nicht sah, wenn man auf die Steine trat. Es war ein System der Vernichtung mit mehrfacher Sicherung. Ob man davon weiß oder nicht, jeder, der die Straßen von Kalisz entlanggeht, tritt die Grabsteine mit Füßen.

Vor ein paar Jahren wurden in der Stadt neue Leitungen verlegt, man entfernte die Steine und legte sie wieder zurück, doch diesmal hatte niemand aufgepasst, einige Steine wurden umgedreht, und die hebräischen Buchstaben kamen zum Vorschein. Pani Ania zeigte mir ein paar, und ich versuchte, weitere zu finden. Ich musste die Autos abwarten, denn die Buchstaben gab es nur auf der Fahrbahn.

Ich entdeckte zwei oder drei, dann zwanzig Meter nichts, dann wieder ein Buchstabenstein, drei Meter weiter noch ein paar, ein Glücksspiel, dessen Regeln niemand festgelegt hat und das jedem offensteht, ein Memory für Erwachsene, aber niemand spielte mit, denn niemand sah diese Buchstaben. Ich war so auf meine Buchstaben fixiert, dass ich die Autos nicht hupen hörte, nur ein Lied in meinem Kopf: »Hey, Jude«, summte es, »and any time you feel the pain, hey Jude, refrain«. Ich ging von Haus zu Haus, von Stein zu Stein, hier hatte jemand der Meinigen gewohnt, dort ein Kino, eine Druckerei, ein Buchstabe, es nieselte, ich sammelte, noch einer, hier wieder einer, ich unternahm eine fragwürdige Restitution von verschwundenen Dingen, die ich nicht haben und nicht deuten konnte, selbst der typische Beruf der Taubstummen, Typograph, wenn das überhaupt je zutraf, existierte nicht mehr.

Ich wollte aber nicht, dass die Menschen auf ihren Spaziergängen in der Stadt in Trauer verfielen, auf diesem unsichtbaren Friedhof der fremden Nachbarn, die nicht mehr da waren. Ich wollte nicht, dass die Bewohner von Kalisz, wenn sie Geld abheben, dort, wo früher die Synagoge war und jetzt ein Bankgebäude steht, dass sie dabei an diese ihnen fremden Toten denken, als würden sie damit Zinsen bezahlen für ihr Leben.

Als es dämmerte und die Buchstaben verschwanden, erinnerte ich mich an einen Traum, den ich als Kind hatte. Der Traum kam wie ein Fremder in der Nacht, ich erschrak und wusste, mir wird eine Aufgabe gestellt, die ich nicht erfüllen kann, und ich hoffte, der Bote habe die Adresse verwechselt.

Es war dunkel, oben auf dem Hügel schwebte eine Kirche über der Stadt, und der heilige Andreas sprach, genau wie es in der Legende heißt, hier soll eine Stadt gebaut werden. Im Traum ahnte ich, dass es kein Traum war, denn diese Stadt namens Kiew wurde tatsächlich gebaut, und dort bin ich geboren.

Es war eine der schönsten Straßen Kiews, ich ging allein die steile Straße hinunter, spürte die schwebende Kirche in meinem Rücken und auch, dass zwei Gestalten mich begleiteten und mir schweigend den Weg zeigten, ich wanderte, sie wussten, und alles war mit Schnee bedeckt. Meine Begleiter sagten, geh hin, dort steht alles geschrieben, und ich ging durch den Schnee, der Weg war unerwartet lang, ich sank tief in den Schnee ein. Wo der Hügel anstieg und wo die Rückwand eines nicht mehr existierenden Hauses hätte sein sollen, stand ein Postament, ebenfalls mit Schnee bedeckt. Ich wusste, dass es hier ein Buch geben sollte, und ging zu dem Sockel, der so hoch war wie ein Notenständer, und das Buch lag tatsächlich vor mir, mein Herz sprang mir beinahe aus der Brust, jetzt! jetzt! Doch was früher ein Buch war oder hätte sein sollen, war nun eine Eisscholle, mir schien, es sei plötzlich hell geworden, und ich verstand, dass ich zu spät kam, das Wissen war verlorengegangen, und es stand nicht in meiner Kraft, es zurückzuholen, ich hatte mich verspätet, mit meiner Geburt und überhaupt, es war keine Schuld, es war nur zu spät. Und dann erkannte ich in diesem porösen Eisblock einen Buchstaben, der sich beinahe im Schnee auflöste, er war aus Erde, und ein schmaler Grashalm ragte aus ihm hervor. Ich versuchte, den Buchstaben zu lesen, aber ich verstand nicht einmal, aus was für einem Alphabet er stammte.

KAPITEL 4

In der Welt der unorganisierten Materie

Hausdurchsuchung

Dieses Gesetz kenne ich nicht, sagte K.
Desto schlimmer für Sie, sagte der Wächter.

Franz Kafka

Als mein Vater gegen Mittag des 8. Mai 1932 das Licht der Welt erblickte, standen Geheimdienstleute des GPU um ihn herum wie die Hirten um die Krippe. Der Säugling war das unmittelbare Ergebnis einer Wohnungsdurchsuchung in Odessa, seine Frühgeburt Indiz eines Attentats, das zwei Monate zuvor stattgefunden hatte.

Am 5. März 1932 hatte mein Großonkel Judas Stern mitten in Moskau auf den deutschen Botschaftsrat Fritz von Twardowski geschossen. Twardowski wurde verletzt, Judas Stern verhaftet, auf der Stelle.
Stern hatte lange an der Ecke Herzenstraße und Leontjew-Gasse gewartet, nicht weit vom Kreml und nur wenige Meter vom Tschaikowski-Konservatorium entfernt. Als ein Botschaftswagen mit der deutschen Standarte um die Ecke bog, schoss er auf das Auto. Zwei Kugeln verletzten den Botschaftsrat am Hals und an der Hand, drei weitere Kugeln blieben im Polster des Autositzes stecken. Als zwei Passanten in Richtung des Attentäters eilten, schoss er wieder. Eine Kugel streifte die Wand des Kinos Union, die andere traf ein Pferd. Judas Stern warf die Pistole weg und ließ sich von Geheimpolizisten festnehmen, die wie aus dem Nichts auftauchten, als wären sie schon immer dagewesen.

Judas Stern war der Bruder meines Großvaters Semjon, somit nicht nur für das Attentat verantwortlich, sondern auch für die vorzeitige Geburt meines Vaters, obwohl sie posthum geschah, einen Monat nach Sterns Tod.

Man war nicht gleich auf die Spur zu Judas' ältestem Bruder, Semjon, gekommen, denn dieser lebte zwar noch in Odessa, wo auch alle seine Geschwister geboren waren, doch er trug einen anderen Familiennamen. Als Semjon während der Revolution in den Untergrund gegangen war, hatte er den Decknamen Semjon Petrowskij angenommen, und als die Bolschewiki an die Macht kamen, kehrte er nicht zu seinem alten Namen Schimon Stern zurück, sondern behielt den neuen bei, so jedenfalls wurde uns erzählt. Dank ihm und der Revolution trage auch ich diesen schönen langen Namen, der aus dem niederen russisch-orthodoxen Klerus stammt. Als ich von unserem ursprünglichen Familiennamen erfuhr, wusste ich sofort, wir sind trotzdem echt, die Sterns sind und bleiben Gespenster, eine Stern werde ich nie werden. Semjon durchlief eine revolutionäre Taufe, die den kleinen Leuten Gleichberechtigung versprach: Hier ist kein Jude noch Grieche, hier ist kein Knecht noch Freier, hier ist kein Mann noch Weib, denn ihr seid allzumal Menschen und Proletarier.

Seither trug Semjon als einziges seiner Geschwister den Namen Petrowskij, ein Stein unter Sternen, und er hatte lange nichts mehr gehört von seinem immer schon etwas sonderbaren Bruder, dessen Name aus einer fernen Vergangenheit kam, aus einer Welt, in die kein Weg mehr führte.

Als die Besucher vom Geheimdienst zwei Monate nach dem Attentat und einen Monat nach Sterns Hinrichtung in Semjons Odessaer Wohnung eindrangen, war er nicht da. Alle Anwesenden wurden verhört, alle Zimmer planmäßig auf den Kopf gestellt. Meine Großmutter Rita, hochschwanger, bekam vor Schreck vorzeitige Wehen.

Van der Lubbe

Obwohl mein Vater seinem Onkel Judas seine Frühgeburt verdankte, wusste er lange Zeit kaum von dessen Existenz, sie wurde vor ihm verheimlicht, zu seinem eigenen und der ganzen Familie Schutz. Mit Judas zu sympathisieren hätte Verdacht erregen können, es ist aber nicht bekannt, ob jemals jemand mit ihm sympathisiert hat. Es war lebensgefährlich, sich an Judas Stern zu erinnern. Er selbst hatte keine Sekunde lang über die Folgen seiner Tat für seine Angehörigen nachgedacht. Wie sollten sie ihn dann im Familiengedächtnis bewahren?

Als mein Vater Ende der fünfziger Jahre zufällig in der *Geschichte der sowjetischen Diplomatie* zwei Zeilen über das Attentat las, wusste er sofort, dass Jeguda Mironowitsch Stern und der verschwundene jüngste Bruder seines Vaters ein und dieselbe Person sein mussten. Er fragte seinen Vater, aber der Vater schwieg. Er fragte wieder, und der Vater winkte ab, wich aus, flehte seinen Sohn an, ihn nie wieder nach seinem Bruder zu fragen, und irgendwann verbot er ihm, den Namen auch nur zu erwähnen.

Mein Vater blieb stur und setzte sich über dieses Verbot hinweg, viele Jahren später fragte er wieder nach, bis mein Großvater Semjon einen knappen Kommentar zum Geschehen abgab, um danach nie mehr ein Wort über das Attentat seines kleinen Bruders zu verlieren.

Van der Lubbe, stieß Semjon hervor. Van der Lubbe.

Ich verstand sofort, erzählte mein Vater, er wollte sagen, dass auch sein kleiner Bruder nicht ganz bei sich war, wie der Brandstifter des Reichstags. Mit diesem Van der Lubbe deutete er nicht nur an, dass Judas Stern bearbeitet und losgeschickt, sondern auch, dass er von gewissen Kräften missbraucht worden war, die ihn zu der Tat verleitet hatten, um später andere zu beschuldigen. Verstand mein Großvater, dass auch Judas' Tat am Anfang einer langen Kette von Ereignissen stand? Und hat er mit Van der Lubbe mehr verraten, als er wollte?

Jahrelang fragte ich meinen Vater, ob das tatsächlich alles gewesen sei, was Großvater Semjon damals gesagt hat, und irgendwann, viele Jahre später, meinte mein Vater, sich an das Wort Meschuggener zu erinnern. *Van der Lubbe* und *so ein Meschuggener*, habe sein Vater ihm damals gesagt. Doch mein Vater erinnerte sich nicht mehr, ob sein Vater ihm damals erklärt oder ob er selbst erst später verstanden hatte, dass Judas Stern von Kindheit an etwas verrückt gewesen war. Mein Vater erinnert sich daran, wie sein Vater, wiederum Jahre später und ohne Anlass, gesagt habe, In jeder jüdischen Familie gibt es einen Meschuggenen, oder sogar Keine jüdische Familie ohne Meschuggenen. Mein Großvater hatte fünf Geschwister und konnte sich so einen Satz gestatten. Ich habe nur einen Bruder. Er oder ich?

Das Wort Meschuggener ist das einzige jiddische Wort, das meiner Familie geblieben war. Ist die Verrücktheit meine letzte Verbindung mit dem Judentum?

Damoklesschwert

Die Angst, dass seine Kinder für das Attentat seines Bruders bezahlen müssten, hat aus meinem Großvater Semjon den schweigsamsten Menschen der Nachkriegszeit gemacht. Was genau Semjons Arbeit gewesen war, wusste mein Vater nicht. Alles, was mein Vater über seinen Vater, den Bruder von Judas Stern, wusste, war, dass er in den Organen gearbeitet hatte, wie man damals den Geheimdienst nannte, in der Verwaltung und später in der Versorgung. Im Jahr 1937 tat er das Unmögliche, er trat aus dem Geheimdienst aus, nachdem er den Fall seines Schwagers auf den Tisch bekommen hatte, des Bruders seiner Frau Rita, der ein Turbinenwerk in Charkow leitete. Oder war er nur als Zeuge geladen? Die Situation war ausweglos. Hätte Semjon seinen Verwandten freigesprochen, wäre er als Angehöriger eines mutmaßlichen Familienkomplotts für schuldig erklärt worden, hätte er ihn verurteilt, hätte man sagen können, Semjon selbst sei so tief in Schuld verstrickt, dass er seinen Verwandten geopfert habe, um damit die eigene Schuld zu tilgen. Er trat aus und blieb verschont. War Semjon von einem hochrangigen Funktionär protegiert worden? Aber auch diese wurden meistens ausgeschaltet,

zusammen mit ihren Schützlingen, und somit gibt es überhaupt keine Erklärung dafür, warum mein Großvater
nicht erschossen wurde, außer dem Zufall, denn es gab
mindestens drei Gründe, ihn zu erschießen. Er war der
Bruder eines Attentäters, der Schwager eines Volksfeindes,
und er ist aus dem Geheimdienst ausgetreten.

Semjon hatte Angst um seine Kinder und vor seinen Kindern, und diese Angst hing über meinem sanften und friedlichen Vater wie ein Damoklesschwert.

Größenwahn

Als am 6. Juli 1918 die tödlichen Schüsse
auf den deutschen Gesandten Graf Mirbach
fielen, war es auch ein Samstag.
Kölnische Zeitung, 9. März 1932

Mein Großonkel zielte direkt auf das Sonnengeflecht der
Zeit. Denn er, dieser sowjetische Attentäter namens Judas
Stern, schoss eine Woche vor den Reichspräsidentschaftswahlen auf einen deutschen Diplomaten in Moskau. Es
war das letzte Jahr vor Hitler und das erste Jahr der Hungersnot in der Sowjetunion, zwei Länder, die sich in einem
Bündnis gegenseitig in Richtung Wahnsinn trieben. Und
dann feuerte mein Stern.

Er schoss, als wolle er noch mehr leisten als die Mörder des
deutschen Botschafters Graf von Mirbach in Moskau 1918,
lange her, aber in den Köpfen von damals noch frisch, denn
die Schüsse führten zum Bruch in den Beziehungen zwi-

schen beiden Ländern. Auch der Erste Weltkrieg hatte mit einem Attentat begonnen.

Und ist es nicht verrückt, dass er genau in jenem Moment schoss, als der aufstrebende Nationalsozialismus sich gegen den jüdischen Bolschewismus stellte, der nach ihren Worten in der Sowjetrepublik herrschte? Stalin seinerseits wollte die deutschen Sozialisten und die deutschen Kommunisten entzweien. Das weiß man heute, doch niemand weiß, dass es mit meinem Großonkel zu tun hat.

Je mehr ich erfuhr, desto unheimlicher wurde es mir. Wer brauchte dieses Attentat und wozu? Wer wollte die Geschichte lenken und in welche Richtung? 1932 schienen die Beziehungen zwischen Deutschland und der Sowjetunion harmonisch, die beiden Länder waren verbunden durch zahlreiche Abkommen, in die eine Richtung fuhren Maschinen für die Industrie, und in die andere wurden Korn und Holz geliefert, die Reichswehr erhielt den Titel *Lehrmeister der Roten Armee*, so waren die Zeiten. Krieg schien unmöglich, es herrschte beinahe Freundschaft, so schien es zumindest, bis Stern schoss. Danach war nichts mehr wie zuvor, als hätte dieses Attentat, das aus meiner Familie kam, etwas in der fragilen Konstellation der Zeit zerbrochen, als hätte es zukünftige Katastrophen vorweggenommen, hier wie dort, als wären wir, und ich meine auch mich, für das größte Unheil des zwanzigsten Jahrhunderts verantwortlich, in einer mir nur zum Teil erklärlichen Weise.

Im Archiv

Es gab so viele Gründe, Stern für verrückt zu erklären, dass ich nicht sicher bin, ob er es war. Als Attentäter blieb er uns für immer fremd, man schießt doch nicht auf andere Menschen! Trotz seines gewaltsamen Endes war er kein Opfer. Weil er verrückt war, konnte man nicht über seine Verantwortung sprechen, und so sperrten wir ihn weg in die Vergangenheit.

Mir blieb das Geheimdienstarchiv auf der Lubjanka in Moskau. Nur einmal war ich dort gewesen, in diesem monströsen Gebäude, dem Hauptquartier des Geheimdiensts, es war Mitte der neunziger Jahre, als ich ins Geheimdienstmuseum gegangen war, in der leichtsinnigen Hoffnung, der Geheimdienst würde Buße tun. Stattdessen erhielt ich Unterricht in Kontinuität und Abfolge von TscheKa, GPU, NKWD, KGB und FSB, erzählt wurde von heldenhaften Taten und von jenen schweren Zeiten, als »auch wir unter Repressionen litten«.

Damals wusste ich noch nicht, dass auch mein Bruder versucht hatte, im Archiv an die Akten von Judas Stern zu kommen, und Kontakt zu einem Oberst der Lubjanka aufnahm. Der Oberst erklärte ihm, dass nur jene Fälle zugänglich seien, bei denen ein Anspruch auf Rehabilitierung bestehe, der Angeklagte also unschuldig sei. Das sei hier nicht der Fall, befand der Oberst und erklärte die Dokumente für gesperrt. Er ist schuldig, kein Zweifel, sagte mein Bruder, aber stellen Sie sich vor, Herr Oberst, ein arbeitsloser parteiloser Jude fährt nach Leningrad, klaut einen Revolver, fährt zurück nach Moskau, lungert mehrere Tage unbemerkt vor der Botschaft herum, wo es mehr Spitzel gibt als Menschen, und schießt auf einen deutschen Diplomaten – und das im Moskau von 1932.

– Herr Oberst, vielleicht gibt es in den Akten eine Andeutung, wer ein solches Attentat gebrauchen konnte?
– Die Akten sind knapp, nichts Wichtiges. Wir haben das Nacherschießungsfoto und zwei Kugeln.

Diese Kugeln haben mir gereicht, sagte mir mein Bruder.

Jedesmal, wenn ich an die Lubjanka dachte, Gefängnis und Folterzentrale, wo auch Judas Stern verschwunden war, dachte ich an Organe. Wir haben diese Behörde immer als Organy bezeichnet, er arbeitet in den inneren Organen, hieß es, und damit hatten sie Macht über unser Inneres, oder man sagte einfach *Er arbeitet in den Organen*, als gäbe es einen Organismus, der uns alle verschluckt hat. Seit meiner Kindheit habe ich mir diese Organe vorgestellt, riesige dunkle Eingeweide, in denen manche Menschen arbeiten, und wenn man dort eintritt, wird man bei lebendigem Leib verdaut, denn das ist die Funktion der Organe. Mir reichte schon die Vorstellung, ins Archiv der Lubjanka gehen zu müssen, um von einer Urangst überwältigt zu werden.
Du kommst ins Archiv, berührst ein Blatt Papier, und schon arbeitest du in den Organen, bist eine von ihnen, du hältst dich an die Regeln, und doch wird dir mitgespielt, du bist in ihrer Gewalt. Du atmest ihre Luft, die Luft ist für alle, und schon bist du infiziert. Jedesmal, wenn ich auch nur dachte, ich müsse dorthin, ins Archiv, erschlafften

meine Glieder, und die Ohnmacht des Nichtstuns lähmte mich, als sollte diese Schwäche mich vor der Frage bewahren, wer hier den Staub der Ermordeten berührt. Diese unwillkürliche Weigerung hätte mich außer Gefahr bringen können, denn wer nichts tut, begibt sich nicht in ihre Gewalt, und wer nichts tut, ist auch kein Täter.

Obwohl für Besucher auf der Lubjanka keine Gefahr bestand, habe ich das Archiv nie betreten.

Das ist für den Anfang, sagte der Archivar und legte mir drei dicke Bände auf den Tisch. Hier, in der ehemaligen Reichsbank, waren die Gefahren berechenbarer – oder wusste ich weniger darüber? –, hier hatten sich die Goldtresore der Nazis befunden, und weil die Alliierten verhindern wollten, dass das Gold Zivilisten in die Hände fiel, wurde das Gebäude als eines der wenigen im Berliner Stadtzentrum nicht zerbombt. Später zog das Zentralkomitee der SED ein, und heute hat hier das Auswärtige Amt sein Archiv.

Eine unverhoffte Erbmasse: drei Bände zum Attentat, verfasst auf Deutsch. Berichte der deutschen Botschaft in Moskau, Brief- und Telegrammwechsel, Notizen des Auswärtigen Amts, Zeitungsartikel, Übersetzungen, Gerichtsprotokolle, Radiosendungen. Hunderte von Dokumenten zum Attentat von Judas Stern. Ich dachte, ich sei die erste in der Familie, die auf Deutsch vorkommt, nun fand ich auf jeder Seite den Namen Judas Stern.

Ich sitze vor einem Haufen Papier, fast ohnmächtig vor Aufregung, ohne zu wissen, was ich aus diesem Haufen bauen werde. Ich lerne gotische Schrift, nun werde ich alte deutsche Bücher lesen können. Die Zeitungsartikel aus dem Jahre 1932 zerfallen in meinen Händen. Vielleicht bin ich die erste, die diesen Ordner liest. Gelbe Schnipsel liegen überall. Jeden Tag, wenn ich nach Hause gehe, bleiben an meinem Tisch kleine Papierstückchen mit gotischen Buchstaben aus dem Frühjahr 1932 zurück.

Daß Judas Stern in das Auto des deutschen Botschafters Schüsse mit der Absicht, einen politischen Effekt zu erzielen, feuert hat, steht einwandfrei fest. Der Prozeß, welcher sich dem Militärsenat des Obersten Gerichtshofes abrollte, sollte icht erst diese Tatsache beweisen. Was man wissen wollte, en die Beweggründe dieser Tat, ihre Ziele und die politischen Kräfte, die hinter diesem Attentat stehen. Doch rheit hat dieser Prozeß nicht gebracht. Auf der Anklagebank

Deutschland zerbröselt, wird immer unfassbarer. Die Schnipsel bleiben an der Kleidung hängen, in der Tastatur des Computers, ich trage dieses Jahr durch die Gegend, dehne es aus, schüttele diesen goldenen Vorrat in die Luft, mitten in Berlin, im Herbst, und nehme ihn mit nach Hause. Nationalsozialistische Arbeiter treten gegen Kommunisten an, *Kuhle Wampe oder: Wem gehört die Welt?* kommt ins Kino, Frauen protestieren, der politische Terror wächst. Je weiter ich lese, desto schneller zerfallen die Blätter. Ich möchte nicht weiterlesen, ich lese jeden Tag weiter. Ich stelle mir vor, wie am Ende des Lesens das Papier komplett zerfallen und das Wissen verschwunden wäre.

Ich lese langsam, langsamer, als es war, langsamer als die hastige Aktualität, je langsamer ich bin, desto länger ziehen sich diese nicht besonders stabilen, aber immer noch

schönen Monate hin, April, Mai, Juni 1932, immer mehr
Sonne, immer noch vor Hitler, vor dem Reichstagsbrand,
und ich finde nichts, was dorthin führen wird; obwohl alles schon in Gang gesetzt ist, schien mir die Welt noch heil
zu sein, wenn es nicht mehr so sein wird, wird man einander mit Heil begrüßen, und hier höre ich auf zu lesen.

Stimmen

In den ersten Tagen nach dem Attentat war das ganze Land
empört, denn Judas Stern, dieser Verräter, hatte sich am
sowjetischen Frieden vergriffen. Die Ermittlungen hatten
erst begonnen, doch alles stand schon in den Zeitungen:
Stern hatte einen Mittäter namens Wassiljew, es gab eine
konterrevolutionäre Organisation, und diese wollte Krieg.
Ein Chor aus Hunderten von Stimmen johlte das Gleiche.

»Meuchelmörder!«
»Provokatorische Schüsse!«
»Politische Absichten!«
»Kriegsstifter an der Arbeit!«
»Bürgerliche Terroristen!«
»Polnische Imperialisten erhoffen die Entfesselung eines
Kriegs.«
»Frankreich hat wieder seine Hand im Spiel!«

In unzähligen Fabriken des Landes fanden Kundgebungen
gegen den Provokateur und Kriegstreiber Stern statt, denn

das Land wollte Frieden. Jeder meiner Versuche, die Stimme von Judas Stern herauszuhören, ist von vornherein zum Scheitern verurteilt. Die Feinde haben sich längst verbündet, um einen Krieg gegen die Sowjetunion zu provozieren, verkündet Volkes Stimme.

»Attentäter und Weißgardisten!«
»Weltkapital und Saboteure!«
»Wir lassen das nicht zu!«

»Mit dem Attentat bezweckte ich die Hervorrufung von Spannungen zwischen der Sowjetunion und Deutschland und dadurch eine Verschlechterung der internationalen Lage der Sowjetunion.« Ich höre zum ersten Mal, dass er etwas sagt, doch in der Vernehmung sagt Stern genau das, was alle brüllen. Vielleicht sagt er auch etwas anderes, aber so steht es in der Zeitung, und wir haben nur diese Worte.

In der deutschen Presse flammt der Name Judas Stern überall auf, zwischen Ernst Thälmann, Adolf Hitler und Paul von Hindenburg, denn es sind Reichspräsidentschaftswahlen. Mein Verwandter wurde auf einen Schlag berühmt, wenn auch nur für kurze Zeit. War das sein eigentliches Ziel gewesen?

Niemand aus dem Chor vom März 1932 schien zu bemerken, dass Judas Stern Jude war. Die deutsche Botschaft in Moskau ließ sich von der sowjetischen Kriegsstifter-Hysterie nicht anstecken und vermutete die Gründe für das Attentat in der Missstimmung der Bevölkerung, die Hunger litt, nicht zuletzt wegen der Forcierung des Getreideexports, die nötig war, um die Importe aus Deutschland zu bezahlen. Mit seinem Schuss habe Stern gegen diese Zustände protestiert. Es war, als hätten ausgerechnet die Mitarbeiter der deutschen Botschaft Verständnis für seine Tat gehabt, als hätten sie ihn moralisch rehabilitieren wollen.

Botschafter Herbert von Dirksen war vor allem über die Schuldzuweisungen an Polen besorgt, die durch die sowjetische Presse flackerten und von deutschen kommunistischen Zeitungen übernommen wurden. »Piłsudski hat den Attentäter Stern gedungen«, stand in der *Roten Fahne*, ohne jegliche Beweise, und von Dirksen bat die Korrespondenten der deutschen Zeitungen, Polen auf keinen Fall als mögliche Quelle des Attentats zu nennen. Doch genau dies schien das Hauptziel des sowjetischen Aufschreis: Deutschland davon zu überzeugen, dass Polen hinter dem Attentat stecke und die Aggression aus Polen komme. Dabei war es die Sowjetunion, die nach einem kleinen erfrischenden Nachbarschaftskrieg strebte und dafür gerüstet war. Ganz im Gegensatz zu Deutschland. Eine Entdeckung, die mich noch mehr beunruhigte und beschäftigte als die Suche nach meinem verrückten Stern.

Goethes Geheimdienst

Das Gerichtsverfahren musste warten, erst wurde mit gro-ßem Pomp ein Jubiläum gefeiert. Als der Geheimrat Jo-hann Wolfgang von Goethe am 22. März 1832 starb, hätte sich niemand vorstellen können, welche politische Bedeu-tung die Gedenkfeiern zu seinem hundertsten Todestag in Russland eines Tages erlangen würden, mit Goethefei-ern, Goethelesungen, Goethewettbewerben. Der Geheim-rat verlieh dem politischen Attentat einen poetischen Rah-men, als wäre sein Titel vom sowjetischen Geheimdienst gesegnet, als wäre Goethe der heimliche Leiter des Ge-heimdienstes und um die sowjetisch-deutschen Beziehun-gen bemüht. *Warte nur, balde ruhest du auch* schwebte über dem Land, Goethes Worte aus einem der berühmtesten russischen Lieder, in der Übersetzung von Lermontow. Das Land zitterte und rezitierte. Auch der Fall Faust wur-de aktuell wie nie. In der verstaatlichten Wirtschaft konn-te man nichts mehr verkaufen außer der eigenen Seele. Der Volksbildungskommissar Anatolij Lunatscharskij reiste nach Weimar, um die Sowjetunion als Land von Goetheliebha-bern zu repräsentieren und an den Weimarer Goethefei-erlichkeiten teilzunehmen. Nicht etwa weil das sowjeti-sche Volk den Dichter Goethe verehrte, »sondern um die deutsch-sowjetische Stimmung nach dem Attentat zu ver-bessern«, wie *Time Magazine* schrieb. Je mehr Goethe, desto weniger Stern. Warte nur, balde ruhest du auch!, sagt der Henker zum Verurteilten in einem sowjetischen Witz, der vielleicht während des Goethejubiläums entstand, viel-leicht auch wegen Judas Stern.

Ein Meschuggener

Es ist verrückt, dass er so heißt, sagte ich zu meinem Vater, das ist der jüdischste Name überhaupt. Es war ein ganz normaler Name, ein ganz gewöhnlicher, erwiderte er. Papa, er hieß Jeguda, Jehude, und sogar wenn er Judas hieß, es bedeutet Jude, nichts anderes, und dazu noch Stern. Iuda ist die russische Version, und Judas ist die deutsche Übersetzung, ein fataler Fehler, denn so hieß der Verräter von Jesus, niemand sonst, vielleicht wollte der Geheimdienst, dass das Volk nun den Namen Judas im Ohr hat, Judas lebt, ein Verräter unserer Politik und unseres Lebens, er hieß aber Jeguda Stern, Jehudas gab es viele unter den Propheten, Philosophen, Dichtern, Geigern, er hätte zwischen Itzhak und Menuhin gestanden. Unter anderen Umständen, natürlich, in einer starken Tradition, seinen Ahnen treu und ergeben, hätte er seine Spuren in einer anderen Sprache hinterlassen, Jeguda Stern wäre ein Visionär geworden und für immer in die Erinnerung der Menschheit eingegangen. Aber ja, die Umstände.

Papa, wie fängt Verrücktheit an? Stell dir vor, wie so ein biblischer Judas im Moskau der dreißiger Jahre herumspaziert, mit einer Pistole in der Tasche, gleich wird die Religion im Lande ausgerottet. Vielleicht sah Bulgakow, als er in den dreißiger Jahren über die ewige, ungestüm atheistisch werdende Stadt schrieb, sein modernes Moskau als Kulisse für die Passion Christi, und die Figur des Pontius Pilatus entdeckte er nur wegen unseres Judas, in den Straßen wimmelte es geradezu von Judassen, jeder hatte bereits jemanden verraten, vielleicht hatte Bulgakow seinen Mephisto sogar aus dem Prozess um Judas Stern, aber halt, sagte mein Vater, sei ruhig, bleib ruhig, mein Kind, für gläubige Juden war diese Jesusgeschichte nicht relevant, und der Name Judas war bei ihnen nie verdächtig, aber Papa, die Juden waren nicht mehr zusammen und nicht mehr unter sich, und es gab keinen Glauben mehr und kein Wissen und kein Wir, unser Judas war mit dem ganzen sowjetischen Volk auf dem Weg nach nirgendwo, eine Reiterarmee, Papa, auf Steckenpferden und mit Krücken: Dahin! Dahin! Geht unser Weg! Was dachte er selbst über seinen Namen? Wie hättest du dich mit diesem Namen gefühlt?

Ein Jude, der ein Attentat auf einen deutschen Diplomaten verübt, wäre Goebbels und seiner Propaganda wie gerufen gekommen, die perfekte Kreatur. Hätte es Stern nicht gegeben, er hätte ihn sich erschaffen müssen, als einen bolschewistischen Golem.

Judas und Stern, wer, Papa, denkt nicht gleich an den gelben Stern, wenn ich diesen Namen ausspreche? Der Stern strahlt auf der Stirn, wie bei der Schönen im russischen Märchen, und hier ist es ein jüdischer Stern, Mogendovid, der Davidstern. Nur wenige Jahre später, da war unser Held schon tot, wurde der Stern in den Ghettos am Ärmel getragen, ein vorzeitiger Gedanke, wie die Wehen deiner Mutter, Papa.

Du machst aber kühne Vergleiche, sagte mein Vater.

Ist unser Judas Symbol oder Parodie, Symptom oder Auslöser? Er schießt in die Dunkelheit, und Jahre später schießt die Dunkelheit zurück.

War er wirklich verrückt, oder hat ihn die Angst der anderen in diese Rolle hineingepresst? Denn alles, was wir von ihm wissen, wurde entweder von Zeugen erzählt, die zu Tode geängstigt waren und nicht ihre eigenen Worte sagten, oder von Verbrechern, die ihn zu seinem Verbrechen angestiftet hatten.

Papa, ich sehe was, was du nicht siehst, es ist ein Foto von einem Kind. Dein Vater und alle seine Geschwister. Wer reitet so spät? Dein Vater Semjon, der Älteste, hält einen kleinen Knaben an der Hand, hält ihn ganz fest, er hält den kleinen Judas mit dem verstörten Blick, oder Jeguda, genau werden wir es nie wissen, er ist zwei oder drei Jahre alt, dein Vater war zehn, aber er sieht älter aus. Hat dieses Festhaltenmüssen ihn älter gemacht? Ich werde dir nie von diesem Foto erzählen. Jegudas Blick sagt bereits alles, als wüsste er um seine Zukunft, als würde sich diese Zukunft in seinen mit Furcht und Verwirrung angefüllten Augen spiegeln, als hätte er die Gorgo Medusa gesehen, und, Papa, auch deine Angst um uns habe ich in seinen Augen gesehen.

Der Prozess

Am 4. April 1932 begann der Prozess. Mehr als 150 Menschen strömten am ersten Verhandlungstag in den Gerichtssaal – Volkskommissare und hohe Beamte, sowjetische Journalisten und Angehörige vieler Botschaften. Die ausländische Presse war vollzählig anwesend. Vor Gericht standen zwei Männer: Judas Mironowitsch Stern, 28 Jahre alt, ehemaliger Student der ethnographischen Fakultät, arbeitslos, und sein Mittäter, Sergej Sergejewitsch Wassiljew, 29 Jahre alt, aus wohlhabender Familie, ehemaliger Student der Moskauer Finanzakademie.

Der Generalstaatsanwalt und Hauptankläger Nikolaj Krylenko hielt eine lange Rede über die Zustände der modernen Welt. Die Rolle des Verbrechens wuchs mit jedem Satz, so dass einem der Atem wegblieb, als würde man immer höher fliegen, denn der Fall ist so groß und unübersehbar, dass man fliegen muss, um sich einen Überblick zu verschaffen, und er redete und redete, und es schien, als würde sich der Volkskommissar für Justiz von der Erde lösen, dann auch von der Justiz selbst, er befreite sich von den Beweisen, schwebte kurz über dem Materialismus, blickte aus großer Höhe hinab in die Windungen der Dialektik, und so geschah es, dass Generalstaatsanwalt Nikolaj Krylenko die himmlische Rolle eines omnipotenten Zeugen erlangte. Dort war er in seinem Element. Dann versetzte er sich in einen gezielten Sturzflug auf die Angeklagten. »Wir können dieses Verbrechen nicht als eine isolierte, in sich selbst ruhende Tatsache betrachten ... Mit tausend Fäden ... diese Tat mit ernsten und wichtigsten Problemen verbunden, von deren Lösung selbstverständlich nicht nur das Schicksal dieser beiden Menschen oder das Schicksal von Hunderten, sondern das Schicksal von Millionen abhängt und nicht nur in unserem Volk, sondern in vielen Ländern.«

Als das Publikum bereit war, sich der Größe des Moments hinzugeben, stellte Krylenko eine polnische konterrevolutionäre Organisation vor, die aus den Lehrern Wassiljews und deren Familienangehörigen bestand. Er berichtete von Attentaten, die diese Gruppe geplant habe. Die meisten seien von der GPU verhindert worden. Deswegen höre das geschätzte Publikum nun überhaupt zum ersten Mal davon, denn alles sei verhindert worden, dank der Arbeit der Geheimdienste.

Allerdings waren alle, die angeblich zu dieser Organisation gehörten oder von ihr wussten, tot, ganz nach dem Prinzip *Nur ein toter Zeuge ist ein guter Zeuge.*

Beweise fehlten, und die Anklage entfernte sich immer weiter vom Attentat, wühlte sich ins Dickicht der subversiven Arbeit jener Organisation, deren Zeugen vom Geheimdienst getötet worden waren, weil sie ihr angeblich selbst angehört hatten, dabei waren sie höchstwahrscheinlich gezwungen worden zu gestehen, dass sie zu einer Organisation gehört hatten, über die außer dem Geheimdienst niemand etwas wusste. Sie legten Geständnisse ab, weil man sie sonst gleich getötet hätte, aber man tötete die Angeklagten sowieso, nur hätte man sie andernfalls länger gequält. Ein fragwürdiges Argument rief das nächste fragwürdige Argument herbei, und je fragwürdiger die einzelnen Teile dieser Konstruktion waren, desto glaubwürdiger erschien das Ganze.

Nicht alle Mitglieder dieser polnischen Terrororganisation konnten bisher ausgerottet werden, merkte Krylenko nach seiner langen Rede über die dunkelsten Winkel dieser Organisation an, nur deswegen hat die Konterrevolution wieder Wurzeln geschlagen – und hier wird er feierlich die Stimme gehoben haben, denn Krylenko war von sich selbst und seiner Überzeugungskraft begeistert: »Dieses Attentat ist der Beweis.«

Das Attentat diente als Beweis für die subversive Arbeit einer Organisation, deren Existenz nur dem Geheimdienst bekannt war, und das Gericht machte nicht einmal den Versuch, die polnischen Spuren und Sterns Attentat halbwegs miteinander zu verbinden. Obwohl es das einzige war, was wirklich stattgefunden hatte, wurde das Attentat zu einer Nebensache. Erst am Ende der Anklageschrift taucht es auf: Wassiljew und Stern sollen politische Gespräche geführt und die Idee entwickelt haben, ein Attentat auf den deutschen Botschafter zu verüben mit dem Ziel, ihn zu töten und damit die Beziehungen zu Deutschland zu belasten, selbst einen Krieg in Kauf nehmend.

Wassiljews Antworten sind kurz und klar, sein Auftreten ist heldenhaft. Mit seiner Entschlossenheit verschafft er sich Respekt beim Publikum. Mephisto nennen ihn die deutschen Journalisten, noch vom Goethejubiläum berauscht. Stern war mein Werkzeug, sagte Wassiljew, wenn nicht er, dann hätte ich jemand anders gefunden. Wassiljew der Kopf, Stern die Hand, Wassiljew der Strippenzieher, Stern die Marionette, Wassiljew ein entschlossener, Stern ein desorientierter Gegner, so steht es in allen Zeitungen der Sowjetunion, die ausländische Korrespondenten teilen diese Meinung.

Er handele im Namen einer dritten Person, sagt Wassiljew, was Krylenko und das Publikum überzeugen sollte, es gehe um eine konterrevolutionäre Organisation, die Wassiljew jedoch nicht nennen wird, denn er ist ein Mann, der weiß, was Ehre heißt. Wassiljew wiederholt die Anklage von Krylenko fast wörtlich, als hätte er sie lange eingeübt, und Krylenko hört ihm mit Achtung zu, als wäre Wassiljew ein mutiger Feind, dessen Stärke er anerkennt.

Während Krylenko und Wassiljew reden, wirkt Stern niedergeschlagen, so die Berichte, er hat bereits alle Geständnisse unterschrieben: Ja, er wollte, ja, er kannte Wassiljew, ja, den Botschafter, ja, um Beziehungen zu stören, ja, Krieg, ja, ja, ja.

Doch als Judas Stern das Wort erteilt wird, um den Formalitäten Genüge zu tun, wendet er sich langsam zum Publikum, erfasst den Saal mit seinem schweren Blick und sagt aufgeregt und deutlich, ich ziehe alles zurück, weil das Verfahren mit nicht-europäischen Methoden durchgeführt wurde. Das hat niemand erwartet, und alle sind für einen Moment still, die Anklage, der Richter, Sterns Mittäter. Stern widerspricht allen Anschuldigungen, negiert seine früheren Aussagen, zieht seine Unterschriften zurück, widerruft sein Geständnis.

Die ausländischen Zeitungen erregen sich wegen dieser nicht-europäischen Methode, alle verstehen, dass es Folter bedeutet, nirgendwo finde ich das Wort.

Wenn die dritte Person, deren Auftrag Wassiljew ausführte, der Geheimdienst war, dann ist klar, warum Krylenko diese harmonische Zusammenarbeit zufriedenstellte, denn Wassiljew sollte als starker, unbeugsamer Feind auftreten und damit die Anklage unterstützen, er sollte einen Feind spielen, einen von vielen Feinden, einen, den der Geheimdienst gefasst hatte, und damit war er eine echte Marionette, ein Werkzeug des Schauprozesses. Auch Stern hatte vermutlich eine Aufgabe bekommen: Agent zu sein, ein, wie mein Großvater ihn sich vorstellte, unglücklicher Van der Lubbe. Stern aber war ungehorsam oder unfähig, gehorsam zu sein. Vielleicht hat er die von der GPU vorgegebenen Regeln gebrochen. Oder hat er allein gehandelt?

Drei Autos

In einer Prozesspause fragt der stellvertretende Außenkommissar Krestinsky den deutschen Botschaftsrat Hilger nach der Autonummer seines Privatwagens. Ohne Bedenken gibt Hilger ihm seine Nummer. Zehn Minuten später wird Stern vor Gericht gefragt, welche Autonummern der deutschen Botschaft er kenne – er nennt drei Nummern, darunter die von Hilger.

Gustav Hilger, der die Gerichtsverhandlung verfolgte und kommentierte, der offizielle deutsche Übersetzer bei der Unterzeichnung des Ribbentrop-Molotow-Paktes, der Mann, der die sowjetische Regierung am 1. September 1939 um 11 Uhr offiziell über den Überfall auf Polen informierte, der bis 1941 in Moskau blieb und Zeuge vieler weiterer Prozesse und großer Verbrechen wurde, dieser Gustav Hilger gibt in seinen Erinnerungen *Wir und der Kreml* einen Einblick in die Methoden des Verfahrens und den Umgang mit dem Angeklagten Judas Stern. »Ich weiß mich aus meiner langen Praxis in der Beobachtung sowjetischer Schauprozesse auf kein anderes Beispiel zu besinnen, in dem die Zusammenarbeit zwischen Staatsanwalt, Gericht und einer am Ausgang des Prozesses interessierten staatlichen Behörde in so eklatanter Form in Erscheinung getreten wäre, wie in diesem von einem stellvertretenden Außenkommissar persönlich hervorgerufenen Zwischenfall.«

Zufall

Nach der Pause beginnt das Duell zwischen Krylenko und Judas Stern.

– Der Bürger Stern hat gemurmelt, nicht-europäisch, aber was europäisch oder nicht-europäisch ist, wird nicht klar. Warum aber wollte der Bürger Stern auf den deutschen Botschafter schießen?
– Es war Zufall. Ich wollte auf irgendeinen Botschafter schießen, und ich wohnte in der Nähe.
– Wie landeten die Kugeln im Auto?
– Zufällig. Ich bin den Kugeln nicht nachgeflogen.
– Und diese vier Kugeln sind auch Zufall?
Krylenko zeigt auf Fotografien des durchlöcherten Botschaftswagens.

– Fragen Sie doch die Kugeln selbst! Ich bin kein Artillerie-Experte.

Die 150 Leute lachen von Herzen. Stern lächelt. Ich lache, wie alle im Saal, bekomme aber eine Gänsehaut. Ich erkenne unseren Familienstil. Ein Witz ist wichtiger als eine richtige Antwort, das Wort ist mehr wert als das Ergebnis. Lieber ein Clown sein, als Regeln zu akzeptieren, die man nicht respektiert. Der Witz, die Waffe der Ohnmächtigen. Wollte Stern auf die Farce hinweisen, die sich hier vor aller Augen abspielte?

Der prächtige Gerichtssaal, die lachenden Gesichter. In der Mitte ein unsicherer Mensch mit schwarzem, funkelndem Blick, der stockend spricht und der von allen, die darüber schreiben, als lächerlich und labil beschrieben wird, sein Gesichtsausdruck wechselt zwischen dumpfem Brüten und schiefem, einfältigem Lächeln. Ein Meschuggener?

Er habe allein gehandelt, sagt Stern. Er habe zufällig auf den deutschen Botschaftsrat geschossen, es hätte auch ein anderer sein können. Sie wissen doch, die ethnographische Fakultät liegt ganz in der Nähe, sagt er immer wieder, dort habe ich studiert. Stern macht weiter, er schiebt alles auf den Zufall. Ja, Zufall.

Wenn alles geregelt ist, wenn alles nach Plan läuft, wenn sogar fünf Jahre Industrialisierung in vier erledigt werden sollen, so dass hier im Lande alles nach Plan schiefgeht, dann ist der Zufall ein Zeichen, Stern wollte auf irgendjemanden schießen, ein Zeichen setzen.

Stern verteidigt sich nicht, er möchte nur die Unabhängig-keit seines Willens verteidigen und widerspricht der An-klage, er widerspricht dem Widersprochenen und verliert den Faden, oder es scheint nur so, weil man selbst nicht si-cher ist, ob etwas, was wir heute hören können, in der Tat dort geschehen ist.

Zufall, Zufall, sagt Judas Stern. Protest, Protest, sagt ein Jahr später van der Lubbe.

Der Schleier ist so dicht, dass ich anfange, daran zu zwei-feln, ob Stern überhaupt geschossen hat. Und dann wendet er sich um und fragt Krylenko:
– Wann schicken Sie mich in die Welt der unorganisierten Materie?

Marias Tränen

Seine ältere Schwester, Maria, aus Leningrad wird als Zeu-gin vorgeladen. Sie bahnt sich einen Weg durch den Ge-richtssaal, sucht ihren Bruder in der falschen Ecke, in den Reihen der Zuschauer, als wüsste sie nicht, wer hier an-geklagt ist, sie verirrt sich im Saal. Die Anwesenden spüren den Hauch eines Familiendramas. Es wird plötzlich still. Sie weint. Als sie endlich ihren Platz gefunden hat, gibt ihr Krylenko ein Glas Wasser. Alle warten, das Publikum schweigt. Sie fängt an, schluchzend von ihrem Bruder zu erzählen, von seiner Kindheit, von seinem Scheitern. Er sei ein ewiger Verlierer. Er sei ein schlechter Schüler gewesen, ein schlechter Bruder. Sie sagt, er war schon immer ein böses Kind.

Die Korrespondenten berichten von Marias Tränen, von der Stille im Saal, von Judas' Blick. Stern sitzt auf der Anklagebank und schaut seine Schwester unverwandt an. Maria weint und spricht weiter. Für die Revolution sei er zu spät dran gewesen. Für sein Studium habe er nichts getan. In der Fabrik habe er auch nicht arbeiten wollen. Den Revolver habe Judas ihrem Mann gestohlen. Ihr Bruder sei nie ein Sowjetfreund gewesen. Immer habe er ins Ausland gewollt, sagt sie weinend.

Ich lese das Protokoll und merke, dass meine Geduld zu Ende geht. Weint sie, weil sie die Wahrheit sagt oder weil sie lügen muss?

Maria hat Judas nur kurze Zeit überlebt, aber an ihrem Tod war er nicht schuld. Ihr Tod war ein Zufall. Sie sollte ihren Mann, dem Judas Stern die Pistole geklaut hatte, auf einer Reise nach Amerika begleiten, im Auftrag der sowjetischen Handelskammer, sie unterzog sich einer medizinischen Untersuchung, an deren Folgen sie starb. Ihr Mann fuhr allein nach Amerika, erledigte seine Aufgaben und wurde fünf Jahre später als amerikanischer Spion angeklagt und erschossen. Ob Judas Sterns Geschichte das Geschehen beeinflusst hat, weiß man nicht. Die beiden Söhne, die, niemand weiß warum, genauso hießen wie mein Vater und sein Bruder, Miron und Wil, diese Doppelgänger meines Vaters und meines Onkels, verschwanden in den namenlosen Waisenhäusern der Sowjetunion.

Die Schürze

Der letzte Zeuge wird aufgerufen. Es ist ein Vorarbeiter aus der größten Textilfabrik des Landes, *Rote Rosa* genannt, zu Ehren von Rosa Luxemburg, Sterns letzter Arbeitsstelle.

Stern erinnert sich genau.

Am ersten Tag in der Fabrik hätte er eine Arbeitsschürze anziehen sollen. Er habe sich geweigert, sagt der Vorarbeiter aus.

– Sie ist dreckig, voller Läuse, sagt Stern. Ich möchte keinen Typhus.

– Sie ist nicht dreckig, entgegnet der Vorarbeiter.

– Doch, und wie!

– Sie wollen einfach nicht arbeiten.

– Doch, doch, ich will arbeiten. Aber ich will keinen Typhus.

– Alle tragen diese Schürzen. Niemand ist daran gestorben.

– Dreckig sind sie trotzdem.

– Wenn man arbeiten will, sind sie sauber genug.

– Und die Läuse, wollen die auch arbeiten?, fragt Stern, und der Vorarbeiter antwortet: Welche Läuse? Es gibt keine Läuse.

Das Gespräch fängt von vorne an, immer weiter im Kreis, es dreht noch eine Runde, und irgendwann ist es nicht mehr möglich zu verstehen, wer recht hat, Stern oder der Vorarbeiter, denn niemand von uns hat diese Schürze gesehen, die Schürze, die zum Sturz von Stern beigetragen hat.

– Also, werden Sie die Schürze anziehen?
– Kann man nicht ohne Schürze arbeiten?
– Haben Sie schon jemanden ohne Schürze hier gesehen?
– Und meinen Sie, dass niemand krank geworden ist?

Genosse Richter!, sagt Krylenko, jede Tatsache, jede Handlung, umso mehr eine Handlung vor Gericht muss irgendeinen Sinn haben, hinter jeder Handlung, hinter jedem Wort muss ein minimaler vernünftiger Sinn stehen, und er zeigt, dass alles, was Stern tut und sagt, keinen Sinn hat, er will ihn aber nicht für verrückt erklären, sondern erzählt mit leichtem Abscheu, spöttisch und unnötig detailliert von den schmutzigen Taschen in Sterns Mantel, als wäre dieser Beweis gegen seine Sauberkeit auch ein Beweis für das Verbrechen. Er beschreibt genüsslich den Kleinkram, der in diesen Taschen gefunden wurde, und er sagt, dass er das Publikum damit verschonen wolle, dabei hat er bereits alles erzählt.

Stern lächelt, dann blickt er starr und verfällt in eine Art Ironie, als ob es ihm egal sei, dass vom Ausgang dieses Prozesses sein Leben abhängt, vielleicht auch, weil der Ausgang des Prozesses längst feststeht und er daher frei ist, sich keine Sorgen mehr machen zu müssen.

– Warum hatten Sie dann einen Zeitungsartikel über ein Attentat in Japan in Ihrer Manteltasche. Zufall?
– Ich war allein, es gab keine Hilfe.

Vielleicht hatte Stern genug Gründe, sich zu weigern. Er konnte nicht mehr, er konnte diese Schürze nicht anziehen wie alle. Er war nicht alle. Das ganze Leben war für ihn wie diese Zwangsschürze. Unterordnung, Erniedrigung, Dreck. Er wollte und konnte sich nicht unterordnen, für die anderen Rollen fehlten ihm Kraft und Überzeugung. Sie wollen nur, dass ich gemeinsam mit allen Dreck schlucke, Dreck anziehe und Dreck produziere, mit Enthusiasmus und frohem Herzen! Erst zieht man die Schürze an, dann läuft alles von selbst. Ein richtiger sowjetischer Mensch zu sein bedeutet, sich jede Empfindungsfähigkeit abzugewöhnen. So einer bin ich nicht. In der Fabrik meinten sie, ich könne nicht arbeiten, wenn ich die Schürze nicht anziehen will, an der Fakultät meinten sie, ich wolle nicht studieren, weil man dafür in die Gewerkschaft gehen muss, und das wollte ich nicht, sauber bin ich auf jeden Fall, im Vergleich mit dieser dreckigen kleinen Welt. Man muss etwas tun, zeig, sagten sie mir, zeig, was du kannst, ein Zeichen setzen, ich habe gezeigt, ich bin nicht einverstanden, mit nichts, ich, ich, ich …

Im Prozess versucht Stern immer wieder, das Wort zu ergreifen. Das wird durch Fragen und Unterbrechungen geschickt verhindert. Irgendwann gibt er auf, versinkt in Schweigen und verzichtet sogar auf ein Schlusswort. Das Urteil wiederholt Krylenkos Anklagepunkte, als gäbe es keine Widersprüche zwischen der Aussage Sterns und der Anklageschrift. Sterns Widerruf wird ignoriert, als habe Stern nichts gesagt, als sei er nicht anwesend, als gebe es keinen Stern. Wassiljew hingegen hatte seine harte Rolle aufgegeben und bekannte sich schuldig, auch Stern bekannte sich schuldig, denn er hatte geschossen, wenn auch nicht im Sinne der Anklage.
Am übernächsten Tag wurden Stern und Wassiljew erschossen.

Selbsterhaltungstrieb

Kiew, den 14. Juli 2013

Liebe Katja,

vielen Dank für die Kugeln. Deine Gedanken fliegen direkt in die Wunden (so sagen die Kugelwissenschaftler). Wir sollten noch und noch über sie sprechen. Wir können auch schießen.

In dieser Geschichte fasziniert die Einfachheit des Prozesses, denn es ist in der Tat eine griechische Tragödie, wo das Finale für jeden, der weiß, »wie es war«, von vornherein und auf jeden Fall feststeht.
Sie wurden alle erschossen. Die Frage, wie sie genau erschossen wurden, quält uns immer noch, und vielleicht gerade deshalb, weil wir alle, so scheint es, verstehen, dass es keine Hoffnung gab. Aber unser Held glaubt immer noch daran, hofft darauf, ein Insekt dreht seine Runden im Glas, als wäre es noch in Freiheit, als würde es nicht merken, dass es gefangen ist. Man kann jetzt sterben, man kann später sterben, es gibt keinen Unterschied. Genau diese unerwarteten Ausbrüche von Stern und von Dir, seine Hektik vor dem Tod, jede Hoffnung, selbst wenn es nur die Deine ist, sind das Interessante, Merkwürdige und Quälende, und hier beginnt die Literatur und endet die Geschichte. Wofür brauchst Du diesen Menschen, wozu rührst Du seine Asche auf? Und wie ist es, mit ihm verbunden zu sein?

Dein Text sei der verzweifelte Versuch, diese Verbindung herzustellen, sagst Du. Aber ob es klappt? Der Selbsterhaltungstrieb wacht und beobachtet uns in diesen Minuten scharf.

Messerklingen kommen aus der Wand und bewegen sich, nicht weit vom Körper entfernt. Sie hängen irgendwo, und manchmal gleiten sie ganz nah heran, und Du beschreibst sie theoretisch (ich kann nicht einmal das), aber Du kannst diesen Schrecken und das Grauen ihrer Anwesenheit nicht wiedergeben, weil wiederzugeben bedeutet, es anzuerkennen und in sich einzulassen. So schlimm sind diese Sachen.

...

Deine Z.

Vergiss Herostratos

Der deutsche Botschafter Herbert von Dirksen, dem, wie viele meinten, das Attentat galt, war überzeugt, dass mein Großonkel allein gehandelt hatte. Er verglich Judas Stern, diesen, wie er meinte, unreifen, haltlosen und eitlen Menschen, mit Herostratos, jenem Bürger von Ephesus, der in seiner Ruhmsucht, seinem Streben nach Unsterblichkeit, den Artemis-Tempel anzündete, um seinen Namen in der Ewigkeit zu hinterlassen. Obwohl es danach verboten war, seinen Namen zu nennen, schrieben Historiker über ihn, sein Fall machte ihn zum Typus, und sogar das Datum des Verbrechens ist überliefert, denn irgendwann stellte man fest, dass in der Nacht, als Herostratos den

Tempel anzündete, Alexander der Große geboren wurde. Judas Stern wurde noch vor dem Verbrechen zum Typus, über ihn schrieben die Zeitungen, die von anderen Ruhmsuchenden und Protestierenden gelesen wurden, vielleicht auch von van der Lubbe.

Während sie noch über die Defizite der sowjetischen Justiz berichteten, über »Sühne ohne Klärung«, pries die russische Emigrantenpresse den Attentäter Stern: »Ein Held, der allein gegen die Sowjetmacht demonstriert hat und der eine neue russische Intelligenzija verkörpert.« Von Paris bis Harbin wiegte man sich noch immer in der Hoffnung, dass die bolschewistische Macht vorübergehend sei, man irgendwann zurück nach Hause käme, dass Stern einer unter Tausenden von Menschen sei, die mit der sowjetischen Willkür nicht einverstanden waren und die nun an die Öffentlichkeit treten würden, um zu protestieren.

Sein Attentat hatte Wellen geschlagen, aber Stern hatte keine Helden erzeugt, sondern den Dschinn aus der Flasche gelassen. Pawel Gorgulow, ein russischer Emigrant in Paris, auf der Suche nach Gerechtigkeit, befeuert von den Presseberichten, schoss am 6. Mai 1932 während der Pariser Buchmesse auf den französischen Präsidenten Paul Doumer und verletzte ihn tödlich. Ganz Frankreich war schockiert: Es hatte den Emigranten Obdach gegeben, und einer von ihnen tötete ihren Präsidenten. Gorgulow war ein Offizier ohne Staat, ein Arzt, der nicht praktizieren durfte, und ein Literat, der seine Werke unter dem russischen Pseudonym *Bred*, Delirium, verfasste.

Das Herostratos-Syndrom verbreitete sich unter neuroti-
schen, unzufriedenen und labilen Pechvögeln: Sie betrach-
teten ein Attentat als letzte Chance, Ruhm zu erlangen, zu
protestieren, anderen etwas zu zeigen, sie waren unzufrie-
den und oft zutiefst im Recht, und sie griffen zu den Waffen.

Gorgo Medusa

Er hat geschossen, hat einen Menschen töten wollen, und
das hindert mich, ihn zu verstehen.

du bist ausgeliefert, sie werden dich nicht sofort töten, jedem seinen genuss, sie werden deinen übergang vom menschen in ein blutiges bündel wissenschaftlich kontrollieren,
der tod ist die größte gnade, *sie* werden es dir beibringen,
nicht gott. man hofft, man gibt antwort, es wird versprochen, wenn du es sagst, dann lassen sie dich noch einmal
schlafen, du hoffst wieder, sie lassen dich in ruhe, dein körper trägt dich weiter, dein körper, du hast es nicht erwartet,
du nennst noch diese namen in dem kurzen moment, wenn
du da bist, alle namen, die du kennst und alle orte, sie sind
teil der verschwörung, denn du kennst sie, irgendwann
verschwinden die wörter, und du kannst nicht anders als
nur wiederholen, was dir gesagt wird, oder alles verneinen,
mehr nicht. habe ich ein pferd getötet? jetzt können sie alles mit dir machen, aber sie halten dich an der grenze des
lebens, eines unerforschten gebiets

ich habe trotzdem keine angst, als spürte ich den schmerz des gequälten stern nicht, ja, er hat geschossen. ich würde dort sofort sterben, ich würde keinen widerstand leisten, ich würde alle meine freunde denunzieren, unter nicht-europäischen methoden, sofort, egal, ob wir etwas getan haben, wenn ich alle nenne, werden sie niemanden fassen, warte nur, in sicherheit und für die sicherheit, aber einen monat lang gequält zu werden, immer diese fragen und versprechungen, dann wieder fragen und versprechungen, folter, versprechungen, dann folter, und vielleicht doch keine erschießung, alle hoffnung fahrenlassen, dies wird uns nicht gewährt, wann schicken sie mich in die welt der unorganisierten materie?

ich weiss, ich sollte angst haben, ich möchte nicht einmal hinschauen, ich weiß, wenn man diese angst in sich hineinlässt, versteinert man, wie beim anblick der gorgo medusa, diese angst ist die medusa selbst, ich aber habe einen schutz, mein schild, meinen namen. mein name trägt einen stein in sich, peter, peter, ein stein, dank eines großvaters, es hat sich gelohnt, den namen zu ändern, ich werde nicht versteinern, und unschuldig bin ich auch, katerina die reine, unbefleckte, ich könnte die medusa anschauen, aber etwas hält mich zurück, als stünde zwischen stern und mir ein held mit einem schild, perseus, er hält einen schild, und ich sehe medusa darin gespiegelt, nicht direkt, mit brechungen von angst, angst in scherben, ich sehe scherben von angst, sie verletzen mich, überall ist ein preis zu zahlen, ein stückchen seele abzugeben, nein, anfangs wollen sie nicht die ganze seele kaufen, nur teile, ein mitgliedsbeitrag an die gewerkschaft, an die junge partei, an das proletariat, schrauben, wir sind alle schrauben in einem großen betrieb, und wenn du phantomschmerzen hast, sei nicht wehleidig, mach lieber einen witz, und jetzt lächeln, bitte, nur ein schnappschuss, sozusagen, damit es sanfter ist, der übergang, wer lacht, lebt länger, balde ruhest du auch, ich habe keine angst, perseus hält mir seinen schild vor die augen, spiegelbild des schreckens, selbsterhaltungstrieb

das knirschen der maschinen, aorta ruptur, knochen, maschinen, die das bewusstsein zu pulver mahlen, und jetzt kommt die zweite welle, hunger, das korn wird weggenommen, ein teil davon geht ins ausland, von dort bekommt man maschinen, die, wenn man nicht weiß, wie man sie bedient, nutzloser sind als menschen, die sterben, maschinen mahlen und zermahlen, alles wird zu staub oder zu brot und geht zum teufel, und es gibt keinen ort mehr, wo es kein verderben und kein verbrechen gibt, und alle haben schon geschossen nur ich nicht

Karl versus Judas

Im Sommer 1932 sitzt Karl Albrecht, Kommunist und führender sowjetischer Gewerkschafter, eingesperrt wegen Kritik an der Korruption in der Holzindustrie, im berüchtigten Butyrka-Gefängnis in Moskau. Ihm wird ein Mann in die Zelle gesetzt, einer vom Geheimdienst, wie Albrecht, der spätere Nationalsozialist, vermutet, was ungewöhnlich ist, denn ein Agent wird normalerweise nicht mit anderen Gefangenen zusammengelegt, und dieser Agent erzählt vom Prozess gegen Stern und Wassiljew. Er behauptet, Stern und Wassiljew seien GPU-Agenten gewesen, die den Auftrag gehabt hätten, Botschafter von Dirksen zu töten, aber kläglich gescheitert sind. Mit dem Mord hätten sie Deutschland zwingen sollen, ein Kriegsultimatum zu verhängen, die Vereinigung der Revolutionen in beiden Ländern hätte Krieg bedeutet, so Stalins Überzeugung. Den beiden sei versprochen worden, sie könnten untertauchen und würden mit neuen Pässen wieder in Freiheit kommen, aber erst nach einem ordentlich geführten Prozess, bis hin zu einer für die Presse und internationale Beobachter inszenierten Hinrichtung mit falscher Munition. Die Agenten Stern und Wassiljew sollten danach weiter für die GPU arbeiten. Und so stehen beide mit dem Gesicht zur Wand. In letzter Sekunde spürt Judas Stern, dass die Hinrichtung keine Inszenierung ist. Er wendet sich zu seinem Erschießer, ruft, Brüderchen! Was habe ich … und fällt tot um. Der Unbekannte berichtete über blutige Säcke, die aus der Butyrka abtransportiert wurden, bald darauf verschwand auch der Unbekannte selbst.

Windrose

Fast bin ich stolz, als hätte mein Großonkel eine Heldentat begangen. Wollte er mit seinen Schüssen einen Krieg zwischen der Sowjetunion und Deutschland provozieren? Oder wollte er alle kleinen Leute retten, das ganze elende Volk? Oder wollte er beides, als Marionette, als Agent, als freier Mensch, der zufällig Judas Stern hieß.

Dreizehn Jahre später, am Tag der Befreiung, am Tag des Sieges über den Faschismus – und wir von dort, von der andere Seite, werden immer sagen, am Siegestag, und den 9. Mai meinen – am 8. Mai ist mein Vater dreizehn Jahre alt geworden, und wäre er noch jüdisch gewesen, hätte er an diesem Tag seine Bar-Mitzwa gehabt, die religiöse Mündigkeit, der Tag der Übernahme der Pflicht, ausgerechnet am Tag des Sieges über den Faschismus, doch er lernte das Wort Bar-Mitzwa und seine Bedeutung erst vierzig Jahre später kennen.

Ich wollte mich immer mit der Geschichte beschäftigen, sagte mir mein Vater, aber ich wollte nie, dass sie sich mit mir beschäftigt, und er sagte auch, dass man keine Verwandten brauche, um einen Bezug zur Geschichte zu haben. Und ich sagte, doch, ich habe nun einmal diese Neigung, alles in ein großes Panorama zu stellen, als befänden wir uns selbst in der Windrose des Geschehens, wenn auch nur dank eines verrückten Verwandten, von dem wir nichts lernen können.

KAPITEL 5

Babij Jar

Ein Spaziergang

– Ich sage Ihnen ein Wort, und Sie sagen mir, was es bedeutet. Ja?
– Okay.
– Babij Jar.
– Hat es was mit Indianern zu tun?
– Nicht ganz.
– Was denn?
– Es ist eine Schlucht bei Kiew.
Der nackte Mann auf dem Sportplatz.
Film von Konrad Wolf, 1974

Lange war ich nicht hier. Babij Jar liegt nicht mehr am Stadtrand. Heute kann man mit der U-Bahn zur Schlucht fahren. Die Großstadt Kiew hat Babij Jar längst umschlossen. Eine Tuborg-Bude, ein Kiosk, das Denkmal für die getöteten Kinder. Auf dem Podest liegt eine kleine blaue Socke. Jemand hat sie verloren. Mir fehlt Sauerstoff. Sportlerinnen joggen, Jungen spielen Fußball, Männer trinken Bier auf den Bänken, und Rentner sammeln Flaschen ein – der ganz gewöhnliche städtische Stoffwechsel. Die Wohnungen in der Gegend sind nicht billiger als anderswo, denn Babij Jar ist ein Park. Ich suche hier meinen Weg. Babij Jar. Weiberschlucht. Ein seltsam niedlicher Name. Meinen Sie Baby Jahr?, hatte mich eine Bibliothekarin in Berlin gefragt, als ich mich nach Büchern erkundigte. Aber nein, ich werde mich hier nicht verirren, ich habe mehrere Stadtpläne dabei, sogar eine Karte für die Sport-Orientierung in Babij Jar vom Jahr 2006 habe ich mit.
Bleibt ein Ort derselbe Ort, wenn man an diesem Ort mordet, dann verscharrt, sprengt, aushebt, verbrennt, mahlt,

streut, schweigt, pflanzt, lügt, Müll ablagert, flutet, ausbetoniert, wieder schweigt, absperrt, Trauernde verhaftet, später zehn Mahnmale errichtet, der eigenen Opfer einmal pro Jahr gedenkt oder meint, man habe damit nichts zu tun?

Vor vielen Jahren fragte ich David, einen Freund, der immer an jenem Tag nach Babij Jar ging, ob er Verwandte hier liegen habe. Er sagte mir damals, das sei die dümmste Frage, die er je gehört habe. Erst jetzt verstehe ich, was er meinte. Denn es ist unwichtig, wer man ist und ob man hier eigene Tote zu beklagen hat – oder wünschte er sich, dass es unwichtig sei? – für ihn war es eine Frage des Anstands. Ich möchte von diesem Spaziergang so erzählen, als ob es möglich wäre zu verschweigen, dass auch meine Verwandten hier getötet wurden, als ob es möglich wäre, als abstrakter Mensch, als Mensch an sich und nicht nur als Nachfahrin des jüdischen Volkes, mit dem mich nur noch die Suche nach fehlenden Grabsteinen verbindet, als ob es möglich wäre, als ein solcher Mensch an diesem merkwürdigen Ort namens Babij Jar spazieren zu gehen. Babij Jar ist Teil meiner Geschichte, und anderes ist mir nicht gegeben, jedoch bin ich nicht deswegen hier, oder nicht nur. Irgendetwas führt mich hierher, denn ich glaube, dass es keine Fremden gibt, wenn es um Opfer geht. Jeder Mensch hat jemanden hier.
Ich dachte schon immer, dass die Juden im Ghetto privilegiert waren, fast hätte ich gesagt, dass sie Glück hatten. Man hatte mehr Zeit, um zu verstehen, wohin es sich entwickelt und dass man wahrscheinlich bald sterben wird. Zehn Tage nach dem Einmarsch der Deutschen in Kiew,

Ende September 1941, wurde hier in Babij Jar die ganze verbliebene jüdische Bevölkerung Kiews getötet, kaum verborgen vor den Augen der übrigen Stadtbewohner und mit Hilfe der westukrainischen Polizei. Kiew, die älteste russische Stadt, in der auch die Juden seit tausend Jahren gelebt hatten, wurde judenfrei. Ja, man nennt diese Opfer für gewöhnlich Juden, aber viele meinen damit nur die anderen. Das ist irreführend, denn die, die da sterben mussten, waren nicht die anderen, sondern die Schulfreunde, die Kinder aus dem Hinterhof, die Nachbarn, die Omas und die Onkel, die biblischen Greise und ihre sowjetischen Enkel, die man am Tag des 29. September auf den Straßen von Kiew in diesem endlosen Zug ihres eigenen Begräbnisses die Bolschaja Shitomirskaja entlanggehen sah.

Ich habe nie verstanden, warum dieses Unglück immer das Unglück der anderen sein sollte. »Saemtliche Juden der Stadt Kiew und Umgebung haben sich am Montag, dem 29. September 1941 um 8 Uhr, Ecke Melnik- und Dokteriwski-Straße (an den Friedhoefen) einzufinden.« So hatte es die Wehrmacht plakatiert, und die Hausmeister hielten ihre Bücher bereit, um sicherzustellen, dass wirklich Saemtliche gingen. Als sie nach Babij Jar kamen, mussten sie sich ausziehen, wurden nackt durch die Reihen der Polizei getrieben, angeschrien und geschlagen – und dort, wo man durch die Öffnung den Himmel sah, am Rand der Schlucht, wurden sie von beiden Seiten mit Maschinengewehren erschossen. Oder anders: Nackte Lebende liegen auf nackten Leichen, erst dann wird geschossen, die Kinder wirft man einfach so auf die Leichen, um sie lebendig zu begraben, das spart Munition.

Ich gehe durch eine mit Gestrüpp bewachsene flache Landschaft. Die Aktion sei reibungslos verlaufen, meldete der Führer des Sonderkommandos Anfang Oktober 1941 nach Berlin. War es hier? Die Menschen gehen spazieren, reden, gestikulieren in der Sonne. Ich höre nichts. Die Vergangenheit schluckt alle Laute der Gegenwart. Es kommt nichts mehr hinzu. Kein Raum mehr für Neues. Mir ist, als ob diese Spaziergänger und ich uns auf verschiedenen Leinwänden bewegen. Gibt es etwas in ihrer Gestik, was den Ursprung der menschlichen Gewalt verrät? Oder den Hang, zum Opfer zu werden? Wäre es mir lieber, wenn Babij Jar nun wie eine Mondlandschaft aussehen würde? Exotisch? Giftig? Alle Menschen – vom Leid zerfressen? Warum sehen sie nicht, was ich sehe?

Kiew war einer von vielen Orten, wo es passierte, man sagt, es sei das größte zweitägige Massaker des Holocaust. 33771 Menschen tötete man in zwei Tagen. Eine merkwürdig genaue Zahl. Und später noch 17000 Juden, und noch später zählte man nicht mehr. Die ersten, die in Babij Jar getötet wurden, waren die Patienten der psychiatrischen Anstalt. Sie wurden ganz still am Rand der Schlucht in Gaswagen umgebracht, auf dem Gelände der psychiatrischen Klinik. Ein paar Tage später kamen die Juden dran. Zwei Jahre lang wurde hier getötet: Kriegsgefangene, Partisanen, Matrosen der Kiewer Flotte, junge Frauen, weitere Juden aus der Region, Passanten, die von der Straße weg festgenommen wurden, drei komplette Zigeunerlager, Priester sowie ukrainische Nationalisten, die zuerst mit den Deutschen kollaboriert hatten und ihnen dann ebenfalls zum Opfer fielen. Nach verschiedenen Berechnungen sind in Babij Jar zwischen hundert- und zweihunderttausend Menschen getötet worden. Dieses Plusminus hunderttausend – man weiß nicht einmal, ob es ein Babij Jar gab oder zwei.

Früher, als es hier noch keine U-Bahn gab, kamen wir von der anderen Seite nach Babij Jar, meine Eltern und ich. Erst schauten wir uns die Fresken in der Kirill-Kirche aus dem zwölften Jahrhundert an, das Jüngste Gericht, wie der Engel den Himmel aufrollt, und dann auch die Jugendstilfresken von Michail Wrubel, die Madonna mit ihrem viel zu schweren Blick und die Ausgießung des Heiligen Geistes auf die Apostel, für welche die Irren aus der nahe gelegenen Anstalt als Modell gedient hatten. Mit dieser geistlichen Polsterung gingen wir durch Babij Jar, und ich wusste nur sehr vage, was für ein Ort das ist, ich wusste nicht einmal, ob dieser Ort etwas mit meiner Familie zu tun hat und was für ein lebensbejahendes Ritual, so schien es mir, wir hier allein vollzogen. Ihre Großeltern lagen irgendwo hier, das haben meine Eltern mir viel später erzählt, ja und auch die schöne Ljolja. Meine Babuschka liegt auch in Babij Jar, erzählte mir mein Vater, sie hat es nur nicht bis hierher geschafft.
Irgendwann kamen wir zum Monument, dem ersten und damals einzigen Denkmal, das 35 Jahre nach dem Massaker eingeweiht worden war, am falschen Ort und am falschen Tag. Muskulöse Sowjethelden – ein Matrose, ein Partisan und eine Ukrainerin – erobern die Vergangenheit. Die Wörter *Heldentum*, *Mut*, *Vaterland*, *Kühnheit* prallten von mir ab wie Pingpongbälle. Kein Wort davon, dass hier auch die Juden von Kiew liegen.

Als sich im Sommer 1943 die Rote Armee Kiew näherte, mussten die dreihundert Kriegsgefangenen des benachbarten KZ Syrez Tag und Nacht die Toten ausgraben, Stapel von jeweils 2500 Leichen aufbauen, diese verbrennen und danach die Knochen zermahlen. Staub kann man nicht zählen. Die Menschen wurden gezwungen, die Spuren zu verwischen, und auch sie sollten danach ermordet werden, so dass diejenigen, die es gesehen hatten, auch verwischt würden und am Ende nichts bliebe, keine Spur, kein Mensch, keine Erzählung. Die Kriegsgefangenen ahnten ihr Schicksal und versuchten zu fliehen. Von den dreihundert überlebten höchstens vierzehn – die einzigen Zeugen.

Nach dem Krieg führte man hier Untersuchungen durch, obwohl es kaum mehr etwas zu untersuchen gab, und Stalins antisemitische Politik machte rasch ein Ende damit. Autoren von Büchern wie dem *Schwarzbuch über die Massenvernichtung der Juden*, die Fakten sammelten und Berichte niederschrieben, wurden verfolgt, dann auch jüdische Ärzte, die man als Giftmischer beschuldigte. Die Erschießung des Jüdischen Antifaschistischen Komitees war eine der letzten Aktionen Stalins. Unter den Mitgliedern des Komitees befanden sich auch Schriftsteller, die letzten, die noch auf Jiddisch schrieben.
Hitler hat die Leser getötet und Stalin die Schriftsteller, so fasste mein Vater das Verschwinden der Sprache zusammen. Diejenigen, die den Krieg überlebt hatten, waren wieder in Gefahr. Juden, Halbjuden, Vierteljuden – man lernte wieder, die Prozente zu schmecken, so dass die Zunge am kalten Eisen anfror. Sie wurden als heimatlose Kosmopoli-

ten stigmatisiert, vielleicht weil man sie ungeachtet aller Grenzen tötete, sie, die verbotene Beziehungen mit dem Ausland unterhielten und deswegen nicht zur großen Familie der sowjetischen Brudervölker gehören durften. Zwanzig Jahre lang gab es hier in Babij Jar keinen Hinweis auf die Massaker, kein Monument, keinen Stein, kein Schild. Dem Töten folgte das Schweigen.

Wenn ich heute die majestätische Schlucht suche – vor dem Krieg zweieinhalb Kilometer lang, bis zu sechzig Meter tief und sehr steil –, kann ich sie nicht finden. Zehn Jahre lang hatte eine Ziegelfabrik ihren Abraum, Sand, Ton und Wasser, in die Schlucht gepumpt, die sowjetische Regierung wollte Babij Jar auch als Ort liquidieren. Doch 1961 brach ein Erddamm vor Babij Jar, eine Schlammlawine ergoss sich in die Stadt und tötete 1500 Menschen. Auch das wurde verschwiegen. Den Schlamm schaffte man nach Babij Jar zurück und füllte die Schlucht damit auf.

Wenige Monate später wurde ein Gedicht von Jewgenij Jewtuschenko in der *Literaturnaja Gazeta* veröffentlicht.

»Über Babij Jar, da steht keinerlei Denkmal. / Ein schroffer Hang – der eine unbehauene Grabstein. / Mir ist angst. / Ich bin alt heute, / so alt wie das jüdische Volk. / Ich glaube, ich bin jetzt / ein Jude.«

Die Menschen riefen einander an, erzählte meine Mutter, wir weinten vor Glück darüber, dass man über das Unglück nun endlich öffentlich sprach. Ein russischer Dichter hatte sich der jüdischen Opfer angenommen, aller, es wirkte wie ein Wunder. In seinem Gedicht waren es nicht mehr ihre Toten, die Toten der ewigen anderen, und es stand gedruckt in der Zeitung.

»Jeder hier erschossene Greis / ich. Jedes hier erschossene Kind / ich.« Innerhalb eines Monats wurde das Gedicht in siebzig Sprachen übersetzt, ins Deutsche von Paul Celan, und Schostakowitsch vertonte im Adagio seiner dreizehnten Symphonie. Es schien, als wäre dieses Weltunglück nicht mehr obdachlos, als wäre die Ehre der Erinnerung wiederhergestellt worden.

Nur nicht in Kiew. Erst sechs Jahre später wurde in Babij Jar ein kleiner Gedenkstein niedergelegt. Aber als jedes Jahr am 29. September Menschen mit Blumen zu dem Stein kamen, versuchte die Miliz, diese Aktionen, wie sie es nannte, zu verhindern. Mein Freund David und viele andere sind aus Kiew ausgewandert, nicht nur, weil ihnen das Leben in der Gegenwart schwergemacht wurde, sondern auch, weil ihnen ihre Vergangenheit, ihre Trauer, ihre Orte gestohlen worden waren. Einmal war David für 15 Tage verhaftet worden, als er Blumen bei einem Baum in Babij Jar hinterlassen hatte, »wegen Verletzung der öffentlichen Ordnung und Zerstreuung von Müll an einem öffentlichen Ort«.

Es muss Hunderte, Tausende Menschen gegeben haben, die die Juden sahen, wie sie Ende September 1941 durch die Stadt zogen, es muss Zehntausende gegeben haben, die davon gehört hatten. Im Oktober wusste die ganze Stadt, was für eine »Umsiedlung« stattgefunden hatte, besonders als die Kleider und Wertsachen der Ermordeten an die deutsche Armee verteilt wurden. Als Kiew im November 1943 befreit wurde, lebte nur noch ein Fünftel der Bevölkerung in der Stadt. Einige waren an der Front, viele auf der Flucht in die Tiefe des Landes, ein großer Teil war ermordet oder nach Deutschland deportiert worden. Wer sollte da von Babij Jar erzählen, und wem?

Anatolij Kusnezow wuchs nicht weit von der Schlucht entfernt auf. Er war elf Jahre alt, als in unmittelbarer Nähe seines Elternhauses die Erschießungen geschahen. Nach dem Krieg studierte er Ballett und tanzte in der Kiewer Oper, aber Babij Jar ließ ihn nie mehr los, er konnte das Schweigen nicht aushalten. Jahrelang sammelte er alle Spuren des Geschehens, die er noch finden konnte und befragte Zeugen. 1966 veröffentlichte er das erste Buch über Babij Jar, und er hat viele Menschen durch die Schlucht geführt, auch den Dichter Jewgenij Jewtuschenko, um zu zeigen, dass es nichts mehr zu zeigen gibt, nur zu erzählen.

Ich gehe von Denkmal zu Denkmal. Großmütter spazieren mit ihren Enkelkindern umher und schauen sich die Monumente an, oft nur, weil ich das gerade mache. Als die Ukraine vor zwanzig Jahren unabhängig wurde, bekamen mit der Zeit alle Opfergruppen ihr Monument: ein Holzkreuz für die ukrainischen Nationalisten, ein Denkmal für die Ostarbeiter, eines für zwei Mitglieder des geistlichen Widerstands, eine Tafel für die Zigeuner. Zehn Denkmäler, aber keine gemeinsame Erinnerung, sogar im Gedenken setzt die Selektion sich fort.

Was mir fehlt, ist das Wort Mensch. Wem gehören diese Opfer? Sind sie Waisen unserer gescheiterten Erinnerung? Oder sind sie alle – unsere? Auf dem Hügel steht, wie ein verbrannter Baum, eine Menora, das erste jüdische Monument für Babij Jar, eingeweiht fünfzig Jahre danach. Besonders quält mich eine Tafel, die Ende der achtziger Jahre angebracht worden ist, um Heldentum und Kühnheit der sowjetischen Menschen nun auch auf Jiddisch zu würdigen. Wie viele Menschen in dieser Stadt heute wohl noch Jiddisch lesen können? Zwanzig? Verschwinden die Sprachen von selbst? Oder richtet sich die Tafel direkt an Gott?

In einer der großen Synagogen Kiews befand sich nach dem Krieg ein staatliches Puppentheater. Eine der Puppenspielerinnen des Theaters war Dina Pronitschewa, die sich am 29. September 1941 aus der Schlucht hatte retten können und später in vielen Prozessen als Zeugin auftrat. Das letzte Kapitel dieser Metamorphose, so scheint es mir, ist ein Puppentheater in einer Synagoge, wo eine Überlebende aus Babij Jar arbeitet.

Ich gehe weiter an den Denkmälern vorbei in Richtung Kirill-Kirche, ich steige auf den Hügel, das Gebüsch wird wilder, die Menschen verschwinden, der Verkehrslärm des Prospekts ist nicht mehr zu hören. Links öffnet sich eine dicht bewachsene Steilwand, und ich sehe drei Gräber mit metallenen Kreuzen. Die ungenehmigten Gräber von Babij Jar. Auf einem steht: »Auch hier wurden 1941 Menschen erschossen. Gib ihren Seelen Ruhe!«
Nie zuvor habe ich ein Grab mit der Aufschrift »Auch hier« gesehen. Jetzt bin ich angekommen in Babij Jar. Ich stehe im Wald, oben auf einem Baum hängt ein Trauerkranz. Wer hat ihn hierher gebracht? Wachsen hier auf den Bäumen Kränze? Sollte man Babij Jar verwildern lassen? Tiere und Pflanzen?

Plötzlich dringt ein heller, metallischer Klang durch, und ein überraschendes Bild öffnet sich vor meinen Augen. Dutzende junger Menschen in reich verzierten schweren Gewändern spielen auf einer von goldenem Laub leuchtenden Lichtung Tolkiens *Herr der Ringe* nach. Kein Weg führt hierher. Ich frage den Herrn der Ringe, wie ich hier herauskomme, in Richtung Kirche, und er sagt, Engel wird dir helfen. So heißt der Junge, der mich begleitet. Wir versinken bis zu den Knien im Laub, sehen ein paar überwucherte Grabsteine, mit russischen oder hebräischen Buchstaben. Irgendwann hat es hier Friedhöfe gegeben, den alten jüdischen, den russischen Soldatenfriedhof und den Karäer-Friedhof, nach dem Krieg wurden sie demoliert, auf einem Teil der riesigen Fläche stehen heute ein Fernsehturm und ein Fernsehstudio. Ein paar Gräber liegen immer noch verstreut, die Grabsteine, als würden sie einem inneren Wachstum folgen, lugen aus der Erde wie Pilze. Wir gehen auf einem gesperrten Weg, und es ist, als würden wir etwas Verbotenes tun, uns gegen den Lauf der Zeit bewegen, in Richtung psychiatrische Anstalt und auf die Kirche zu, in der ein Engel den Himmel ausrollt, und als ich meinen Engel vorsichtig frage, wo wir uns befinden, sagt er, früher war hier Babij Jar.

Riva, Rita, Margarita

Als ich klein war, ging meine Großmutter Margarita, die Mutter meines Vaters, die wir Rita nannten, obwohl sie ursprünglich Rebekka hieß, kurz also Riva, auf den Balkon unserer Kiewer Wohnung im siebten Stock, blickte in die Ferne, über die Bäume, über den Kanal auf die künstliche Insel mit ihren Plattenbauten und rief Hilfe! Die Faschisten wollen mich töten! Je älter sie wurde, desto mehr Faschisten waren es, und irgendwann waren nur noch Faschisten um sie herum, sie war vom engsten Familienkreis umzingelt, und auch wir waren zu Faschisten geworden.

Ich wollte nicht von ihr erzählen, da ich ihre hellen Momente nicht erlebt habe und spüre, dass ich mit jedem Blick in ihre Richtung einen Schleier höher emporhebe, den man lieber fallen lassen würde, denn dahinter wohnt ein schwarzer, erstarrter Wahnsinn, das Intimste überhaupt. Aus Rücksicht auf die anderen Schweigenden darf ich nicht erzählen, wie qualvoll, an ihr verhasstes Leben sich klammernd, sie gestorben ist, als ich sieben Jahre alt war.

Wenn mein Vater von seiner Mutter erzählte, sagte er, dass sie sehr schöne dunkelblonde Haare hatte, in großen Wellen gerollt und, ja, ungewöhnlich schön, wiederholte er, weißt du, sie hatte so eine Welle, die – und er strich sich über sein eigenes Haar – über den Kopf läuft, allen Gedanken zum Trotz, – er trug eine ähnliche Welle auf dem Kopf. Er bemühte sich immer, etwas Gutes über sie zu sagen, und er sagte es, und das war schön, aber ich spürte seine Mühe und auch, wie schwer es ihm fiel, über sie zu reden.

Anfang der zwanziger Jahre, als Rita in Charkow wohnte und das ganze Leben noch vor sich hatte, wollte sie in die Partei eintreten. Sie hatte eine Empfehlung von Wjatscheslaw Molotow, ihrem Nachbarn, bekommen. Sie lebten für kurze Zeit Tür an Tür im selben Treppenhaus, aber damals ahnte noch niemand, dass Molotow überall in der Welt bekannt werden würde, zusammen mit Ribbentrop und ihrem Pakt. Von meiner Großmutter dagegen ist nichts bekannt, sie hat keine historischen Spuren oder große Taten hinterlassen, nichts außer uns. Ihre Unbekanntheit und ihr Wahnsinn sind mir jedoch lieber als seine Spaltung Europas, der grelle Klang seines Namens.

Rita hatte ab und zu in Berufsschulen Kinder unterrichtet, meistens im ideologischen Bereich. Sie war streng und ungerecht, sagte mein Vater einmal, und ich weiß, dass ihm ihre Ungerechtigkeit und ihre Macht über die Schüler wehtaten, denn seine Mutter möchte man einfach lieben, und für ihn war das nicht leicht. Sie war besorgt, alarmiert und kränklich, und ich wusste, dass sie schon immer besorgt, alarmiert und kränklich war, nicht erst nach dem Krieg, sondern auch schon vorher.

Vielleicht wurde Ritas Verrücktheit durch etwas ausgelöst, auch das hat man mir erzählt, was sie als Kind gesehen hatte. Ihr Bruder wurde 1905 als Säugling im Pogrom von Odessa getötet, mit dem Kopf gegen die Wand. Sie war sieben Jahre alt und soll das gesehen haben. Warum sie überlebt hat, weiß heute niemand mehr, vielleicht wurde sie mit dem flüchtigen Gedanken am Leben gelassen, dass das Wichtigste nicht der Tod sei, sondern die Macht über die menschliche Seele. Ich weiß nicht, wer mir diese Geschichte erzählt hat, und ich weiß auch nicht, ob diese Geschichte stimmt, denn ich kann sie mir nicht vorstellen, aber wenn es diese Geschichte gibt, dann könnte es eigentlich nur mein Vater gewesen sein, der sie mir erzählt hat, aber noch weniger kann ich mir vorstellen, wie er diese Geschichte erzählt, und so habe ich es später niemals gewagt, ihn zu fragen, ihn mit der Wiederholung zu quälen, mit dem Tod des Kindes. Diese Geschichte hat in mir eine Schwingung ausgelöst, doch sie ist so vage, als sei sie aus dem Zusammenspiel von kranker Einbildungskraft und schwachem Gedächtnis entstanden. Und womit, wenn nicht damit, lässt sich die historische Wahrhaftigkeit dieses Geschehens beweisen?

Aber damals, als ich noch nicht sieben Jahre alt war und nichts von Rebekka und Riva wusste, sondern nur von meiner Großmutter Rita, Margarita, schloss ich ihren Namen nicht in die große dunkle Vergangenheit ein, sondern in meine eigene kleine Welt. Für mich war sie Rita, Margarita, Margaritka, eine Blume, ein Gänseblümchen, und die wuchsen überall.

Anna und Ljolja

Als meine Urgroßmutter Anna und meine Großtante Ljolja in der dichten Menschenmenge auf der Bolschaja Shitomirskaja gingen, lief ihre Haushaltshilfe Natascha ein Stück mit. Sie weinte unaufhörlich, und Anna tadelte Natascha für ihre Tränen, beruhige dich, zu den Deutschen hatten wir schon immer gute Beziehungen. Als Natascha nach dem Krieg meine Großmutter Rosa fand, Annas Tochter, erzählte sie ihr von diesem letzten, verstörenden Satz von Anna.

Ich fragte meine Mutter, warum ihre Großmutter Anna in Kiew geblieben sei. Sie habe das Grab ihres Ehemanns Ozjel nicht verlassen wollen, sagte meine Mutter voller Gewissheit, und dann fügte sie etwas weniger überzeugt hinzu, Anna habe gedacht, es gäbe keine Notwendigkeit zu fliehen, oder vielleicht sei sie zu alt für eine Flucht gewesen, sagte meine Mutter, und eigentlich wisse sie nicht genau, warum.

Anna wurde in Babij Jar umgebracht, obwohl meine Eltern nie umgebracht sagten. Sie sagten, Anna liegt in Babij Jar, als ob durch dieses Liegen die Seelen von Anna und meinen Eltern ihre Ruhe finden könnten und auch die Frage nach den Urhebern aufgehoben wäre. Es war ihnen peinlich, nach Urhebern zu fragen, denn sie wollten niemandem böse sein, sie konnten niemanden hassen. Für sie trug das Geschehen mythische Züge, es war für uns Menschen nicht mehr erreichbar, eine unbestreitbare Begebenheit, die keine Überprüfung gestattete.

Mein Bild von Anna ist aus fremden, nicht zueinander passenden Fäden gewebt. Ich wusste nur, dass Anna in Łódź geboren wurde, als Tochter eines Müllers, Schuberts schöne Müllerin, dachte ich, und ich wusste auch, dass ihre Geschwister in Łódź und anderswo in der Textilindustrie tätig waren und dass sie es zu Wohlstand gebracht hatten. Anna dagegen hatte im fernen Kiew ihr Leben lang im riesigen Haushalt von Ozjels Taubstummschule gearbeitet, sie unterrichtete und half in den Werkstätten, sie war immer in Bewegung und machte alles, was gemacht werden musste für die Kinder. Sogar auf dem Foto, das Natascha über den gesamten Krieg hinweg aufbewahrt hat, trägt Anna eine Schürze. Das Bild ist kein Schnappschuss, Anna nimmt eine Pose ein, als hätte sie sich schön gemacht, ihr Blick stolz und fordernd.

Anna wusste genug, um ihre eigenen Worte von den guten Beziehungen zu den Deutschen nicht zu glauben, schließlich hatte sie, als der Zweite Weltkrieg ausbrach, Pakete ins besetzte Warschau geschickt und bis ins Jahr 1941 auch Briefe von dort erhalten. Wen wollte sie mit diesen guten Beziehungen trösten, beschämen oder täuschen? Meine Tante Lida war dreizehn Jahre alt, als sie ihre Großmutter Anna zum letzten Mal sah, und sie verbrachte einen großen Teil ihres Lebens in einer ähnlichen Schürze. Sechzig Jahre nach Annas Tod, als Lida selbst alt und krank war, sagte sie plötzlich, ich gehe zu Babuschka Anna, als würde sie unaufhörlich an Anna denken, obwohl sie nie von ihr sprach. Vielleicht trug Lida ihre Schürze in memoriam? Alle waren von Lidas Satz erschüttert, es war ein Hauch von dort, und sie verstanden, dass Lida aufgab, aber gleichzeitig hatte sie eine Wahl getroffen, sie wollte gehen, so wie auch Anna eine Wahl getroffen hatte, als sie in Kiew blieb.

Lida glaubte nicht an Annas Schicksalsergebenheit. Taubstummenlehrer könnten sich keine Ergebenheit leisten, soll Lida einmal gesagt haben. Sie meinte vielleicht, es war Annas Stolz. Der Stolz einer Lehrerin, die daran glaubte, Menschen verwandeln zu können, im Krieg wie im Frieden, eine Überheblichkeit vielleicht, der Glaube, dass sie, Anna Levi-Krzewina, wenn nicht den Einmarsch, dann zumindest die Eskalation verhindern könne, nicht durch eine Heldentat, sondern durch Missbilligung oder durch Unglauben oder durch das schlichte Ignorieren von Gewalt. Sie war zu stolz, um vor dem Feind zu fliehen, ihm den Rücken zuzukehren, sie blieb, um dem Feind ihre Würde zu zeigen und ihn dadurch vielleicht umzuerziehen, als ob, wenn sie bliebe, wenn sie nicht an das Böse im Menschen glaubte, wenn sie sich weigerte, an das Böse im Menschen zu glauben, besonders an das Böse in den Deutschen, dann auch die Deutschen an ihre guten Beziehungen zu Anna Levi-Krzewina glauben würden und nicht an das Böse in sich selbst, als ob, wenn schon sie selbst daran glaubte oder zumindest so tat, dann auch jene daran glauben oder so tun würden, Anna und die Deutschen, sozusagen gegenseitig, denn wenn diese Frau vor lauter Würde keine Angst hatte, dann durfte man auch keine Gründe für die Angst erschaffen, denn wie hätte ihr Gegenüber ein so großzügiges Angebot ablehnen können? Anna hatte die unbesiegbare deutsche Armee zu einem Duell herausgefordert, die Deutschen aber erkannten ihre Waffe nicht. War ihr der Stolz wichtiger als das Überleben? Oder dachte sie, dass nur Verlierer ihre Ehre behalten könnten, Verlierer im militärischen Sinne natürlich, in dieser Stunde, als sie jeglicher Würde beraubt wurden, oder wollte sie nicht weiterleben, weil es, wenn so etwas passieren konnte, keine Ehre mehr gab?

Auch Ljolja, die jüngere Schwester meiner Großmutter Rosa, liegt in Babij Jar. Warum hat Anna ihre Tochter nicht dazu überredet, die Stadt zu verlassen? Ljolja hieß eigentlich Elena, die schöne Ljolja wurde sie genannt, gewiss um den Vergleich mit der schönen Helena zu vermeiden, denn für diese waren Kriege geführt worden, und die Meinigen waren schon immer dagegen gewesen. Ljolja ist nicht nur wegen ihrer Mutter in Kiew geblieben, das übliche Schicksal eines jüngsten Kindes, nein, sie war schon dreißig und verheiratet, und ihr Mann Wladimir Grudin, viel älter als sie, Professor am Konservatorium, ein Komponist, der Schallplatten mit Puschkin-Vertonungen herausbrachte und ein Ballett *Alice im Wunderland* geschrieben hatte, Wladimir hatte genug von der Sowjetmacht, so wurde mir erzählt, er war der Überzeugung, dass es besser würde, wenn die Deutschen kämen. Trotz seiner Liebe zu Gustav Mahler, der längst aus den deutschen Konzertsälen verbannt war, glaubte er, dass es unter den Deutschen besser werden würde, denn schlechter konnte es einfach nicht werden. Und Ljolja, die verträumte Prinzessin, glaubte ihm, so wie viele Menschen damals glaubten, unter der einen oder der anderen Macht, dass der Krieg bessere Zeiten bringen würde für den Alltag, für die Arbeit und die Musik. Ljolja war Pianistin, sagte mir die eine, aber sie hat auch genäht, sagte mir ein anderer, sie arbeitete sogar in einer Bekleidungsfabrik. Wladimir wollte nicht, dass sie arbeitete, oder wollte er nicht, dass sie spielte? Sie lebten in guten Verhältnissen auf der Bolschaja Shitomirskaja, nur drei Häuser von Anna entfernt, sie hatten keine Kinder, dafür einen mächtigen Flügel sowie ein Klavier, viele Katzen und viele Kissen auf den Sofas. Nur ein einziges Mal habe ich ein Foto von Ljolja gesehen, wie sie sich an einem schmalen, funkelnden Fluss übers Wasser beugt, als ob sie sich in eine nicht ganz klare Bewegung begeben hätte, graziös und ungeschickt zugleich, und die Lichtflecken der Sonne, die auf der Wasserfläche spielten, so erinnere ich mich, schienen nicht nur sie zu blenden, sondern auch mich.

Ich hatte während der ganzen Kindheit Angst vor dem Klavier, das als Kriegsbeute nach Kiew gekommen war und in den sechziger Jahren in unserer Familie gestrandet ist. Es stand wie ein unbekanntes Objekt aus fremden Welten in meinem Zimmer, mit der Aufschrift »Kaiserlicher Hoflieferant C. Hoffmann« in goldenen Buchstaben. Mit jeder Klavierstunde versank ich tiefer in den Fluss einer unerklärlichen, immer weiter ansteigenden Angst, und irgendwann hörte ich mit dem Unterricht auf.

Mit siebzehn ließ ich eine Tasse fallen, und meine Tante Lida, die mich durch dieses Ungeschick auf ihrer Lebensoberfläche bemerkte, sagte, du bist wie Ljolja. Ich wusste damals schon, wer Ljolja war, und ihre Bemerkung lähmte mich so, dass ich Lida nicht zu fragen wagte, was sie mit ihrem *Wie Ljolja* gemeint habe.

Als die Anzeigen für Saemtliche Juden damals an die Mauern der Stadt geklebt wurden, verschwand Wladimir Grudin. Er kam tagelang nicht nach Hause, und manche sagten, er habe sich in der Kommandantur um eine Erlaubnis für Ljolja bemüht, um ihre »Umsiedlung« zu verhindern.

Meine Großmutter Rosa, Ljoljas Schwester, glaubte nicht daran, wenn sie mir auch nie gesagt hat, dass sie es für eine Lüge hielt, aber ich spürte, dass sie ihm nie verziehen hat. Wladimir verschwand und tauchte Jahre später in den USA wieder auf. Er lebte noch vierzig Jahre, und meine Großmutter Rosa meinte ihren Schwager sogar im Radio gehört zu haben, in *Voice of America*. Ljolja aber wartete, sie wartete auch noch, als sie mit ihrer Mutter die Bolschaja Shitomirskaja entlang bis zur Schlucht ging. Aber vielleicht ist Wladimir auch an nichts schuld. Doch warum sagte meine Großmutter manchmal *Alles, nur nicht Mahler*, als würde sie um Gnade bitten? Es war unheimlich, wie schnell sie Mahler erkannte, als eine Gefahr, als etwas Alarmierendes, reflektorisch klappte sie jedesmal zu wie eine Muschel, als wäre Mahler an allem schuld, als wäre Mahler ein Zeichen. Es war ein falsches Ergebnis, das am Ende einer ganzen Reihe von unverbesserlichen Fehlern stand. Es war ein Fehler der Deutschen, Mahler zu verbieten und Annas Waffen nicht zu erkennen, es war ein Fehler von Wladimir Grudin, den Deutschen vertraut zu haben, und es war ein Fehler von Ljolja, Wladimir zu glauben, dass alles gut werde, und zu bleiben und auf ihn zu warten.

Vor ein paar Jahren rief an einem Tag im April Lidas Tochter Marina meine Mutter an, um ihr zum Geburtstag ihres Sohnes zu gratulieren, also meines Bruders, denn bei uns ist es Tradition, den Eltern zu den Geburtstagen ihrer Kinder zu gratulieren, auch wenn diese längst erwachsen sind und weit entfernt wohnen. Sie gratulierte ihr und fügte hinzu, ich gratuliere dir zu drei Geburtstagen. Über zwei wusste meine Mutter Bescheid, ihr Sohn und ihr Enkelsohn sind am gleichen Tag geboren, lustig genug, aber der dritte? Ljolja, sagte Marina, Ljolja wurde auch heute geboren. Niemand von uns hat sich jemals dafür interessiert, wann diese Frau, die so jung umgekommen ist, Geburtstag hatte. Meine Großmutter Rosa, Ljoljas Schwester, hat es niemals erwähnt, nicht einmal als ihre eigene Tochter, meine Mutter, genau an diesem Tag ihr erstes Kind zur Welt brachte. Auch meine Tante Lida hatte es meiner Mutter nie gesagt, obwohl sie ihr ganzes Leben lang über diesen Geburtstag Bescheid gewusst hat und auch über den unheimlichen Zufall der drei Geburtstage, als bildeten sie ein mnemonisches Prinzip. Irgendwann muss Lida ihrer Tochter Marina davon erzählt haben, doch warum sprach Marina siebzig Jahre nach Ljoljas Tod zum ersten Mal davon, als ob nach siebzig Jahren auch die metaphysischen Archive geöffnet worden wären, und was bedeutet es, dass Marina, die vom Judentum nichts mehr weiß, meiner Mutter ausgerechnet an jenem Tag zu den drei Geburtstagen gratulierte, als Shlomo, der Sohn meines Bruders, der dritte in der Geburtstagskette, vor seiner Bar-Mitzwa stand und damit, so sagt es die Tradition, als Erwachsener Verantwortung für sich selbst und seine Sippe übernehmen sollte? Als ob der Geburtstag einer Frau, die als Jüdin umgebracht worden war, obwohl sie nichts Jüdisches mehr an sich hatte, und die ohne Kinder starb, im Geburtstag eines Jungen, dessen Familie zum Judentum zurückgekehrt ist, einen Nachhall gefunden hätte.

Arnold im Hemd

Arnold war der Glücklichste von allen, man sagte, er sei im Hemd geboren. Alles, was man über ihn erzählte, glich einer Fabel. Als Kind fiel er aus dem Fenster, doch er überlebte. Wegen einer schweren Krankheit wurden ihm zwei Rippen wegoperiert, doch er blieb am Leben und wurde sogar gesund. Ständig passierten ihm Unfälle und Missgeschicke, aber er kam immer unbeschadet davon. Mir wurden endlose Szenarien von Arnolds Überleben erzählt, alle nach demselben Muster, die Geschichten seiner Rettung, die immer damit begannen, dass Arnold schon unter dem Galgen stand. Ich stellte mir Arnold und den Galgen vor, doch der Galgen passte nicht zu diesem rothaarigen, sommersprossigen, schalkhaften Arnold. Dann hörte man Trommeln, oder nein, der Henker krempelte seine Ärmel hoch, und dann hörte man die Trommeln wirklich, er sollte niederknien, oder, nein, nein, er wurde zur Erschießung geführt, es war im Krieg in einem ukrainischen Dorf, wo niemand wusste, dass er Jude war, er hatte als Metzger gearbeitet und schlechtes Fleisch verkauft, oder er war Schuster, und auch nach der Reparatur quälte der Nagel im Schuh, oder er war ein Revolutionär, Partisan, Rebell, oder Arnold wurde verraten und zur Erschießung geführt, mehr als einmal, als wäre es möglich, mehrmals erschossen zu werden, Menschen mit Gewehren führen Arnold ab, sie in schwarzen Umrissen und er wie ein verirrter Clown, wie sie sich in Richtung Wald begeben, das sieht so grotesk aus, beinahe lustig, dass es gar nicht schlecht ausgehen kann, und, ja, in diesem Moment stürmt unsere Armee in die Stadt und befreit sie, von den Deutschen, von den Weißen, von den Fremden, befreit Arnold und befreit Abrascha und befreit Abram, ein und derselbe Mensch, mein Großonkel, der Bruder von Rosa und Ljolja, denn so hieß er eigentlich, Abram, Abrascha. Als ich klein war, konnte ich nicht einordnen, welcher Krieg da draußen getobt hatte, welche Armee es gewesen war, die Rote oder die Weiße, die in die Stadt hineinstürmte, man sagte immer unsere, ja, aber ich verstand nicht, ob es schon unsere heldenmütige sowjetische Armee war oder unsere von früher, die Rote, Weiße, zaristische, und auf welcher Seite Arnold stand und wer ihn da hinzurichten versuchte. Arnold schien mir durch alle Kriege hindurch gerettet zu werden, erst später habe ich seine Rettungen in der richtigen Zeit und im richtigen Krieg plaziert, und noch später habe ich verstanden, dass Arnold Jude war oder als Jude galt und dass alles, was damals mit ihm und mit ihnen passierte, damit zu tun hatte. Dass er irgendwann Abram geheißen hatte, habe ich erst vor kurzem erfahren. Mein ganzes Leben wäre anders verlaufen, komischer, aber auch jüdischer, so glaube ich heute, wenn ich von Anfang an gewusst hätte, dass wir einen Abrascha in der Familie hatten, ein Name, den ich nicht aus dem Leben, sondern nur aus Witzen kannte, die so endlose Folgen erzeugten wie Arnolds Überlebensfabeln, und vielleicht gab es diese Fabeln überhaupt nur wegen der Witze.

Als der Krieg näher rückte, wollte Abram aus Kiew fliehen, aber er war zu lange damit beschäftigt, die Evakuierung des Taubstummenvereins zu organisieren, und danach blieb ihm weder Zeit noch ein Fahrzeug, um seine eigene Familie und sich selbst in Sicherheit zu bringen.

Als der Befehl an Saemtliche Juden bekanntgegeben wurde, tauchte er in der Nähe von Kiew unter und überlebte den Krieg mit Hilfe ukrainischer Bauern in Verstecken auf dem Land. Manchmal gab er sich als Handwerker aus und suchte Arbeit in Dörfern, in denen niemand wusste, dass er Jude war. Seine russische Frau Sinaida und der dreijährige Sohn Tolja waren zu Hause im besetzten Kiew geblieben. Vielleicht wusste er nicht, dass die Rettungen nur ihm galten, deshalb kam er ab und zu nachts nach Hause und brachte Lebensmittel aus den Dörfern mit. Die Nachbarn zeigten Sinaida bei der Polizei an und behaupteten, sie stehe mit Partisanen im Kontakt, oder sie sagten, sie verberge ihren jüdischen Ehemann. Wahrscheinlich waren es Nachbarsjungen, die eifersüchtig darauf waren, dass Sina den jüdischen Abrascha geheiratet hatte, und als Abrascha weg war, hatten sie wieder versucht, ihr den Hof zu machen. Sinaida wurde verhaftet und noch in der Nacht erschossen, so sagten einige, andere sagten, sie sei von der Gestapo gefoltert worden. Als die Polizei zu Sinaida kam, spielte der kleine Tolja auf der hinteren Seite des Hauses im Garten, er hatte das Glück, auf der falschen Seite des Hauses zu spielen, vielleicht hatte er das Überleben von seinem Vater geerbt. Die Nachbarin Marusja nahm ihn zu sich und zog den Jungen während des Krieges auf, bis Abram zurückkam.

Nach dem Krieg arbeitete Arnold sein ganzes Leben lang mit Taubstummen, als Sportlehrer, als Hausmeister oder als Verwalter des Vereins, und alle liebten ihn. Er hatte eine Warmherzigkeit, wie es sie sonst nur im Märchen gibt, und er war geschäftstüchtig, jedenfalls wenn es um die Geschäfte anderer ging. Wie geschickt er im Handeln und Geschäftemachen war, wenn es um seine eigenen Interessen ging, zeigt der Namenswechsel, den er aus Sorge wegen des stärker werdenden staatlichen Antisemitismus der Nachkriegsjahre unternommen hatte, indem er seinen Namen Abram gegen Arnold tauschte, obwohl dieser Name kaum weniger jüdisch klang, vielleicht etwas nobler und dezenter, ja sogar ein wenig wienerisch, aber es gab keine anderen, die Arnold hießen, außer Juden. Wie in dem Witz von Abrascha, der für zehn Rubel ein Ei kauft, es kocht und für zehn Rubel wieder verkauft, und, als er nach dem Gewinn gefragt wird, antwortet: Und die Brühe?

Am Ende seines Lebens heiratete er zum dritten Mal und bewies noch einmal sein Glück, denn selbst die strenge Ida, die immer wollte, dass man spart und alles ist in Ordnung, konnte ihm sein Glück nicht verderben. Sie hieß mit vollem Namen wie seine erste Frau, Sinaida, kochte unvergleichlich gut und schenkte mir jedes Jahr zu meinem Geburtstag eine Schachtel Eclairs in Form von Schwänen, damit auch bei uns an diesem Tag alles in Ordnung war. Meine Cousine Marina sagte immer, sie ist ja noch okay, aber ihre Verwandten! Die waren wie aus dem Bilderbuch, gierig, laut und aggressiv nach allen Seiten.
Als Arnold starb, kam das ganze taubstumme Kiew zu seiner Beerdigung. Hunderte, Tausende taubstummer Menschen, die friedlich und ruhig aussahen, es war so still, wie es zwischen Menschen ist, die sich nur durch Blicke miteinander verständigen können. Ihre Taubstummheit schien nur ein Vorwand zu sein für eine verborgene Begräbnis-Pantomime, als wären sie kurz davor, in einen Tanz auszu-

brechen. Arnold war ihr Held, ihr König und ihr Clown, und wenn er dabei war, konnte es nicht schlecht ausgehen.

Vielleicht Esther

Lasse der Herrgott dich so viel wissen, wie ich nicht weiß, sagte Babuschka immer wieder. Sie wiederholte den Satz leicht beleidigt, aber auch stolz. Ihr Enkel Marik, mein Vater Miron, war ungewöhnlich belesen. Bis zu seinem neunten Lebensjahr hatte er bereits Hunderte von Büchern verschlungen und stellte den Erwachsenen, wie er dachte, ganz einfache, elementare Fragen. Babuschka wusste meistens keine Antwort. Auch den Ausspruch von Sokrates, ich weiß, dass ich nichts weiß, kannte sie nicht. Vielleicht wollte sie mit ihrem Satz sich selbst trösten oder ihren klugen Enkel zurechtweisen, denn Babuschka beharrte auf ihrer Devise, die nach einem antiken Aphorismus klang, lasse der Herrgott dich so viel wissen, wie ich nicht weiß.
Außer diesem Spruch sind von meiner Urgroßmutter, der Babuschka meines Vaters, nur noch zwei Dinge geblieben: eine Fotografie und eine Geschichte.

Als die Familie im August 1941 vor der deutschen Armee aus Kiew floh und mein Großvater Semjon an die Front musste, blieb Babuschka allein zu Hause in der Engelsstraße, einer Straße, die steil auf den Prachtboulevard Krestschatik hinabführte.
Babuschka wurde nicht mitgenommen. Sie konnte sich

kaum noch bewegen, und während des ganzen Kriegssommers hatte sie es nicht geschafft, die Treppe hinunter und auf die Straße zu gehen. Sie mitzunehmen war ausgeschlossen, sie hätte den Weg nicht durchgehalten.

Die Evakuierung erinnerte an einen Datscha-Ausflug, und Babuschka wurde mit dem Gedanken zurückgelassen, dass sich alle wiedersehen würden, wenn der Sommer vorüber wäre. Der Juli forderte den Wechsel, und all diese Menschen auf der Straße trugen Koffer und Bündel, wie immer im Sommer, nur die Eile und dass es zu viele waren, verrieten, dass das Geschehen trotz der passenden Jahreszeit und der üblichen Habseligkeiten nichts, aber auch gar nichts mit einem Datscha-Ausflug zu tun hatte.

Ich glaube, sie hieß Esther, sagte mein Vater. Ja, vielleicht Esther. Ich hatte zwei Großmütter, und eine von ihnen hieß Esther, genau.

Wie, vielleicht?, fragte ich empört, du weißt nicht, wie deine Großmutter hieß?

Ich habe sie nie bei ihrem Namen genannt, erwiderte mein Vater, ich sagte Babuschka, und meine Eltern sagten Mutter.

Vielleicht Esther ist in Kiew geblieben. Sie bewegte sich in der plötzlich leer gewordenen Wohnung mit Mühe, das Essen brachten die Nachbarn. Wir dachten, fügte mein Vater hinzu, wir kämen bald zurück, aber wir sind erst nach sieben Jahren zurückgekommen.

Anfangs änderte sich in der Stadt nichts Grundlegendes. Es waren einfach die Deutschen gekommen. Als auch

Babuschka der Aufruf Alle Juden der Stadt Kiew müssen sich pünktlich u. s. w., erreicht hatte, begann sie sofort, sich bereit zu machen. Die Nachbarn versuchten, es ihr auszureden. Gehen Sie nicht! Sie können doch gar nicht laufen!

Die Kontrolle war lückenlos. Die Hausmeister kämmten die Adressen durch, die Listen der Einwohner. Damit auf Russisch Alle und auf Deutsch Saemtliche gehen, wurden Schulen, Krankenhäuser, Waisenhäuser und Altersheime durchsucht. Das Erscheinen wurde von deutschen und ukrainischen Patrouillen kontrolliert. Aber im Haus Nummer 11 in der Engelsstraße war der Hausmeister bereit, diese Alte nicht zu melden, sie außer acht zu lassen, nicht etwa, um sie vor dem Tod zu retten, nein, an den Tod dachte man gar nicht, oder besser gesagt, man dachte nicht bis zum Tod, man dachte das Geschehen nicht wirklich zu Ende, man hinkte den Ereignissen hinterher. Überlegen Sie einfach selbst, wozu soll eine Greisin sich auf einen Weg begeben, selbst wenn es ins Gelobte Land ginge, wenn sie nicht laufen kann? Gehen Sie nicht, sagten die Nachbarn. Vielleicht Esther blieb stur.

Das Stadtzentrum brannte seit Tagen. Die Explosionen, welche die Stadt in Schrecken versetzten, hörten nicht auf. Häuser gingen in die Luft, mit einer fatalen Regelmäßigkeit. Zuerst das überfüllte Gebäude der Okkupationsverwaltung, dann ein Kino während der Vorführung, ein Soldatenklub und ein Munitionslager. Es nahm kein Ende. Die Häuser wurden von der sich zurückziehenden Roten Armee vermint und per Funk gesprengt. Nur ein paar Tage, und der Krestschatik lag in Trümmern. Im ganzen Zentrum loderte Feuer. Die Deutschen, die sich erst fast friedlich in der Stadt niedergelassen hatten, wurden zuerst ratlos, dann gerieten sie in Panik und verfielen in Raserei angesichts dieser damals noch unbekannten Art des Partisanenkriegs. Es schien, dass der Aufruf an Alle und Saemtliche eine logische Folge war, eine Vergeltungsaktion gegen die angeblich Schuldigen, als ob sie nicht von vornherein schuldig gewesen wären und längst verurteilt, als ob dieser Aufruf spontan erlassen worden wäre, als ob nicht alles in einer längst festgelegten Reihenfolge in die Tat umgesetzt werden sollte. Aber davon und auch von dem, was in der Stadt los war, nicht einmal einen halben Kilometer von ihrem Haus entfernt, wusste Vielleicht Esther anscheinend nichts.

Selbst die Bäckerei gegenüber, an der Ecke Engelsstraße und Meringowskaja war, wie die Nachbarn ihr berichteten, immer geöffnet. Nur drei Stufen tiefer. Die Explosionen nicht gehört? Den Brandgeruch nicht gespürt? Das Feuer nicht gesehen?

Wenn Alle, dann Alle, sagte sie sich, als ob es eine Ehrensache wäre. Und sie ging hinunter. Alles andere stand still. Wie genau sie hinunterging, verschweigt uns die Geschichte. Obwohl, nein. Die Nachbarn müssen ihr geholfen haben, wie sonst?
Auf der Kreuzung unten machten die Straßen ihre Biegungen, rundeten sich in der Ferne, und man spürte, dass die Erde sich doch dreht. Auf der Straße war sie dann allein.

Außer einer Patrouille war in diesem Moment niemand zu erblicken. Vielleicht waren Alle schon weg. Zwei flachs-blonde, stramme, beinahe elegante Männer flanierten gemächlich und pflichtbewusst auf der Kreuzung. Es war hell und öde, wie in einem Traum. Als Vielleicht Esther zu ihnen ging, sah sie, dass es eine deutsche Patrouille war.

Wie viele ukrainische Polizisten am ersten Tag der Operation in den Straßen Kiews unterwegs waren, um das Erscheinen Aller zu kontrollieren, hat niemand gezählt. Es gab viele Ukrainer, aber vermutlich oder sogar bestimmt näherte sich Babuschka lieber den Deutschen als den Ukrainern, denen sie misstraute. Hatte sie eine Wahl?

Sie ging zu ihnen, aber wie lange dauerte dieses *ging*? Hier folge jeder seinem eigenen Atem.

Ihr *ging* entwickelte sich wie ein episches Geschehen, nicht nur weil Vielleicht Esther sich wie die Schildkröte aus den Aporien von Zenon bewegte, Schritt für Schritt – langsam, aber sicher – sie war so langsam, dass niemand sie einholen konnte, und je langsamer sie ging, desto unmöglicher war es, sie einzuholen, sie anzuhalten, sie zurückzubringen, und erst recht, sie zu überholen. Nicht einmal der schnellfüßige Achilles hätte das gekonnt.

Sie ging ein paar Meter die Engelsstraße hinunter, eine Straße, die früher Luteranskaja hieß und heute wieder so heißt, ja, nach Martin Luther, eine Straße, an der die schönsten Bäume wuchsen, wo sich seit dem neunzehnten Jahrhundert deutsche Geschäftsleute niedergelassen hatten und wo, eine ganz oben und die andere an der Ecke Bankowaja, zwei deutsche Kirchen gebaut worden waren, eine von ihnen stand direkt vor meiner ersten Schule. Vierzig Jahre nach Babuschkas Gang lief ich jeden Tag an diesen deutschen Kirchen vorbei.

Erst hieß sie Luteranskaja, dann Engelsstraße – Straße von Engels oder Straße der Engel. Alle, die nicht wussten, in welchem Reich diese Straße lag, konnten denken, sie sei tatsächlich den Engeln gewidmet. Das passte zu dieser Straße, die so unmöglich steil war, so abschüssig, dass sie jeden Hinabsteigenden beflügelte. Ich war ein sowjetisches Kind, kannte Friedrich Engels und erdete meinen Schritt.

Vielleicht spiegelte sich in Vielleicht Esthers verzögertem Gang ein sprachlicher Irrtum wider. Für die älteren Kiewer Juden war Jiddisch noch immer ihre Muttersprache, egal ob sie religiös waren und die Traditionen achteten oder ob sie ihren Kindern hinterherstürzten, geradewegs vorwärts in die helle sowjetische Zukunft. Viele jüdische Alte waren stolz auf ihr Deutsch, und als die Deutschen kamen, dachten sie möglicherweise, trotz all dem, was da schon erzählt wurde, was durch die Luft flog und nicht mehr als Lüge bezeichnet werden konnte, dass sie, gerade sie, die nächsten Verwandten der Okkupationstruppen seien, ausgestattet mit dem besonderen Recht derer, für die das Wort alles ist. Den Gerüchten und Berichten, die aus Polen und aus der zum großen Teil schon besetzten Ukraine nach Kiew drangen, wurde einfach nicht geglaubt. Wie hätte man solchen Gerüchten auch glauben können?

Den Alten war das Jahr 1918 noch in Erinnerung, als nach den militärischen Wirren und dem ständigen Drehen des Machtkarussells die Deutschen in die Stadt einmarschiert waren und dafür gesorgt hatten, dass eine gewisse Ordnung herrschte. Und nun schien mit den Deutschen plötzlich wieder so eine Ordnung einzuziehen. Diese exakten Anweisungen auf Russisch: Alle Juden der Stadt Kiew und Umgebung haben sich am Montag, dem 29. September 1941 bis 8 Uhr Ecke Melnik- und Dokteriwski-Strasse (an den Friedhöfen) einzufinden. Mitzunehmen sind Dokumente, Geld und Wertsachen sowie warme Bekleidung, Wäsche usw. Deutlich, klar und verständlich, Alle, 8 Uhr und die genaue Adresse. Und weder die Friedhöfe noch das abwertende Wort *żyd* auf den russischen Plakaten haben sie beunruhigt. Vielleicht war es die leichte Schattierung der polnischen und der westukrainischen Sprache, in der man für Juden kein anderes Wort hat als *żyd*, das im Russischen so kränkend klingt. Es stand da noch etwas über Erschießung. Bei Zuwiderhandlung – Erschießung. Bei Entwendung von Gegenständen durch Juden – Erschießung. Also nur, wenn man sich nicht an die Regeln hielt.

In der Zeit, in der Babuschka ging, hätten Schlachten ausbrechen können, und Homer hätte begonnen, die Schiffe aufzuzählen.

Eine der ersten Geschichten, die meine Mutter mir vorgelesen hat und die sie mir danach, wer weiß warum, noch mehrmals nacherzählte, als ob in diesen Wiederholungen eine belehrende Kraft steckte, war die Geschichte von

Achilles und seiner Ferse. Als seine Mutter ihn im Fluss der Unsterblichkeit badete und ihn dabei an der Ferse festhielt, sagte meine Mutter mit schmeichelnder Stimme, als ob die Geschichte schon zu Ende wäre, sie hielt ihn an der Ferse, sagte meiner Mutter, ich weiß nicht mehr, war es die linke oder die rechte – aber vielleicht hat meine Mutter das auch gar nicht erwähnt, und ich bin es, die sich damit beschäftigt, ob es die linke war oder die rechte, obwohl es überhaupt keine Rolle spielt.

Der Fluss war kalt, der Säugling schrie nicht, es war im Schattenreich, und alle glichen den Schatten, sogar der dicke Säugling sah aus, als wäre er ausgeschnitten aus Papier. Sie badete ihn im Fluss, erzählte meine Mutter, damit er unsterblich wurde, aber die Ferse hatte sie vergessen. Ich erinnere mich daran, wie mich an dieser Stelle die Angst jedesmal so packte, dass meine Seele in die Fersen rutschte, wie man auf Russisch sagt, wenn man von Furcht ergriffen wird, vielleicht ist es sicherer für die Seele, wenn sie sich in die Fersen zurückzieht und dort bleibt, bis die Gefahr vorbei ist. In diesem Moment konnte ich mich nicht mehr bewegen und kaum noch atmen, ich wusste, dass die Ferse, die Achilles' Mutter hielt, etwas Unabwendbares verkörperte, etwas Verhängnisvolles. Ich dachte auch an den bösen Zauberer aus dem Märchen, Кощей Бессмертный, Kostschej Bessmertnyj, Kostschej der Unsterbliche, der zwar sterblich war, doch hockte sein Tod in der Nadelspitze, die Nadel im Ei, das Ei in der Ente, die Ente wohnte auf der Eiche und die Eiche wuchs auf einer Insel, von der niemand wusste, wo sie ist. Und hier – eine nackte Ferse!

Ich sah den Schatten meiner Mutter an der Wand, der wie eine Gestalt auf einer Terrakotta-Amphore aussah, ich dachte an die Mutter von Achilles, an den schwarzen Styx und an das dämmrige Schattenreich, dann an unseren breiten Fluss, den ich jeden Tag auf dem Weg zur Schule überquerte, an unser Schattenreich und wieder an meine Mutter, die die Geschichte vom schnellfüßigen Achilles unvorstellbar lang erzählte, episch und abschweifend, sie erzählte von Troja, von der Freundschaft mit Patroklos und vom Zorn. Sie stieß das Wort Zorn mehrmals aus, und zornig erzählte sie weiter, wie Achilles wegen seiner Freundschaft mit Patroklos starb, direkt in die Ferse von einem Pfeil getroffen, den Paris schoss und Apollon leitete. Ich verstand nicht, warum Apollon, Patron und Beschützer der Musen, diesen Pfeil an den Ort geleitet hat, wo in diesem Moment auch meine verängstigte Seele verweilte.

Und so wurde die Geschichte von Achilles zu meiner eigenen Blöße, zu meinem Schwachpunkt, denn meine Mutter hat mich in dieser Geschichte gebadet, im Fluss der Unsterblichkeit, als ob ich so den Schutz der Unsterblichen hätte erhalten können, aber meine Ferse hat sie vergessen, meine Ferse, wo meine Seele, geplagt von Angst und in Vorahnung eines Verhängnisses, sich zusammenrollte, und ich begriff, dass jeder eine Blöße haben muss, die Ferse, die Seele, der Tod – der einzige Beweis der Unsterblichkeit, eigentlich.

Eigentlich waren die Transportmittel entscheidend. Wer konnte, floh aus Kiew. Als Semjon schrie, die Familie solle in zehn Minuten unten sein, dort wo der Lastwagen wartete, stand der Kübel mit dem Fikus schon auf der Ladefläche. Der Nachbar hatte ihn, verwirrt von dem Durch-

einander, dort hingestellt, bereit zur Evakuierung. Auf der Ladefläche waren schon zwei Familien, Säcke, Koffer, Bündel und eben der Fikus im Kübel, das Symbol von Heim und Herd. Für eine weitere Familie war kein Platz. Mit einem Ruck nahm Semjon den Fikus herunter und schob die Koffer auseinander, um Platz für seine Frau und seine beiden Söhne zu schaffen. So blieb der Fikus am Straßenrand der abschüssigen Luteranskaja stehen.
Ich sehe die Blätter dieses Fikus, die nun, im Jahre 1941, im Takt der Weltereignisse nicken. Diesem Fikus verdanke ich mein Leben.

Ich lese, was mein Vater über seine Evakuierung geschrieben hat. Alles stimmt, nur fehlt der Fikus, von dem er mir früher erzählt hatte. Alles ist heil und am richtigen Platz: ein verstörter kurzsichtiger Junge – mein zukünftiger Papa –, sein entschlossener Vater in neuer Uniform, der Lastwagen, die Nachbarn, die Koffer, die Bündel, das Durcheinander, die Hast. Alles ist da. Nur der Fikus im Kübel fehlt. Als ich den Verlust feststelle, verliere ich den Boden unter den Füßen. Hebel und Fixpunkt meiner Geschichte sind weg.

Dabei sehe ich den Fikus deutlich vor mir, allein und verlassen vor dem Elternhaus meines Vaters. Seine Blätter zittern im Takt der einmarschierenden Wehrmacht. Wenn ich dieses Getrampel höre, zu dem man Schostakowitsch pfeifen könnte, begreife ich, dass mein Vater nur deshalb überlebt hat, weil der Fikus vom Lastwagen geräumt wurde. Natürlich musste man den Fikus wegräumen. Es wäre absurd gewesen, wenn statt des Jungen der Fikus evakuiert worden wäre. Aber in der Logik der damaligen Ereignisse hätte auch dies normal sein können. Allein die Vermutung, dass dieser kleine Junge durch eine zufällige, sei es sogar eine fiktive Verkettung von Umständen – stellen Sie sich das einmal vor – in Kiew hätte bleiben müssen, nimmt mir die Möglichkeit meiner Geschichte, zieht meine Existenz in Zweifel. Man verliert eine einzige Karte, und schon kann man nicht mehr weiterspielen.

Die Stammesbrüder dieses Jungen, die, die in der Stadt geblieben waren, obwohl, Stammesbrüder ist ein neutraler Begriff, lassen Sie uns Juden sagen, es ist einfacher, einfacher in dem Sinne, dass man es besser versteht, als ob man es besser verstehen könnte, aber es ist leider oder fatalerweise wirklich verständlicher, post factum natürlich, erst post factum, wenn man weiß, was danach passiert ist, aber wirklich gerechtfertigt wird das, was passiert ist, dadurch trotzdem nicht, also, die, die geblieben waren, wurden in Babij Jar zusammengetrieben, oder wie meine Mutter zu schreiben pflegt, in BJ, als ob alle wüssten, was BJ bedeutet, oder als ob sie diesen Ort wirklich, und ich meine wirklich, nicht beim vollen Namen nennen könnte. Und dort wurden sie erschossen. Aber das wissen Sie bestimmt. Kiew ist von hier genauso weit entfernt wie Paris.

Und jetzt weiß ich, wozu ich meinen Fikus brauche.

– Papa, du hast den Fikus vergessen.
– Welchen Fikus? Ich erinnere mich an keinen Fikus. Koffer, Bündel, Säcke, Kisten. Aber ein Fikus?

– Papa, aber du hast mir doch von dem Fikus erzählt, der vom Lastwagen wieder heruntergenommen wurde.

– Was für ein Fikus? Ich erinnere mich nicht daran. Vielleicht habe ich das vergessen.

Ich war auf den Fikus fixiert, ich war fikussiert. Ich verstand nicht, wie man so etwas vergessen kann. Ich verstand nicht, was jemandem passiert sein musste, um so etwas zu vergessen.

Der Fikus scheint mir die Hauptfigur, ja, wenn nicht der Weltgeschichte, dann meiner Familiengeschichte zu sein. In meiner Fassung hat der Fikus das Leben meines Vaters gerettet. Doch wenn selbst mein Vater sich nicht mehr an den Fikus erinnern kann, dann hat es ihn vielleicht tatsächlich nicht gegeben. Als er mir von der Evakuierung erzählte, habe ich in meinem Bild möglicherweise die fehlenden Details in die Lücken des Straßenraums eingefügt.

Gab es den Fikus, oder ist er eine Fiktion? Wurde die Fiktion aus dem Fikus geboren – oder umgekehrt? Vielleicht werde ich nie feststellen, ob der Fikus, der meinen Vater gerettet hat, überhaupt irgendwann existierte.

Ich rufe meinen Vater an, und er tröstet mich.

– Sogar wenn er nicht existiert hat, sagen solche Fehlleistungen manchmal mehr aus als eine penibel geführte Bestandsaufnahme. Manchmal ist es gerade die Prise Dichtung, welche die Erinnerung wahrheitsgetreu macht.

So wurde mein fiktiver Fikus als literarischer Gegenstand rehabilitiert.

Noch keine Woche war vergangen, als mein Vater zu mir sagte: Ich glaube, ich erinnere mich an einen Fikus. Vielleicht. Oder habe ich den Fikus jetzt von dir?

Wenn mein Großvater diesen fragwürdigen Fikus nicht von der Ladefläche heruntergenommen hätte, hätte der neunjährige Junge, der später mein Vater wurde, keinen Platz in der Arche des Lastwagens bekommen, wäre er nicht auf der Liste der Überlebenden gelandet, würde ich nicht existieren. Da es keinen Fikus gegeben hat, es uns aber gibt, bedeutet dies, dass es ihn doch gegeben hat, oder auf jeden Fall muss es ihn gegeben haben, denn wenn es ihn nicht gegeben hätte, gäbe es kein uns, wir hätten uns nicht retten können, ich sage wir und meine meinen Vater, denn wenn mein Vater nicht gerettet worden wäre, wie hätte er sich an den Fikus erinnern können, und wie hätte er zuvor diesen Fikus vergessen können? Es hat sich also herausgestellt, oder es könnte sich herausstellen, dass wir unser Leben einer Fiktion verdanken.

Cherr Offizehr, begann Babuschka mit ihrem unverkennbaren Anhauch, überzeugt davon, sie spreche Deutsch, zeyn Zi so fayn, sagen Sie mir, was zoll ick denn machen? Ikh hob di plakatn gezen mit instruktzies far yidn, aber ich kann nicht so gut laufen, ikh kann nyscht loyfn azoy schnel.

Sie wurde auf der Stelle erschossen, mit nachlässiger Routine, ohne dass das Gespräch unterbrochen wurde, ohne sich ganz umzudrehen, ganz nebenbei. Oder nein, nein. Vielleicht fragte sie, seien Sie so nett, Cherr Offizehr, sagen Sie bitte, wie kommt man nach Babij Jar? Das konnte doch wirklich lästig sein. Wer mag das schon, auf dumme Fragen antworten müssen?

Ich beobachte diese Szene wie Gott aus dem Fenster des gegenüberliegenden Hauses. Vielleicht schreibt man so Romane. Oder auch Märchen. Ich sitze oben, ich sehe alles! Manchmal fasse ich mir ein Herz und komme näher heran und stelle mich hinter den Rücken des Offiziers, um das Gespräch zu belauschen. Warum stehen sie mit dem Rücken zu mir? Ich gehe um sie herum und sehe nur ihre Rücken. Sosehr ich mich bemühe, ihre Gesichter zu sehen, in ihre Gesichter zu blicken, von Babuschka und von dem Offizier, sosehr ich mich auch strecke, um sie anzuschauen und alle Muskeln meines Gedächtnisses, meiner Phantasie und meiner Intuition anspanne – es geht nicht. Ich sehe die Gesichter nicht, verstehe nicht, und die Geschichtsbücher schweigen.

Woher kenne ich diese Geschichte in ihren Einzelheiten? Wo habe ich ihr gelauscht? Wer flüstert uns Geschichten ein, für die es keine Zeugen gibt, und wozu? Ist es wichtig, dass diese alte Frau die Babuschka meines Vaters ist? Und was, wenn sie nie seine Lieblingsoma war?

Für diese Geschichte fanden sich tatsächlich Zeugen. 1948 kehrte die Familie meines Vaters nach Kiew zurück, sieben Jahre nach ihrer Datscha-artigen Evakuierung, nach Aufenthalten in Rostow, Aschchabad und mehreren Jahren in Barnaul im Altai-Gebiet. Das Haus in der Engelsstraße war zerstört wie auch das gesamte Viertel. Vom Haus war nur eine Schachtel, ein Gerippe geblieben. Auf dem Balkon des fünften Stocks stand ein Bett, aber es führte kein Weg mehr zu ihm. Das Innere des Hauses war komplett weg, ebenso die Treppe. Auf einem deutschen Luftbild vom November 1941 kann man dieses Bett sehen, auf dem sich mein neunjähriger Vater noch im ersten Kriegssommer gesonnt hatte.

Als Vielleicht Esther einsam gegen die Zeit ging, gab es in unserer Geschichte eine ganze Menge unsichtbarer Zeugen: Passanten, die Verkäuferinnen in der Bäckerei drei Stufen tiefer und die Nachbarn hinter den Vorhängen dieser dicht bewohnten Straße, eine nirgendwo erwähnte, gesichtslose Masse für die großen Flüchtlingszüge. Sie sind die letzten Erzähler. Wohin sind sie alle umgezogen?

Mein Großvater Semjon suchte lange nach jemandem, der etwas über Babuschka wusste. Es war der Hausmeister des nicht mehr existierenden Hauses, der ihm alles erzählte. Es scheint mir, dass an diesem 29. September 1941 jemand am Fenster gestanden hat. Vielleicht.

KAPITEL 6

Deduschka

Das Schweigen des Großvaters

Er lächelte sanftmütig, verlegen über sein Glück, als ob dieses Dasitzen der Höhepunkt seines Daseins wäre. Er saß im Sessel, lächelte die Enkel an und schwieg. Man konnte denken, es sei nicht nur sein Charakter, sondern sein Leben, das ihm den Seelenfrieden geschenkt hat. Im Juni 1941 ging er in den Krieg, geriet bei Kiew in einen Kessel, verbrachte beinahe vier Jahre in Kriegsgefangenschaft, überlebte, kehrte aber nicht zur Familie zurück. 41 Jahre später wurde ich Zeugin seiner Heimkehr aus dem Krieg.

Die Verrückte in der Straßenbahn hatte recht. Draußen waren schon die achtziger Jahre, doch als die Straßenbahn um eine Kurve fuhr, fragte sie zuerst ihre Sitznachbarn, danach die dicke, schwitzende Kontrolleurin, dann mich, die Elfjährige, wie eigentlich der Krieg ausgegangen und ob er überhaupt zu Ende sei. Sie fragte nach dem Kriegsende, so wie man nach einer Haltestelle fragt, als hinge von der Antwort ihr Aussteigen ab. Ist der Krieg zu Ende?

Ein halbes Jahr später kehrte mein Großvater zurück. Lange hatte ich keinen Großvater gehabt, und plötzlich war er da. Erst besuchte ich ihn in seinem Garten, dann zog er zu uns, nach Hause, sagte er, ich möchte nach Hause.

Mein Großvater, der einzige Ukrainer in der Familie, ausgerechnet er, landete in einem Lager, in Mauthausen, so wurde mir erzählt. Zurück in der Sowjetunion, wurde er in ein Filtrationslager geschickt und dort verhört. Eine

Frau half ihm, unseren Lagern zu entkommen. Unsere Lager klang für mich beinahe zart, ich wusste nicht, dass es dafür ein schneidendes Wort gab, Gulag, damals benutzte es niemand. Mein Großvater blieb bei der Frau, die ihn gerettet hatte, eine logische und klare Sache, so sagte man mir, sie hat ihn doch gerettet, er blieb bei ihr, wohnte in Kiew und kehrte nicht zu seiner Familie zurück, nicht zu seiner Rosa und den zwei Töchtern, damals schon zehn und achtzehn Jahre alt. Ich war zwölf, als er zurückkam, nach vier Jahrzehnten Abwesenheit. Er saß die ganze Zeit im Sessel und lächelte. Ein Jahr später starb er, zu Hause.

In dieser kompakten Version stimmte alles. Im Rhythmus einer Ballade liefen ein paar Zeilen seines Lebens an mir vorbei. Ich stellte keine Fragen, und ich zweifelte nicht. Er war weg, und nun war er da.
Ich wiederholte mir seine Geschichte, damals und später, als sollte ich sie auswendig lernen, doch etwas blieb unklar und beunruhigte mich. War es die steile Karriere im Agrarministerium? Das Lager? Die Rückkehr? Vor dem Krieg war er als Landwirt und Zootechniker schnell aufgestiegen, ein verlässlicher Arbeiter war er, gutaussehend und schön, sagte meine Mutter, und er hatte Erfolg bei den Frauen. Irgendwann in den dreißiger Jahren bekam er einen hohen Posten im Landwirtschaftsministerium, fuhr zu Konferenzen ins Baltikum, kaufte dort Zuchtvieh für die Ukraine, Kleider und seidene Strümpfe für Rosa, seine zweite Frau. Für seine Auslandsreisen wurde er während der großen Säuberungen nicht bestraft. Vielleicht war er erst dort, als das Baltikum kein Ausland mehr war, sondern Teil unserer großen, erzwungenen Familie, nach dem

Pakt, als der Krieg für die Balten schon ausgebrochen war und für uns noch nicht.

Als ich meinen Großvater kennenlernte, war er mager und hochgewachsen, hatte feine Gesichtszüge und blassblaue Augen, er sah eher aus wie ein vornehmer deutscher Greis, so wie ich mir damals deutsche Greise vorstellte, als wie ein sowjetischer Rentner und ehemaliger Landwirt. Sehr selten sagte er *da* oder *choroscho*, und mir kam es vor, als hätte er einen Akzent, so merkwürdig und fremd tönten die Worte aus seinem Mund. Es war ein komisches Gefühl, mit zwölf Jahren einen Großvater zu bekommen, als wäre er nach mir geboren.

Sein Lächeln nährte sein Schweigen. Keine Erzählungen vom Krieg, kein Wort über die Vergangenheit, über Erlebtes, kein *Das waren Zeiten*. Heute kommt es mir seltsam vor, dass wir ihn nicht darüber ausfragten, was ihm geschehen war, wir, die Kinder der siebziger Jahre, die vom Geist dieses Krieges durchtränkt waren, von diesem Krieg, der für uns die wichtigste Einführung in die Weltgeschichte war, einem Krieg, der die Erziehung der Gefühle einforderte, Verlust und Liebe, Freundschaft und Verrat, wir schöpften aus der nie versiegenden Quelle dieses Krieges.

Am 9. Mai, dem Tag des Siegs, standen wir zu fünft, eine Mädchenclique, vor der U-Bahn-Station und gratulierten den Kriegsveteranen. Tausende von ihnen kamen an uns vorbei, auf dem Weg von der Festparade im Zentrum der Stadt zurück nach Hause, in ihre Schlafbezirke. Wir hatten das Geld gespart, das unsere Eltern uns für Kuchen und Eis gegeben hatten, monatelang hatten wir jede Kopeke gespart und kauften Hunderte Postkarten und Blumen. Am 9. Mai kosteten Narzissen nur drei und Tulpen fünf Kopeken das Stück.

Wir beschrifteten die Postkarten nach der Schule, drei Wochen hindurch, stundenlang. *Lieber Veteran! Wir gratulieren Ihnen zu diesem freudigen Fest!* Als wir die alten Männer, oft auch Frauen, mit ihren Medaillen sahen, rannten wir auf sie zu und drückten ihnen eine Postkarte in die Hand und eine Blume, nicht auf den ritualisierten Feiern vor den Denkmälern, nicht in der Schule, als die Veteranen mit ihren Geschichten zu Besuch kamen, nein, an einer U-Bahn-Station neben dem Hotel Tourist. Das Erstaunlichste daran war die Freiwilligkeit. Wir hatten genau das gemacht, was unsere Schulideologen forderten, die Kriegsveteranen ehren, wir hatten aber den Zwang umgangen, wir hatten es trotz der Erlaubnis gemacht, und wir spürten, dass wir etwas Revolutionäres taten. Niemand hatte uns beauftragt, niemand hatte uns die Idee gegeben, niemand hatte uns gelobt. Wir fühlten uns als Abenteurer. Von ganzem Herzen gratulierten wir denen, die uns gerettet hatten, so die offizielle sowjetische Formel, die angesichts des Vernichtungskriegs doch stimmte. Wer darf uns sagen, wir seien der sowjetischen Kriegspropaganda gefolgt? Die Veteranen fragten uns, wer uns geschickt habe, denn auch sie spürten, dass wir Regeln brachen.

Meinen Großvater habe ich trotzdem verpasst. Ihn gab es in dieser Menge feierlicher Helden nicht, er hatte keine

Medaillen und schloss sich den Scharen nicht an, die am Siegestag zusammen sangen und tanzten und sich an ihre wilde Kriegsjugend erinnerten. Und ich fragte nicht nach. Über die Millionen von Kriegsgefangenen sprach man nicht, sie wurden nicht einmal erwähnt, das Wort wurde nur für die Deutschen benutzt, die Kiew nach dem Krieg wiederaufbauen mussten. Unsere Kriegsgefangenen waren vom Großen Vaterländischen Krieg ausgeschlossen und aus der Erinnerung getilgt. Kein Wunder, dass mein Großvater nicht existierte. Er kam aus einer anderen Geschichte, aus einem anderen Krieg.

In Gefangenschaft zu geraten ist verboten, und wenn doch, ist es verboten zu überleben. Dies war eine der unausgesprochenen sowjetischen Kriegsaporien. Wer überlebt, ist ein Verräter, und der Tod ist besser als Verrat. Deswegen ist, wer aus der Kriegsgefangenschaft zurückkehrt, ein Verräter und muss bestraft werden. Mit der Unausweichlichkeit der antiken Logik wurden uns diese Syllogismen eingebleut, man konnte sich nicht wehren, so klassisch schienen diese für die Ewigkeit geschliffenen Sätze, und wer nicht für uns ist, ist gegen uns, wobei der Staat uns nicht darüber aufklärte, dass es seine Schuld war, dass die Soldaten keine Munition hatten, dass sie mit veralteter Technik kämpften und dass es unsere großen Strategen waren, die die Einkesselung ihrer Millionenarmee zuließen.

Zwischen dem Kessel bei Kiew und dem Sessel in unserer Wohnung öffnete sich ein schwarzes Loch.

Mittagspause in Mauthausen

Es ist 9 Minuten vor 12, als ich in Mauthausen anrufe, früher Konzentrationslager, heute Gedenkstätte. Lange nimmt niemand den Hörer ab. In der Ferne klingelt und klingelt es. Ich habe das Gefühl, ich rufe in der Vergangenheit an, und da ist niemand.

Ich rufe nicht jeden Tag in einem KZ an. Ehrlich gesagt ist es mein erstes Mal. Die Arbeitszeiten stehen im Internet. Mittagspause von 12 bis 13 Uhr. Also müsste noch 9 Minuten gearbeitet werden. Bin ich so deutsch geworden? Am anderen Ende lasse ich es klingeln und klingeln. Auf meinem Bildschirm ist noch eine andere Website geöffnet. Ich möchte Weihnachtsgeschenke kaufen.

Ich stelle mir den Raum am anderen Ende vor. Mit jedem Klingelton dehnt er sich weiter aus, ein gewöhnliches Büro wird zu einem endlosen Tunnel. Mein Blick ertastet die Wendeltreppe, Schatten, Gegenlicht. Hitchcock oder Orson Welles, ein leichter Schwindel, ein Trichter. So stelle ich mir das Büro der Gedenkstätte Mauthausen vor.

Als der Trichter mich beinahe verschluckt hat, verstummt das Klingeln, und ich höre eine ferne Damenstimme. In schnellem Österreichisch teilt sie mir etwas mit und legt auf. Ich brauche einen Moment, um zu verstehen, dass es kein Anrufbeantworter war.

Ich bin die Kundin. Die Frau am anderen Ende ist die Leistung. Sie arbeitet, und ich bin die Empfängerin ihrer Arbeit. Ich weiß, dass die Frau am Ende ihres Satzes etwas gesagt hat wie Meldet sich niemand. Sie hat mir keine Chance gelassen, sie zu fragen, wie es sein könne, dass sich niemand meldet, wenn sie doch gerade mit mir spricht.

Ich wähle die Nummer noch einmal. Nach einer langen Pause ist dieselbe Dame wieder da. Sie spuckt den perfekt polierten Satz zum zweiten Mal aus. Nach ihrem Meldet sich niemand sage ich schnell, warum denn nicht? Auf dem Computerbildschirm sehe ich sechs Ansprechpartner für Mauthausen, doch sie sitzen nicht in Mauthausen, sondern in Wien, im Innenministerium. Es ist Mittagspause, sagt sie. Es sind noch 9 Minuten, sage ich. Ich lüge, es ist schon 7 Minuten vor 12. Sie essen nicht pünktlich nach der Uhr, sagt sie. Soll ich dann in einer Stunde wieder anrufen? Versuchen Sie es. Ich komme nicht auf den Gedanken, die Dame zu fragen, warum sie nicht selbst mit mir sprechen kann, wenn sie schon mit mir spricht. Was macht Arbeit eigentlich aus den Menschen?

Der Garten

Mancher auf der Wanderschaft
Kommt ans Tor auf dunklen Pfaden.
Golden blüht der Baum der Gnaden
Aus der Erde kühlem Saft.

Georg Trakl

Meinen Großvater Wassilij Owdijenko, zu dem ich Deduschka Wasja sagte, nannten alle anderen Ded Wasja, Kosenamen, meinten sie, passten nicht zu ihm. Als er im Jahre 1982 nach seiner Kriegswanderung wieder in der Familie aufgetaucht war, hatte er seinen Garten mitgebracht. Es war ein Wunder, ein Glück, eine Normalität. Alle um uns herum hatten einen Garten, eine kleine Datscha, ein Stück Erde von elf Ar und eine Babuschka auf dem Land, wir aber nicht. Alle, die ein bisschen Geld hatten oder in Fabriken und wissenschaftlichen Instituten mit klangvollen Namen arbeiteten, Durchschnittsfunktionäre, Ingenieure, Verkäuferinnen, Ärzte, Bauarbeiter, ja, die besonders, alle hatten eine Datscha. Nur wir nicht. Es war Armut oder die Unfähigkeit, sich etwas anzuschaffen, ich dachte aber, es sei der Fluch der Bücher. Wir hatten Tausende Bücher, die alle Umzüge mitmachten, und dass man in unserer Wohnung überhaupt noch atmen konnte, war Familienfreunden zu verdanken, die ausgeliehene Bücher nicht zurückbrachten. Wir wurden für die Bücher verflucht, dachte ich und träumte von einer Babuschka mit buntem Kopftuch und schwieligen schwarzen Händen, von einem Garten mit Apfelbäumen, von einem Stück Erde, wo meine Blumen, nur meine, wuchsen. Vielleicht spürte ich die Trägheit meines Agrarlands, zu dem man nur dann gehörte, wenn man ein Stück Erde hatte. Mir hätte eine Rose auf einem kleinen Planeten gereicht, ich hätte für sie gesorgt, ich hätte für sie auf Schlaf verzichtet, und ich hätte nur für sie geatmet, wie der kleine Prinz. Wir aber hatten niemanden, der für uns auf dem Land lebte, wir hatten kein Stück Erde und teilten einen einzigen Planeten mit der ganzen Menschheit. Meine Mutter unterrichtete, mein Vater schrieb, und die Balkonblumen gaben mir keinen Trost.

Und plötzlich ein Großvater, ein Landwirt, ein Ukrainer. Er hatte einen Garten, und so hatte auch ich einen Garten. Alle anderen hatten nur Datschas, überall das gleiche Datschenparadies, elf Ar, mit Häuschen, Gemüsebeet und praktischem Zeugs von Kräutern bis Tomaten für das schönere Überleben. Mein Großvater hatte einen Garten voller Rosen.

Zum Garten fuhren wir mit der Straßenbahn, der neuen Schnellbahn, die uns auf einer langen Fahrt direkt zu meinem Großvater brachte. Es gab sie nur in diesem Stadtteil, weit vom Zentrum entfernt, eine futuristische Attraktion: Die Schienen hatten keine Fugen und keinen Zaun, und die Straßenbahn fuhr, ohne an Kreuzungen zu bremsen oder an kleinen Straßen abzubiegen, ungestüm wie ein Vogel am Himmel, ein ungestümer Flug bis zur letzten Station, und ich sah durchs Fenster die Hochhäuser, die Fabriken, das berühmte Institut für Flugzeugbau – die hässlichen Fortschritte unserer hässlichen Zivilisation. Auch hier wohnten Menschen. Bevor die Straßenbahn eine Runde drehte, um genauso selbstvergessen in die andere Richtung zu fliegen, in der Ausweglosigkeit der fest verlegten Schienen, machte sie eine kurze Pause, und wir stiegen aus. Wer wir? An eine Begleitung erinnere ich mich nicht. Es gab nur mich und meinen Großvater, der in seinem Garten auf mich wartete.

So ging ich zu ihm durch die große Datschensiedlung mit all diesen Menschen, die ihren alten Sachen ein zweites Leben schenkten, schäbige Hosen, Sommerröcke, deren Verschlüsse ständig aufgingen, abgenutzte Schuhe, oft trugen die Frauen Unterwäsche aus Leinen, macht nichts, wenn wir gesehen werden, wir sind auf unserem privaten Grundstück. Viele von ihnen standen seit Ewigkeiten am

Zaun und schälten Sonnenblumenkerne und drehten sich wie die Sonnenblumen in Richtung Sonne, und wenn die Sonne unterging, waren sie wie Nachtschattengewächse, wie die bösen Tomaten aus dem Kinderbuch. Es war eine entspannte, vegetative Gesellschaft ohne Scham, ich hatte ein bisschen Angst vor ihnen. Ich kannte ihre Gesetze nicht, ich wollte eine von ihnen sein, um mich auch in die Sonnenrichtung drehen zu können. Ohne zu blinzeln, schauten sie uns an, wir sahen viel zu städtisch aus, Anti-Datscha und fremd. Sie wussten etwas über das Leben, was wir nicht wussten. Wir konnten uns nie anpassen, uns keine Wurzeln wachsen lassen, wir konnten uns nicht einmal langsamer bewegen, wir stürmten voran wie Vögel. Am Ende der Siedlung, am Feldrain beim Wald, lag Großvaters Garten.

Dort blühten Dutzende Sorten von Rosen, gelbe, weiße, rote, rosarote, fast schwarze, kleine orangerote, violette, braune. Nicht einmal in den schönsten Blumenbeeten zu Ehren der sowjetischen Errungenschaften habe ich solche Rosen gesehen. Unsere botanischen Gärten waren voll mit Rosen aus aller Welt, versehen mit Schildchen, die die komischsten Namen trugen: Sie erzählten von fernen Ländern, verlorenen Welten und von unseren ungeträumten Sehnsüchten, und auch diese reiften heran. Im großen Garten des Landes wurde jahrzehntelang versucht, möglichst vieles zu pfropfen, besonders Apfelsorten, gleichzeitig wurde zielstrebig an der Reduzierung der Menschentypen gearbeitet.

Großvater hatte Apfelbäume von der Sorte *Ruhm für die Sieger*, ein wahrer, saftiger Genuss des Sieges über den Faschismus. Er war aber kein Sieger. Dafür wuchs in der Mitte seines Gartens ein Paradiesapfelbaum, der aussah wie ein Edelzwerg unter Giganten.

Ich hatte bereits ein Paradies, meinen Garten Eden im Zentrum der Großstadt: Am Ende der Straße, in der ich geboren wurde und in der meine Großmutter vor dem Krieg gelebt hatte, stand ein Palast, das ehemalige Institut für adlige Töchter, das später in Oktoberpalast umbenannt wurde und in dessen linkem Flügel ich jahrelang tanzte, in dessen rechtem Flügel ich jahrelang sang. Dort, vor dem Palast, wuchsen Teerosen in allen möglichen Farben, es gab Hunderte davon. Was allen gehört, wussten wir, gehört niemandem, und so nahm ich sie in Schutz. Auch den Hügel, auf dem der Palast stand, eignete ich mir von dem großen Niemand an, zu meinem eigenen Nutzen. Jahre meiner Kindheit verbrachte ich sitzend auf diesem schönen Kiewer Hügel, oberhalb der wichtigsten Straße der Stadt, direkt über dem Majdan. Dienstag, Donnerstag, Samstag: Ballett. Mittwoch, Freitag, Sonntag: Chor. Auf dem Hügel zwischen altertümlichen Kastanien und duftendem Gebüsch, auf einer kleinen Lichtung, stand ein Paradiesapfelbaum. Winzige bittere frische Äpfel, die wir mit einem Biss aufaßen, samt Kerngehäuse. Im Frühling war der ganze Abhang voll mit wilden Veilchen. Mitten in der Stadt siegte die Natur, sie siegte, und ich verbrachte die besten Stunden der Langeweile auf diesem Hügel, und später, viel später, hörte ich ein Lied, das genauso anfing, »Sitzend auf einem schönen Hügel«.

Als ich dieses Lied zum ersten Mal hörte, erfuhr ich, dass mein Palast in den dreißiger Jahren die zentrale Folterkammer des NKWD gewesen war, Tausende wurden hier erschossen. Mein schöner Hügel driftete von mir weg, durchnässt mit karminroter Farbe, gedüngt mit bitteren Paradiesäpfelchen, die mir jetzt aus nichts als Blut zu bestehen schienen. Erschossen wurde auf der anderen Seite des Hügels, erklärte mir vor kurzem ein Historiker, als wären dadurch meine Äpfel rein und unbefleckt geblieben und ich vom Sündenfall verschont. Immer wenn ich an Paradiesäpfelchen denke, spüre ich einen Nachgeschmack, als wären auch die Äpfel im Garten meines Großvaters mit fremdem Blut kontaminiert. In den dreißiger Jahren war er bereits in der Landwirtschaft tätig gewesen, als in der Folge der Kollektivierung die große Hungersnot ausbrach, die ganz nebenbei die Bauernschaft ausrotten sollte – und er, so sachkundig und eifrig, dass er es zum stellvertretenden Leiter der Kiewer Region im Bereich Viehzucht brachte, gerade in der Zeit, als das segensreiche Land der schwarzen Erde zu sterben begann, er, der die Tiere und die Erde so sehr liebte – hat auch er sich schuldig gemacht?

Auf dem Rain im Garten meines Großvaters wuchsen riesige weiße Himbeeren, wie ich sie noch nirgendwo gesehen habe. Es gab rote Rosen und weiße Rosen, und es gab keinen Krieg. *Chinesische Teerosen* und *Sterne des Oktobers, Die große Liebe* und viele, deren Namen ich nicht kannte, auch *Gloria Dei*, ich dachte, Dei sei der Familienname einer schönen Dame, auch *Gamburg* – wo ist Gamburg? – und natürlich *Dolce Vita*. In der Mitte dieses Rosariums stand mein Großvater neben seinem kleinen Wärterhäuschen. Und wenn ich mich jetzt daran erinnere und in dieses duftende und summende Gartenreich einzutreten versuche, gelingt es mir nicht, ich sehe nur das gerahmte Bild,

die Rosen, die Büsche, die Himbeeren und den Paradiesapfelbaum. Ich versuche, meinen Kopf in dieses Bild zu
stecken wie Alice im Wunderland mit ihrem *Ich möchte
in den Garten!* Nur noch in diesen Garten, der mit allen
Märchen der Welt verschmolzen ist, mit seinen geheimnis-
vollen Pfaden und Spuren unbekannter Tiere. *Der Name
der Rose, Gloria Dei, a rose is a rose, Dolce Vita.*

In der Mitte des Paradieses am Rain steht mein schweigen-
der, lächelnder, glücklicher Großvater und bestellt seinen
Garten.

Freitagsbriefe

*Vom Ufer her hörte ich eine Stimme »Komm, komm, Russ«,
und ich sah einen deutschen Soldaten, der seine Waffe auf
mich gerichtet hielt. Ich bat ihn: »Bitte töte mich nicht, meine Mutter hat nur mich«; ich sprach Russisch, er verstand
mich nicht, hatte einfach Mitleid, jedenfalls schoss er nicht
und half mir aus dem Wasser ans Ufer, dann wartete er,
bis ich mich ein wenig erholt hatte, und führte mich zu
den anderen Gefangenen. So begann das Leben in den Na-
zi-Lagern.*

Jeden Freitag bekomme ich einen elektronischen Brief von
einem sowjetischen Kriegsgefangenen in deutscher Übersetzung, eine E-Mail aus einem der vielen Verteiler, die
meine Mailbox überschwemmen. Die Briefe wurden in
den letzten Jahren geschrieben, gesammelt, meist ehren-

amtlich übersetzt und dann durch den Verteiler verschickt, durchnumeriert wie die Gefangenen. Mehr als fünf Millionen sowjetische Kriegsgefangene gab es, zwei Drittel sind umgekommen.

Jeden Morgen wachte man auf und hatte auf beiden Seiten Tote liegen. Wer noch lebte, der stand auf und ging zur Arbeit, und die Toten wurden alle in eine Grube geworfen.

Dann fand sich dort ein gutherziger Bauer, der mich mitnahm. Die ersten Tage gab er mir eine leichte Arbeit und ich wurde gut verpflegt, so dass ich schnell zu Kräften kam. Der Bauer hieß Heinrich S.

Während der ganzen sechstägigen Fahrt bekamen sie nur einmal einen Eimer Wasser für den ganzen Waggon ... Als sie ankamen, war die Hälfte der Gefangenen bereits gestorben ... Sie hetzten Hunde ... Ein Wächter warf sich für einen Gefangenen in die Bresche ... am Rand eines ausgehobenen Grabens aufgestellt ... Die Ärzte, die dort waren, sagten »Ach stirb doch einfach«. Ich hasste das totalitäre Regime des pockennarbigen Georgiers, aber gegen meine eigenen Leute zu kämpfen fand ich nicht verlockend ... 50 Gramm Brot mit Holzspänen ... irgendwann erreichten wir Wriezen ... »Toni, Deutschland ist ein musikalisches Land. Erzähl mir bitte, wer ist Leo Blech?«

Die elektronischen Briefe werden zwischen fünf und acht Uhr morgens verschickt, jeden Freitag einer. Seit ich ein iPhone habe, lese ich diese Briefe morgens im Bett. Facebook-Meldungen von Nachtschwärmern treffen auf den

Morgengruß eines Kriegsgefangenen. Wer liest diese Briefe zusammen mit mir, jeden Freitag früh um sieben im Bett, wer teilt mit mir mein Freitagsritual?

Dutzende, Hunderte Ortschaften werden genannt, Königsberg, Nürnberg, Küstrin, Bielefeld, Hannover, München, Bochum, Graz, Straßburg. Jeden Freitag hoffe ich, einen Brief zu bekommen, in dem die Stationen meines Großvaters genannt werden: September 1941 Kessel bei Kiew, anderthalb Jahre Dulag Wladimir-Wolynskij, ab Sommer 1943 Stalag XVIII in St. Johann im Pongau, ab 8. März 1945 Mauthausen, ab 25. März 1945 Gunskirchen. In zwei Briefen wird St. Johann erwähnt, in einem Wladimir-Wolynskij in der Westukraine. Dort starben im ersten Winter fast alle, aber mein Großvater nicht.

Perlen

Weil ich vom graden Weg mich abgewandt
Dante

Auf der Mauthausener Registrierungskarte meines Großvaters Wassilij Owdijenko mit der Nummer 137616 steht »Russ. Zivilist« und nicht »Sowjet. Offizier«, als seine Ehefrau wird Natalia Hutorna genannt und nicht Rosalia Krzewina, und statt Kommunist steht »russ. orthodox«. Nur die Adresse stimmt, Institutskaja 44. Mein Großvater wollte überleben, und er war konsequent. Ich suchte nach dem ehemaligen Stalag für Kriegsgefangene bei Salzburg und nach dem Russenfriedhof, und ich führte einen ungleichen Kampf mit dem Internet und seinen Ferienangeboten. Zwar gab es die Orte, die ich suchte, doch dort befanden sich Wanderwege, Schwimmbäder und Ferienhäuser für die ganze Familie. Es gibt eine Route für Verliebte und Routen für Familien, und wenn es Ferienhäuser gibt, muss man auch eine Familie haben, um ein Ferienhaus zu füllen, besonders in Österreich. St. Johann im Pongau, fünfzig Zugminuten von Salzburg entfernt. Ein Ferienhaus, noch ein Ferienhaus, Badespaß.

Ich reiste allein, und ich hatte die Absicht, das Land, das sich vor mir ausbreitete, zu ignorieren. Ich durfte nicht mehr sehen, als mein Großvater damals sehen konnte.

Vom Stalag wurde er im März 1945 durch die Salzburger Stapo nach Mauthausen überstellt, dann kam er, ein Ukrainer namens Owdijenko, nach Gunskirchen, zusammen mit Bourdier, Kurtág, Zibulski, Brioni, Holländer, Borchuladze: ein Franzose, ein Ungar, ein Pole, ein Italiener, ein Deutscher, ein Georgier – eine exemplarische Internationale, die am 25. März 1945 das überfüllte Lager Mauthausen verließ und nach Gunskirchen marschierte, 55 Kilometer zu Fuß. Eine irritierende Internationale, als hätten die Träume von Verbrüderung und Vereinigung ihren Höhepunkt im KZ erreicht, als habe nur das KZ sie ermöglicht. Damals, als Auschwitz schon befreit war, war man im kleinen Lager Gunskirchen immer noch mit dem Aufbau beschäftigt. Ende April gingen ungarische Juden von Mauthausen nach Gunskirchen den gleichen Weg, den mein Großvater kurz zuvor gegangen war, der Todesmarsch der ungarischen Juden, zwei Wochen vor Kriegsende.

Ich gehe durch das Land wie ein Wanderer, träume wie ein Vagabund, somnambul, mit einem Quersack, fröhlich, schwebend, leer für die Zukunft, aber mit einer leisen Ahnung, dass ich für etwas bestraft werde, vielleicht für diese Leichtigkeit, als wäre mein fröhlicher Gang nur eine Folge davon, dass damals, vor vielen Jahren, hier etwas passiert ist. Ich gehe zu Fuß, gemessenen Schrittes, wie man Gedichte schreibt, einem inneren Rhythmus folgend, denn alle russischen Gedichte über den Weg sind in fünfhebigen Jamben geschrieben, *Vy-cho-shu-o-din-ja-na-do-rogu* / Einsam geh' ich auf dem Weg.

In diesem Traum war ich so naiv, dass ich, wo Berge und Täler im Atemrhythmus wechselten, keine asphaltierten Wege sah, sondern ich wanderte in meinem geträumten Österreich den staubigen, mit Unkraut bewachsenen Straßenrand entlang, und Autos überholten mich, Autos, auch ganz neue, die direkt aus der Fernsehwerbung in meinen Traum gefahren waren, voll besetzt mit Menschen, die von hier nach dort fuhren, die genau wussten, wofür und weshalb, sie fuhren an mir vorbei, und ich wurde von dem aufgewühlten Staub gestreift und in seine Fahnen gewickelt, sie waren viel schneller am Ziel als ich, weil sie das Ziel kannten, oder besser gesagt, weil sie den Punkt ihres Ankommens für das Ziel hielten und das Ziel für die Lösung. Ich überließ mich dem Weg wie dem Strömen eines Flusses, durch breite Täler, die sich räkelten wie schlaftrunkene Frauen, immer wieder neue Winkel der Landschaft öffnend. Ich wurde verschlungen vom Grün, der Sonne, dem blauen Himmel. Die Rapsfelder waren so gelb, dass ich blinzeln musste vor Glück. In diesem Wandertraum habe ich sogar vergessen, dass ich eine Frau bin, ich wanderte wie ein Geselle mit seinem Bündel, vergaß mich komplett und sah nur noch die Wege.

Nach dem Aufwachen studierte ich Landkarten. Österreich sieht aus wie ein leicht erregter ältlicher Phallus. Ich suchte Mauthausen, dann die Außenstellen von Mauthausen, dann das Stalag XVIII C (317). Auf Russisch schreibt man Jahrhunderte in römischen Zahlen: Wenn ich Stalag XVIII sehe, denke ich an das XVIII. Jahrhundert, die Aufklärung, die Eremitage in St. Petersburg, Katharina die Große. Die Karte aus dem Internet verzeichnet alle Lager auf österreichischem Boden, Kriegsgefangenen-, Arbeits- und Konzentrationslager. Österreich ist übersät mit kleinen Punkten, wie der Himmel in einer klaren Nacht. Hunderte von Pünktchen, Myriaden, mit Namen und Funktionen. Wenn man die Karte in den Maßstab der Wirklichkeit übersetzt, könnte man vielleicht verstehen, dass die Menschen nicht wussten, was im Nachbardorf geschieht, denn zwischen den Sternen liegen Tausende von Lichtjahren, aber im Maßstab meiner Recherche waren es zu viele Punkte, viel zu viele für dieses schöne Land.

Ich träumte von grünen Samtteppichen, die wie Alpwiesen aussahen und zu verschiedenen Imperien und Königshäusern gehörten, verziert mit Perlen und Granat-Edelsteinen, sie lagen auf dem frischen sanften grünen Samt. Ich bestickte den Samt mit kleinen Edelsteinen – in Gold, Grün, Dunkelrot, Weiß. Die Bilder waren vorgegeben, rätselhafte Ornamente, nie gesehene Sternbilder, das Sticken war viel Arbeit oder Zauberei. Als ich erwachte, war alles schon fertig, wie in den Märchen von der weisen Wassilissa, die kochte, nähte und webte, wenn die anderen schliefen, denn der Morgen ist klüger als der Abend. Ich staunte über meine Arbeit, meine Zauberei.

Am Morgen, als auch dieser Traum verlöschte und der grüne Samt wieder zur Landkarte von Österreich wurde, verwandelten sich die Perlen wieder in die Außenstellen von Mauthausen.

Im Flugzeug las ich Thomas Bernhard, denn auch bei dieser Reise musste ich einen bestimmten Wissensstand erreichen, um das Land betreten zu dürfen, sonst lassen mich die Zöllner nicht hinein. Ich brauche mich nicht in der Angst zu üben, ich höre das Geschrei auf dem Heldenplatz und sehe die jubelnde Menge, als ob ich am Rande des Platzes stünde. Das Geschrei von damals übertönt den Flugzeugmotor, und die Vergangenheit lastet auf mir wie ein schwüler Traum. Wenn ich jetzt nicht aufwache, ersticke ich.

Beim Großvater

Die Menschen sitzen auf Pritschen. Ich stehe auf der Schwelle. Es sind nicht viele, es müssten viel mehr sein. Es sollte überfüllt sein. Die Baracke ist endlos lang, ich weiß gar nicht, ob sie irgendwo endet, ich sehe nur die ersten Reihen der Pritschen. Hier sollte mein Großvater sein, genau hier. Man denkt immer, dass der, den man sucht, brav in der ersten Reihe sitzt. Man muss nur kommen, und man wird sofort erkannt und begrüßt. Herzlich willkommen in Mauthausen! Kommen Sie herein!

Ich komme nicht herein. Ich bleibe auf der Schwelle stehen. Die Menschen schauen mich an. Sie haben nur Augen. Sie schauen mich an, als wäre ich der Messias. Ich stehe genau dort, wo er hereinkommen soll, auf der Schwelle. Sie warten auf den Messias. Ich möchte, dass sie warten. Ich möchte die Luft verschenken.

Ich ziehe bunte Bänder aus meinen Hosentaschen. Noch mehr, noch mehr. Bunte Farben auf dem verblichenen Schwarzweiß. Wie ein Clown. Ich kann alles. Sie warten. Ich bin hilflos. Ohne Ende ziehe ich bunte Bänder aus den Taschen, ich will Freude verbreiten. Wie soll ich mich hier benehmen? Hier im KZ.

Ich wollte nicht in die Baracken hineingehen, diese Luft riechen, diese Körper sehen. Nun gehen wir hinein, ohne an die Tür zu klopfen, als ob es ein Spaziergang wäre. Nur weil es keine Türen gibt? Ich möchte diese Menschen vor unseren Blicken schützen, ihnen Vorhänge nähen. Schleier.

Mein Großvater war Landwirt, Viehzüchter. Was dachte er über diese Baracken? Ich versuche, ihn zu erkennen in diesen Augenreihen. Ich versuche, Gesichter zu entschlüsseln. Hier kann man nur zählen. Ich kann aber nicht gut zählen. Ich weiß nicht genau, was man addieren oder ergänzen müsste, um zu einem normalen Gesicht zu kommen, um einen Menschen zu erkennen.

Alle haben diese Augen.

Es müsste doch überall Dreck sein. Ich habe davon gelesen. Der Tod müsste stinken. Aber ich rieche nichts. Ich höre nichts. Ich sehe nur. Sie sind Geister. Es stimmt, nicht alle sind gute Menschen. Man muss unterscheiden. Aber wozu, sie sind schon alle hier.

Ich suche meinen Großvater. Ich bin gekommen, um ihn abzuholen. Ich weiß, er wiegt nun 49 Kilo. Doch damit fällt er hier nicht auf. Keiner wiegt mehr. Meinen Sie, dieses Bild sei unzumutbar? Keine Sorge. Es ist angemessen. Ich habe dieses Wort vor kurzem gelernt. *Das gestalterische Konzept unseres Ortes der Information würdigt die Katastrophe in angemessener Weise.*

Unerträglich könnte man sagen. Es ist unerträglich. Doch für das Unerträgliche gibt es kein Wort. Wenn das Wort es erträgt, dann ist es auch erträglich.

Wir bleiben auf der Schwelle. Hier ist alles angemessen, die Baracken, das Gewicht, die Augen. Jemand muss sich das alles ausgedacht haben, jemand mit einem Gefühl für Proportionen. Ein Landwirt? Ein Architekt? Ein Optiker?

Was mache ich hier überhaupt? Was bringt mich hierher? Diesen Menschen wurde alles genommen, sagen alle, und auch ich sage es. Ich stehe auf der Schwelle, über die auch der Henker tritt.

Mein Großvater sitzt in dieser Baracke. Verleiht mir das besondere Rechte? Ist es eine Einladung? Eine Entschuldigung? Eine Mission? Ich werde nicht in die Vergangenheit katapultiert. Es passiert jetzt. Wann, wo und mit wem es passiert, spielt keine Rolle.

Wer bin ich hier? Darf ich hinschauen?

Mein Mann sagt, du bist als Enkelin da, du darfst
Mein Vater sagt, du hast eine schwierige Aufgabe
Mein Bruder sagt, recherchieren, recherchieren, recherchieren
Meine Mutter sagt, du hast Brei im Kopf, aber ein gutes Herz
Meine Freundin sagt, Krieg und Frieden ist auch in zwei Sprachen geschrieben, in der Sprache des Krieges und in der Sprache des Friedens
Mein Engel sagt, es gibt eine Fortsetzung. Dann bläst er in die Posaune
Mein Großvater schweigt und lächelt
Von Gott gibt es keine Nachricht. Keinen Pieps
Und ich bleibe, wo ich bin, auf dieser Schwelle. Ich finde meinen Großvater in dieser Baracke nicht. Ich hatte gehofft, er würde mir winken und flüstern, Hier, hier, ich bin hier!

Milchstraße

Ich wollte über Kirchen und Museen lesen, aber mein erster Fang im Netz war das Buch *Im Schatten der Mozartkugel* über Orte in Salzburg, die mit der NS-Vergangenheit verbunden sind. Die Suchmaschine kennt meine Präferenzen – Katastrophen zuerst. Allein in der Region Salzburg gab es 33 000 gemeldete Nazis, genauso viele wie ermordete Juden im ersten Massaker in meiner Heimatstadt. Nicht nur die Natur, auch die Geschichte liebt die Symmetrie.

Mein Großvater war vielleicht nur einen Tag lang in Salzburg. Warum wurde er als Einzelner nach Mauthausen verlegt? Hat er bei Bauern gearbeitet und zu fliehen versucht? Historiker meinen, er hätte nach Dachau überstellt werden sollen. Warum wundern sie sich nicht darüber, dass er nicht sofort getötet wurde? Überall tötete man oder ließ sterben, warum musste man sich mit einer Einzelperson überhaupt beschäftigen?

Mitten in dieser Frage erlosch mein Telefon, als hätte mir jemand die Nabelschnur zum Universum abgeschnitten. Ich nahm es persönlich. Das Weltall schien meine Unternehmung nicht mehr zu unterstützen, und ich zweifelte, ob noch Züge nach St. Johann fuhren, wenn mein Telefon schon nicht mehr funktionierte.

Im Geschäft des größten österreichischen Mobilfunkanbieters wurde mir von einer Dame erklärt, ich sei nicht ihre Kundin, und als ich erklärte, dass ich unbedingt einen Anruf machen müsse, ob sie mir helfen könne, bitte, es gebe keine Telefonzellen in Salzburg, sagte sie nein, und sie hatte recht, ich war nicht ihre Kundin, ihre Kunden würden sich nicht bei der kleinsten Ungerechtigkeit aufregen wie ich, und nein ist nein, ich fragte weiter nach Hilfe oder einer Lösung, als wäre es wirklich lebenswichtig, anzurufen, als würde ich hier auf der Stelle ein Kind oder einen Herzinfarkt bekommen, ich stellte mir das lebhaft vor, ich sterbe, und sie sagt nein, nur für Kunden, und wer sich so aufregt wie ich, als ginge es um die Fähigkeit zu töten, obwohl man nur die Hilfe nicht bekommt, die man braucht, kann kein Kunde sein, denn wäre ich ihre Kundin, könnte mir geholfen werden, sie war nicht schuld, dass ich gehen musste, ich war schuld, dass ich nicht ihre Kundin war, ich gehörte nicht ins grell beleuchtete Paradies ihrer Filiale zwischen Mozarthaus und Traklhaus, ich hatte keinen Draht zu Genies, nicht einmal ein Netz.

Die Züge fuhren trotzdem. Ich nahm einen nach St. Johann im Pongau und fuhr durch die ruhige Landschaft, die Schaffnerin scherzte mit einem kuwaitischen Geschäftsmann auf Englisch, sei gegrüßt Österreich, der Fluss folgte unserer schnellen Bewegung, als wäre er mein heimlicher Verbündeter, an den Brücken standen Milchkanister mit www.milch.com auf dem Bauch, Milch, die im Internet floss, in weißen Strömen, während ich immer noch kein Netz hatte, keinen Zugang zu den Brüsten des Universums, keinen Schutz, dabei trinke ich doch gar keine Milch, aber ich folgte der Milchstraße, der Milchstraße eines Landwirts und Viehzüchters.

Vielleicht hatte die Natur längst jede Art von Gewalt in ihren Kreislauf eingeschlossen, die schweren Schritte der durchmarschierenden Armeen, die vor Hunger sterbenden reichen Dörfer, die Granattrichter, die Gräber und die Unbegrabenen, und dort, wo wir Ruhe suchen, fand längst die Verwandlung statt, mit jedem Atemzug und jedem Apfelbiss werden wir Teil davon, Teil der Vergiftung und der Sünde, die wir nicht begangen haben, und auch die Unkenntnis der Naturgesetze kann uns von dieser Sünde nicht befreien. Wenn Kain Abel getötet hat und Abel keine Kinder hatte, wer sind dann wir?

Russenfriedhof

Verschieden die Sterblichkeit
Rechts und links von der Bahn
Erich Fried

Diese Zufahrt gibt es erst seit ein paar Jahren, eine Geschichtslehrerin aus St. Johann im Pongau hat sie erkämpft und auch das Schild an der Bundesstraße, Russenfriedhof, eine knappe Stunde hinter Salzburg. In Erwartung von etwas Russisch-Orthodoxem, von etwas Üppigem mit Kreuzen und Gold fährt man hinunter, und dann findet man nur Obelisken mit einem roten Stern auf der Spitze. Links fünf Gräber für Offiziere, in der Mitte ein großes Mahnmal für dreitausend Namenlose, dann noch ein Mahnmal für 31 Tote und zwei Monumente für Serben, die namentlich aufgelistet sind. Eine Einrichtung der Befreier, entstanden kurz nach dem Krieg, niemand weiß genau, wann und nach welchem Plan.

Erst wurden Franzosen ins Stalag XVIII gebracht, dann Serben. Ab 1941 kamen sowjetische Kriegsgefangene, zwei Drittel von ihnen waren auf der Fahrt gestorben. Die Franzosen durften im Lager Süd arbeiten und essen, sie feierten Gottesdienst, hatten ihren eigenen Sportplatz, eine eigene Zeitung, *Le Stalag XVIII C vous parle*, sie spielten Theater und durften Filme schauen, sie bekamen Post und Lebensmittelpakete vom Roten Kreuz. Am Nationalfeiertag ertönte über St. Johann, das damals Markt Pongau hieß, die Marseillaise. Die sowjetischen Gefangenen im Lager Nord dagegen, die Alliierten der Franzosen, aßen Gras. Sie starben an Unterernährung und Krankheit, sie wurden schlechter behandelt als Vieh, Nutztiere waren ein Produkt der Zivilisation, Bolschewiken nicht. Mein Großvater hatte das Glück, kein Jude zu sein, die jüdischen Soldaten und Offiziere waren bereits im Lager Wladimir-Wolynskij erschossen worden, und nun überlebte er auch das Lager Nord des Stalag XVIII.

Der Friedhof liegt zwischen der Bundesstraße und der Salzach in einem engen Tal, geborgen wie in der Kuhle einer Hand. Auch ich fühle mich hier geborgen in dem frischen Grün, im Schatten der Bäume zwischen den Denkmälern. Die russischen Namen, die auf den Obelisken fehlen, stehen in einem Ordner. Schüler des hiesigen Gymnasiums haben zusammen mit ihrer Lehrerin jahrelang recherchiert und den Gestorbenen »ihre Namen zurückgegeben«, ohne Anregung oder Auftrag von offizieller Seite. Sie treten dieses Erbe freiwillig an, es geht ihnen um ihre Heimat.

Das Gästebuch ist in einem Häuschen untergebracht wie auch die Liste mit den Namen der Begrabenen.

Seit so vielen Jahren grüße ich all jene, die hier begraben liegen, jedesmal, wenn ich vorbeifahre. Nun stehe ich zum ersten Mal hier, und die innere Größe und Ruhe dieses Platzes ist unbeschreiblich. Danke an jene, die diese Stätte pflegen! Wenn ich etwas tun könnte, würde ich einen Brunnen bauen, aus dem frisches, klares, lebensspendendes Wasser fließt, zum Zeichen, dass die Karfreitage unseres Lebens nie das letzte Wort haben.

Neben dem Gästebuch liegen die Hefte des Österreichischen Schwarzen Kreuzes, der Kriegsgräberfürsorge, die auf ihrer Website für »Versöhnung über den Gräbern« wirbt.

Auch ich war ein Kriegsgefangener, erst bei Borodino, dann in Moskau, und ich gedenke hier der sowjetischen Soldaten, doch auch meiner vielen in Gefangenschaft verstorbenen Kameraden.
Es ist kein Zufall, dass ich an einem Karfreitag hierher gekommen bin
Der Zufall hat mich und meinen Hund hierher geführt
мой отец был здесь
dank dem Internet sind wir hier
Warum heißt es Russenfriedhof, wenn auch Serben hier liegen?
my father was here
počivajte v miru
I visited here as my grandpa …

in grosser Dankbarkeit und Trauer
à la mémoire du mon grand-père

Das Buch liegt seit drei Jahren hier. Die Kinder und Enkel der Kriegsgefangenen kommen immer noch – oder erst jetzt. Adi, ein im Krieg geborener Adolf, betreut den Friedhof, er hat eine Idylle geschaffen, als wollte er sich durch diese Gräber mit seinem Namen versöhnen.

Again we returned to this hallowed site and we are glad to see the entries of so many visitors. We escaped Hitler's Holocaust in 1939 but lost all our relatives in Poland. We hope for peace

Wir denken hier an die armen sowjetischen Kriegsgefangenen, aber auch an meinen ersten Mann, der in Stalingrad vermisst wird

Der Eintrag stammt vom 24.07.2010. Siebenundsechzig Jahre nach der Schlacht um Stalingrad schreibt diese Frau *vermisst wird*, als habe sie die Meldung eben erst erhalten.

Hans

Mein Großvater wurde in Rowno geboren, was so etwas wie Fläche bedeutet, eine glatte, gerade Ebene. Er hat in Rowno, in Kiew und in der Westukraine auf dem Land gearbeitet. Obwohl er vor dem Krieg einen hohen Posten bekleidet hatte, waren keine Papiere zu finden, und niemand wusste über seine Tätigkeit genauer Bescheid. Nur seine Kriegsgefangenschaft war mir zugänglich, sie ließ sich beweisen und entfaltete sich mir auf den Reisen, den Spaziergängen um das Stalag herum, ich träumte von Wanderungen durch das Land, er war Landwirt gewesen, und wo, wenn nicht auf dem Land, könnte ich ihn finden?

Wir fuhren Richtung Flachau, wir, die Geschichtslehrerin, die sich für den Friedhof eingesetzt hatte, der Historiker Michael, dessen Eltern als Pächter auf dem Gut des Grafen Plaz gelebt hatten und der alles wusste über die Geschichte der Gegend, der Schriftsteller O. P. Zier und ich. Ich war noch nie richtig wandern, in meiner Muttersprache gibt es dafür nicht einmal ein passendes Wort, auf Russisch können wir nur pilgern oder wandeln. Dort, wo unser Wanderweg anfing, saßen mehrere Frauen mit zahlreichen Kindern auf der Erde, nur zwanzig Meter vom Parkplatz entfernt, alle schwarzgekleidet. Wir lächelten unsicher. Saudis, sagte Michael kundig. Was machen sie hier auf der Straße?, fragte ich. Sie kühlen sich ab, sagte Michael, ohne Ironie, sie setzen sich hin, immer am Anfang der Wanderwege, und dort bleiben sie auch. Sie kommen mit den Flugzeugen aus ihren überhitzten Städten, fahren mit den Zügen und dann mit ihren Autos, und nun sind sie an dem Ort angekommen, der für uns der Ausgangspunkt ist. Letztes Jahr, sagte Michael, waren orthodoxe Juden hier, aus Israel, auch sie mit Dutzenden von Kindern, alle schwarzgekleidet wie die Saudis, im Hochsommer, völlig am Wetter vorbei. Als es anfing zu regnen, rannten sie alle auf die Straße, die Einheimischen blieben zu Hause, aber die Fremden gingen nach draußen und jubelten über den Regen, die Saudis und die Juden.

Wir gingen einen kleinen Bach entlang, der lauter war, als er aussah, zu Hans, einem Bauern, der in den Bergen wohnte, ganz allein, ohne seine Frau, so erzählte Michael. Für ihn sei die Luft da unten zu dick, für sie die Luft dort oben zu dünn, habe Hans erklärt.

Als wir uns dem Haus näherten, kam uns ein Riese entgegen, der mit seiner Statur die Berge in den Schatten stellte. Das war Hans, mit den funkelnden Augen eines Abenteurers, haarig wie ein Räuber, männlich, allzu männlich, so einer sollte sich aufmachen und in die Welt hinausgehen, um zu töten und zu retten, doch er war an seinen Hof gefesselt. Hans trug schwere Stiefel mit roten Schnürsenkeln, eine Sowjetmütze mit Hammer und Sichel im Roten Stern. Achtung, Enkelin eines russischen Kriegsgefangenen in der Gegend!, hatten ihm die Berge zugerufen, er war tatsächlich vorbereitet auf mein Kommen und fing gleich an zu erzählen, als hätten wir eine Führung bei ihm bestellt. Dieses Kreuz hier wurde von einem russischen Kriegsgefangenen geschnitzt, schon im Ersten Weltkrieg, erzählte Hans und zeigte uns ein fragiles russisch-orthodoxes Kreuz aus Holz neben der Tür. Der Russe lebte hier und verliebte sich in ein Mädel aus dem Tal, sie machten einen Sohn, sagte Hans und schaute uns kurz an, als wäre er selbst über die Einfachheit des Geschehens amüsiert, auch über die unverbrüchlichen Gesetze der Natur, und dann ging der Gefangene fort, sagte Hans, in seine Heimat, sein Sohn wuchs ohne ihn auf, und im nächsten Krieg ging dieser Sohn zu den Nazis, aber richtig, sagte Hans und schaute uns siegesgewiss an, als wäre er stolz darauf, er war aber stolz auf seine Geschichte – und dann ging er als Aufseher nach Dachau oder Mauthausen. Dort ist etwas passiert, worüber niemand etwas weiß, sagte Hans, aber jeder im Dorf wusste, dass der Russensohn sich deswegen an die Front meldete, freiwillig. Er fiel dort, wo sein Vater herkam, bei Smolensk.

Wir waren alle still geworden, obwohl auch skeptisch, über dieses Märchen, das Hans uns so rund erzählte, über Hans selbst, der wie ein Naturereignis vor uns stand, über sein echtes Kreuz, seine Maskerade – wir waren alle skeptisch geworden und still, wie immer, wenn man ergriffen ist.

Im Stall spielte ein kleines Reh mit einem Küken, der Hund lief durch den Hof und jagte einem Kaninchen nach, später kamen Gänse. Wir saßen an einem langen Tisch, und Hans kochte, für den Kaiserschmarrn hatte er alle Eier seines Haushalts verbraucht, seine ganze Kraft, um den besten Kaiserschmarrn des Reichs zu machen. Dann dichtete Hans Verse auf mich, erriet meinen Beruf, machte mir Komplimente: Sie merkt alles. Selten begegne ich Männern, die intensiver sind als ich. Wir sprachen über den Krieg und lachten die ganze Zeit, vielleicht auch nur wegen der lustigen Tiere und der belebenden Luft. Wir saßen umringt von den Bergen, die rötliche Alm versank im Nebel, Michael hatte Almrausch für mich gepflückt, für die Enkelin eines Kriegsgefangenen, obwohl es verboten ist, und ich dachte, dass wir alle, auch die Saudis, dort, am Anfang des Weges, und auch die orthodoxen Juden, die dieses Jahr nicht gekommen waren, dass wir alle Teil eines großen

Epos sind, ein nur zufällig beleuchteter Teil davon, eine kleine Strecke.

Es ist Zeit, die Kühe zu holen, sagte Hans und stieg in seinen Jeep. Wir fuhren hinauf, Richtung Schnee. Aus meiner ukrainischen Praxis war mir nicht bekannt, dass man Kühe mit dem Jeep holen kann, zwischen einem Jeep und Kühen liegen bei uns Welten, meist ungangbar sumpfige.

Als wir zurück waren und ich schon ans Melken dachte und daran, dass ich für immer bliebe, wenn ich seine Kühe melken würde, denn Milch löscht die Erinnerung, hörte ich Hans verkünden, ich habe ein schönes Zimmerchen für dich, ich werde dich nicht stören, und obwohl alle schwiegen, spürte ich, dass sie dafür waren und mich schweigend zu überreden versuchten, denn mein Großvater, der Landwirt, ist hier zwei Jahre in Gefangenschaft gewesen, und jetzt schenkte er mir die Schönheit dieser Welt mitsamt allen Freiheiten, hier waren die Gesetze der Natur im Spiel, die manchmal so offensichtlich sind, dass nicht nur zwei Menschen ihre Wirkung bemerken, sondern alle Anwesenden, selbst diejenigen, die keine Beziehung zur Natur haben, und wäre mir eine Fortsetzung gestattet, bliebe ich hier, so wie damals der Gefangene, ich würde mich freiwillig melden und melken lernen, dachte ich, völlig an der Realität vorbei.
Als Hans mir vor aller Ohren ein Zimmer für die Nacht anbot, sagte ich, dass er mich dann morgen mit dem Jeep nach Mauthausen fahren müsse, und meine innere Stimme sagte Halt.
Dreimal hatte ich gefragt, wie der Hund hieß, der das Ka-

ninchen und die Gänse durch den Hof jagte und dann mit einer der Gänse spielte, er hatte in unsere Runde eine Heiterkeit hineingebracht und eine Komik, so dass wir jeden Kummer vergaßen. Den Namen des Hundes, den Hans zwei Jahre später überfuhr, wonach er in eine rauhe, unzugängliche Trauer versank, habe ich vergessen.

Aber damals dachte ich an den Hund, den Tristan Isolde geschenkt hatte, so fröhlich war dieses Geschöpf von Hans, Tristan schenkte Isolde einen Hund – Jahre waren vergangen seit ihrer Begegnung, trotzdem waren sie erst halb so alt wie wir jetzt –, er schenkte ihr einen Hund mit kleinen Glöckchen, um sie aufzuheitern und ihr zu helfen, ihn zu vergessen. Oder war es umgekehrt, um sie an ihn zu erinnern, aber fröhlich? Auch den Namen dieses Hundes habe ich vergessen, ich habe beinahe die Tristesse vergessen, die mich ergriff, als wir den Räuber Hans verließen, denn ich musste nach Mauthausen, Gott weiß warum, und eine Fahrt mit dem Jeep passte nicht in mein Epos. Wir gingen, und Hans winkte.

Fahrt nach Mauthausen

Mir scheint, die Menschen im Zug – eine seltsame Mischung von sportlichen Wesen in kurzen Hosen und Wanderschuhen, schlafenden Japanern und Männern in frisch gebügelten Anzügen auf der Fahrt zur Arbeit nach Salzburg, vielleicht sogar nach Wien – mir scheint, sie alle wissen, wohin ich fahre und dass ich nicht zu ihnen gehöre. Ich fahre alleine hin. Ich gehöre nicht zu den Schulklassen, die das müssen, ich gehöre nicht zu den Menschen, die es als Bildungsreise betrachten, als sicheren Weg zu noch mehr Geschichtsbewusstsein oder als eine Art moralischen Imperativ. Ich bin allein auf meiner Fahrt, doch ich wünschte, meine Mitfahrer könnten wissen, und wenn nicht, dann wenigstens erraten oder fühlen, wohin ich fahre. Als ob es so wichtig und ungewöhnlich wäre, nach Mauthausen zu fahren. Manche wohnen doch immer dort, in dieser modernen Barockstadt, aber ich will, dass sie es wissen, als ob erst ihr Wissen meiner Reise einen Sinn verleihen würde, als ob ich erst dann meine private Unternehmung zu einer Pilgerfahrt erklären dürfte. Und obwohl ich allein nach Mauthausen fahre, tue ich es für alle Mitreisenden, ohne sie zu fragen. Ja, ich werde Grüße von Ihnen bestellen, ich mache es schon, liebe Leute, Sie müssen es nicht selber tun, fahren Sie weiter, nur wenn Sie wandern gehen, vergessen Sie mich bitte nicht, dann sind wir quitt.

Eine alte Dame staunt über mich und meine Gerätschaften, über das Netzwerkgerät, das mir den Weg zeigen soll, über mein iPhone mit seinen von mir nie erlernten Funktionen, die Kopfhörer und die Kabel in verschiedenen Farben aus verschiedenen Epochen, die ich vergeblich miteinander zu verbinden versuche – dieses Konglomerat, dieser Krake, dieses Netz, das mich voranbringen soll, fesselt mich an Händen und Füßen. Denke ich an das Gerät fürs Melken und immer noch an die Kühe von Hans? Ich helfe der vor Staunen leicht geschwächten Dame mit ihrem Koffer. Sie steigt in Salzburg aus, wendet sich zu mir um und sagt unerwartet streng, Gute Weltreise noch! Sie wollte Gute Weiterreise sagen, aber nun hat sie mir einen Versprecher versprochen, der mich bei meinem Größenwahn ertappt. In Linz frage ich in der Buszentrale, wo ich den Bus nach Mauthausen finde. Und tatsächlich fährt die Nummer 360 nach Mauthausen, einmal rund um die Welt.

Ich stehe an der Haltestelle im großen Busbahnhof und warte. Die Ziffer 360 bestätigt mir, dass ich auf dem richtigen Weg bin, mich im Kreis bewege. Diese Zahl wäre auch ein Beweis dafür, dass ich immer noch am Anfang aller Reisen stehe, aber ich rechne weiter und ziehe die 360 des Busses von den Tagen des Jahres ab und denke an den Rest. Fünf, manchmal sechs Tage. Sind diese Tage die wichtigsten? Sind es die Tage, an denen wirklich etwas passiert, sind es die einzigen Tage, die einen Sinn haben, und mehr pro Jahr werden es nicht sein?

Ich habe Schilder, Fahrpläne und Displays fotographiert, um zu beweisen, dass ich hier war, nicht den anderen, sondern mir selbst. Ich mache das sonst nicht, auch von meinen schönsten Reisen habe ich keine Bilder, ich kann nicht gleichzeitig leben und fotografieren, aber nun sage ich zum Augenblick, verweile doch! Du bist so schön! Knips. Verstehen werde ich später.

Zuerst war ich allein an der Haltestelle und grübelte, ob überhaupt Busse dorthin fahren können. Ich machte keinen Unterschied zwischen KZ, Gedenkstätte und Stadt. Ich dachte, die ganze Welt sieht, dass ich nach Mauthausen fahre, dabei gab es hier niemanden, der mich hätte sehen können. Dann aber kamen junge Leute mit Strandtaschen und Schwimmreifen, sie fuhren mit dem 360er offensichtlich baden, und das fand ich alles akzeptabel, bis eine Dame mit Klo-Brille zustieg, auch 360 Grad, ein Kreis, obwohl natürlich nicht so perfekt, und ein Rettungsring hätte mir besser gepasst auf dem Weg dorthin. Aber sei ihnen doch nicht böse, seit dem Krieg sind tausend Jahre vergangen, welcher Krieg denn, man darf doch aufs Klo, man darf klettern gehen, schwimmen, und es darf auch gutes Wetter sein. Ein längst vergangener Krieg steht nicht im Widerspruch zum Bikini, lass deine Gedanken von dieser Dame, sie ist keine Täterin und auch kein Opfer, und nun mussten diese Worte doch noch fallen, sie raucht, macht Rauchkreise, 360 Grad plus 5 Tage, so schöne Rauchkreise konnte nur Marlene Dietrich machen, vielleicht spielt die Dame auch Schach, sie hat einfach eine Klo-Brille gekauft, heute ist Mittwoch.

Der Krieg ist längst vergangen, aber du möchtest die friedlichen Einwohner der Gegend um Linz einberufen mit ihren Schwimmreifen und Klo-Brillen, ausgerechnet jetzt, wo es so heiß ist und sie baden fahren, sie sind einfach hier geboren und wohnen hier. Sie sind nicht schuld, dass dieser Krieg dein Ursprung ist, deine Geschichte, deine Antike, und du fährst von hier nach dort und bezahlst dafür nur mit fünf bis sechs Tagen, diesem Rest des Kreises, und gäbe es keinen Krieg, hättest du keine Geschichte, mit allen dazugehörenden Motiven, als wärst du aus dem Kopf von Zeus geboren, in voller Rüstung, doch mit weicher Ferse.

Dann fuhren wir durch Linz, die von der Sonne blitzende Donau blendete mich an jeder Kreuzung, ich hatte gute

Laune, entweder weil die Häuser schön waren, oder weil es meine Absicht war, die Orte bei der Durchfahrt zu mögen. Vielleicht wollte ich einfach sagen dürfen, Linz ist eine schöne Stadt. Viele junge Menschen stiegen aus und ein, Typ Zivildienstleistende, Zivis, meine weiße Garde. Oder arbeiteten hier alle in Gedenkstätten? Ein Schloss auf dem Berg, die Donau, ein Fahrer, der es genoss, uns zu fahren, und zu mir sagte, ich solle ganz vorne bleiben bei ihm, Gnädige Frau, man sieht hier besser, und er werde mir zeigen, wo ich aussteigen muss, und ich dachte, wie seltsam es ist, dass in diesen heimeligen Tälern Menschen vernichtet wurden, als wäre es in Sibirien akzeptabel, dort, wo es kalt, kahl und flach ist.

In meinem Kopf kreuzten sich zwei Zitate, die ich früher sehr geliebt hatte, damals, als ich noch jung war und Zitate liebte und dachte, man habe märchenhafte drei Leben, wenn man sich mit Literatur rüstet: *Manuskripte brennen nicht* und *The letter always reaches its destination*. Diese Sätze hatten mich hoffen lassen, alles sei nur eine Frage der Interpretation und nichts gehe verloren, aber jetzt erschienen sie mir als arrogante und klebrige Dummheit, Sirup der frommen Wünsche, vielleicht ist es einfach zu heiß hier. Ich schaute durchs Fenster und sah die gelblichen Felder, die weichen Farben und Texturen der Landschaft. Man sollte diese Zitate lieber getrennt konsumieren, dachte ich, aber nun habe ich sie zusammengeworfen, um sie auf diesen Wiesen und Feldern liegen zu lassen, samt ihrem herben Nachgeschmack, Manuskripte brennen doch besser als Holz, und Briefe gehen ständig verloren, wenn sie überhaupt geschrieben werden, und wenn, dann werden sie auch noch missverstanden, fast immer, besonders nun die elektronischen.

Ich versuche, mich wieder auf historische Stoffe zu konzentrieren, schließlich fahre ich nach Mauthausen, aber es klappt nicht, ich denke an Wolken und Wiesen, an schöne bunte Kleider, Blumen, aber Geschichte, das Geschehen – ach, keine Ahnung, alles Stoffe, Stoffe. Man kann schon viel daraus nähen. Historische Stoffe sind für mich Samt, Atlas, Crêpe de Chine oder, wie wir damals auf Russisch sagten, *krepdyschin*.

Meine Babuschka Rosa, die ihr ganzes Leben auf die Rückkehr ihres Mannes Wasja, Wassilij, wartete, aus all diesen Lagern, die ich jetzt aufsuche, hatte solche Kleider. Sie, die während des Krieges zweihundert Kinder gerettet hatte, sah im Alter aus wie ein vom Hunger geschwollenes Kind. Sie war ganz dünn, aber ihr Bauch war groß, und kein Kleid passte ihr, so hatte eine Schneiderin Kleider für sie genäht, aus *krepdyschin* oder Seide. Hellgrün mit weißen Streifen, violetten Punkten am Horizont eines Sonnentages, dunkelblau mit weißen und schwarzen Wellen, die durch die Landschaft rollen, und dieser duftende, leicht glänzende Stoff mit Lilien und Rosen, ein Wunder in unserer schlichten Welt. Ein halbes Königreich würde ich dafür geben und alle historischen Stoffe dazu, um ein kleines Stückchen dieser Seide in die Hand zu bekommen. Man tut alles im Versuch, den Tod wegzuinterpretieren, als gäbe es kein Verschwinden, nur Empfangen und Ankommen.

In einem Städtchen steigen wieder Menschen ein, der Markt-platz und die Menschen, alles ist hübsch. Nächste Halte-stelle Gusen, das Außenlager von Mauthausen, ich habe darüber gelesen. Wir fahren schnell durch. Die graue schar-fe Wand der Gedenkstätte steht quer zur Straße, als wol-le sie die Landschaft durchschneiden. Ich spüre diesen Schnitt an meinem Hals, als die Wand längst hinter uns ist. Ein Phantomschmerz, ich kann nicht schlucken. Kurz vor Mauthausen erwischt mein netter Fahrer eine Schülerin mit abgelaufenem Ausweis. Er wird gnadenlos, vernich-tend, sie ist bedrückt und bezahlt die üblichen vier Euro. Alle schweigen einstimmig, er hat recht. Als ich an der Sta-tion *Wasserwerk* bei Mauthausen aussteige, ist er auch auf mich böse. Ich habe gesehen, wie er betrogen wurde, er hat sich erniedrigt gefühlt, und er hat zurückgeschlagen, auch das habe ich gesehen, als Zeugin der Fahrt, und Zeugen ma-chen alles nur noch schlimmer.

Mein Koffer bleibt stecken, alle warten, auch der Busfah-rer wartet, und er sagt kein Wort. Ich mache krampfhafte Bewegungen, aber der Koffer kommt nicht durch. *Es tut mir leid!* Er schweigt, versteinert, recht wie er hat. Endlich befreie ich meinen Koffer und begrüße den Boden von Mauthausen. Der Schweiß läuft mir den Rücken hinab.

Sisyphus

Sisyphus, der der griechischen Sage nach dazu verurteilt war, einen Felsblock einen steilen Berg hinaufzuwälzen, von wo er kurz vor dem Gipfel immer wieder herabrollte, wird in der ersten Silbe mit einem i, in der zweiten mit einem y geschrieben. Ebenso: Sisyphusarbeit.

Duden

Auf der Hügelspitze sah ich eine Festung, eine Reminiszenz an das Mittelalter, mit mächtigen Mauern, hohen Türmen und einer tadellosen, ja einwandfreien Geometrie, die ich als schön, zumindest als angenehm bezeichnen würde. Ich hatte nicht gedacht, dass es hier schön wäre, ich dachte, hier darf es nicht schön sein. Der Anblick weckte in mir ein Gefühl für Maß, Proportion und Harmonie, das offenbar auch die Erfinder solcher Orte angetrieben hat. Neben mir steht Wolfgang, ein Mitarbeiter der Gedenkstätte, mein leicht verträumter Begleiter in Leinenanzug und elegantem Sommerhut. Ich freute mich über seine belebende Erscheinung, die überraschende mozartische Note.

Ich habe Klarheit erwartet, ich dachte, um große KZ gäbe es keine Geheimnisse mehr, jedenfalls keine architektonischen, es sei alles beschrieben und geprüft und man dürfe sich dem Narrativ zuwenden, dem Sinn des Ganzen, aber noch vor dem Eingang zeigte mir Wolfgang einen Löschteich, mit Sprungtürmen, einem tiefen und einem flachen Bereich sowie Überläufen am Rand, doch für ein Schwimmbad sei es zu tief. Ich staunte über dieses Betonloch, als wäre es etwas Archäologisches, als handele es sich um eine Hinterlassenschaft der Maya und Azteken, um rätselhafte Bauten verschwundener Zivilisationen mit einer für uns unbegreiflichen Logik.

Wir stehen schweigend auf der Treppe, als wäre eine Rauchpause für die Einstimmung nötig, und beobachten die Teenager, die gackernd die Treppe rauf und runter wogen. Mauthausen liegt in seiner ganzen Selbstverständlichkeit vor uns.

Ich bin wegen meines Großvaters hergekommen, wegen seiner siebzehn Tage. Ich denke nicht an ihn, nur an die anderen, doch ich schaffe es nicht, die hunderttausend auf mich zu nehmen. Heute ist der dreizehnte Juli, der heißeste Tag dieses Sommers, im Lager gibt es keinen Schatten. *Team* lese ich auf einem T-Shirt, und in der Tat, ein ganzes Team ist da, die Gegend ist für Fahrradprofis wie geschaffen, unbeholfen gehen sie in ihren Fahrradschuhen die gesicherte Todesstiege hinunter, mit der Aufschrift *Team* auf dem Rücken, sie besichtigen die Gedenkstätte auf ihrer Fahrradtour. Das kleine Tal des Steinbruchs, der Ort der Arbeit, erinnert an einen Nationalpark irgendwo in Amerika, ein Gelände mit offenen Felsen und viel Grün, weiter hinten ein kleiner Wasserfall, zwei Fahrräder sind an ein Baugitter angeschlossen, darüber ein Schild, *Baden ist auf dem Gelände der Gedenkstätte verboten.* Ohne zu urteilen, erzählt Wolfgang von dem Verbrechen von damals und der Normalität von heute, einer Normalität, die sich in jeder Zeit ihren Raum erobert. In meinem Kopf bleiben nur Zahlen.

Dreißig Nationen waren hier vertreten, jede Nation hat ihr Denkmal. Politiker, Arbeiter, Priester, hier kann ich mir das Europaparlament besser vorstellen als in Brüssel, wer im KZ war, darf auch in die EU. Fünfhundert sowjetische Offiziere unternahmen einen Fluchtversuch, die ganze Gegend machte sich auf die Jagd, Hasenjagd nannte man es, die Toten wurden an einem Ort zusammengetragen wie erlegtes Wild, keine großen Tiere, sondern kleine feige Hasen, aber was ist das schon, in meinen Notizen steht, siebenundvierzigtausend kremiert, ein merkwürdiges Wort zwischen den Zahlen, die meisten starben an Unterernährung und Krankheiten, vielleicht ist es falsch, ich meine, die Zahl ist falsch, als ob solche Zahlen richtig sein könnten, an die hunderttausend Menschen sind in Mauthausen getötet worden oder durch Arbeit zugrunde gegangen. Wenn ein Mensch um so viel größer wäre als ein Atom, wie die Sonne größer ist als ein Mensch, was wäre dann die Mitte zwischen dem Tod eines Einzelnen und dem Tod von Millionen? Wäre es eine Zahl oder der Ort, an dem ich mich nun befinde? 1 verstehe ich, 10 auch, 100 mit Mühe und 1000? Oft wurden jüdische Häftlinge aus fünfzig Metern Höhe in den Steinbruch hinabgestürzt, Fallschirmspringer nannte man sie. Genau 1000 jüdische Häftlinge sollen anlässlich des Besuchs von Heinrich Himmler im Frühling 1941 vom Felsen gestürzt worden sein, erzählte ein Häftling später. Ein Apfelbaum steht auf dem Gelände, mit verlockenden Äpfeln. Der Kommandant habe seinem Sohn zum 14. Geburtstag 14 Häftlinge geschenkt, an einem Apfelbaum im Garten des Kommandanten seien sie erhängt worden, als Baumschmuck, so heißt es. Die vierzehn ergeben mehr als die tausend,

14 > 1000, mehr wovon, mehr von etwas Unzählbarem –
ist es die Art ihres Todes, oder ist 14 eine Zahl, die wir
noch wahrnehmen können, und danach bricht unsere Mathematik zusammen? Bei welcher Zahl verschwindet der
Mensch? 10 000 Erschossene wurden unter der Marbacher
Linde begraben, drüben auf dem Berg, wenn ich mich nicht
irre, wie soll ich mir das vorstellen, in meiner Schule waren
wir nur 600, und in einem Stadion war ich noch nie. Wenn
ich noch eine Null anhänge, muss ich anfangen, strategisch
zu denken, ich stelle mir die großen Schlafbezirke vor, in
den Hochhäusern auf der Insel gegenüber von meinem
Kiewer Haus leben genau hunderttausend Menschen, ich
bringe sie heimlich in die Todesstatistik ein, ohne sie in ihrem Schlaf zu stören, nicht für immer, nur um diese Zahl
zu verstehen, und dann lasse ich sie wieder ins Leben zurück.

Wir sind mit 20 Millionen Kriegstoten aufgewachsen,
dann stellte sich heraus, es waren viel mehr. Durch Zahlen
sind wir verwöhnt und verdorben, von der Vorstellung der
Gewalt vergewaltigt, wenn man diese Zahlen versteht, akzeptiert man auch die Gewalt. Mich ergreift eine Schwer-
mut, ich weiß nicht, warum das alles so gewöhnlich klingt,
fast langweilig.

Ich wollte eine Lösung finden, für mich und für diejenigen,
die heute hier wohnen und arbeiten, ich wollte mich erinnern und darüber schreiben, es war aber eine Tätigkeit
ohne absehbares Ende. Sisyphus wollte den Tod betrügen,
und Thanatos bestrafte ihn mit nie endender Arbeit, er
holte ihn aus dem Schattenreich ins Leben zurück und ver-

urteilte ihn zu ewiger Beschäftigung, ewiger Mühe, ewiger Erinnerung. Sisyphus rollte seinen Stein nach oben, im Schweiße seines Angesichts, und wie das ausging, wissen wir.

Es wurde darauf geachtet, dass es im Lager sauber war, die Räume und die Wege, an den Baracken wurden Blumenkästen angebracht, die Sandwege wurden mit einer Straßenwalze geglättet, denn die Welt ist schön, nur die Häftlinge waren schmutzig und krank, unwürdig für das Leben, nur für die Arbeit geschaffen, die sie vernichten sollte, wieder und wieder trugen sie Steine nach oben, Schritt für Schritt einander folgend, in dichten Reihen, wie in einer Massenszene im Film, wenn einer stolperte, riss er die anderen mit, Dutzende fielen wie Dominosteine, verletzt oder tot, und wenn einer stärker war als die Arbeit, konnte man ihn immer noch erschießen. Es gab hier auch Dichter, vielleicht hatten sie den Tod betrügen wollen und wurden nun dafür bestraft.

Ich sah den Gipfel des Hügels, spürte das Gewicht, dachte an die Gefahr und fing an, meinen Stein hinaufzuwälzen, aber meine Geschichten hatten den Ort nicht erfasst, ich konnte nichts erzählen, auch nicht, dass das Gelingen einem Menschen hier nicht gestattet ist. Es ergab keine Summe und keinen Sinn. Warum lassen wir den Stein nicht liegen?

Als wir gingen, war die Gedenkstätte schon geschlossen, und ein älterer Mann in weißem Unterhemd lief uns entgegen, erst die Denkmalmeile entlang, an allen dreißig

Nationen vorbei, dann die Todesstiege hinunter und die Todesstiege hinauf, vorbei an der steinernen Rutsche für die toten Kinder und wieder an den Denkmälern entlang zurück in den Ort, weg von dem schönen Hügel. Er läuft hier jeden Tag, sagte Wolfgang.

Der Todesmarsch der fremden Verwandten

Es war ein Tag ohne Datum, als die Kolonne der ungarischen Juden Gunskirchen erreichte, zwanzig Tage bis Kriegsende, sechzehn bis zur Befreiung oder noch weniger. Nachdem ich erfahren hatte, dass mein Großvater dort war, wohin sie gingen, konnte ich die Augen nicht mehr von ihnen abwenden, Mauthausen – Gunskirchen, 55,2 Kilometer, Todesmarsch.

Frauen, Kinder und Alte, ungarische Soldaten, die auf der deutschen Seite in Stalingrad gekämpft hatten, Hochschulprofessoren, Rechtsanwälte, *eine nicht enden wollende Kolonne von Juden*, wie ein Pfarrer aus Gunskirchen schrieb, als stünde es in ihrem Willen, ob es ein Ende hat. Manche waren den ganzen Weg aus Ungarn zu Fuß gegangen, begleitet von ungarischen Gendarmen, mit Marschieren hatte es wenig zu tun.

Im Archiv fand ich Berichte von österreichischen Beamten, von Amerikanern, die ein unbekanntes Lager im Wald entdeckt hatten, und die Materialsammlung eines Historikers aus Linz. Nach 25 Jahren war er die Strecke des

Marschs noch einmal abgelaufen und sprach mit allen, die er antraf, mit Bauern, Priestern, Menschen, damals noch Kindern, er beschreibt Kirchen, Straßenwindungen und Friedhöfe. Er erzählt von Bauern, die sterbende Menschen hatten vorbeigehen sehen, es war ihnen verboten zu helfen, sogar sie anzuschauen war verboten, damals wurden gerade Kartoffeln gepflanzt, und die Bauern warfen heimlich Essen auf den Weg oder steckten es in die Zäune, die Juden waren scharf auf Zwiebeln, berichtet eine Frau, ich konnte sie ihnen nicht in die Hand drücken, ich warf ihnen die Zwiebeln hin, aber einer der Wachmänner sagte mir, dass er auch mich erschießen könne, ein Mädchen denunzierte Juden, die sich auf dem Friedhof versteckt hatten, und ein anderes Mädchen staunte darüber, dass diejenigen, die nicht mehr gehen konnten, nicht nur erschossen, sondern auch erschlagen wurden in dieser schönen Gegend, ein Mann, der mit seinem Fuhrwerk die Leichen einsammeln musste, erinnerte sich an die Zahlen, und wieder Frauen und Kinder und die anderen Frauen und Kinder, die zuschauten, und eine Frau erzählte, dass keine Blätter mehr an den Bäumen hingen, nachdem sie vorbeigegangen waren, und ich erinnere mich auch an Pflaumen, ich erinnere mich sogar an einen jungen deutschen Wachmann, der Pflaumen für die Juden pflückte, aber es war im April, das musst du doch wissen, es gab keine Pflaumen und auch keine gute Tat, ein kleiner Junge versuchte, seinen niedersinkenden Vater zu tragen, aber oft fehlt das Ende dieser Erzählungen, die Bauern hörten nicht alle Schüsse, und ich las und las, bis sie angekommen waren, genau dort, wo mein Großvater schon war, in Gunskirchen. Ich versuchte mir vorzustellen, wie er die Ankommenden wahrnahm und was danach passierte, aber es gelang mir nicht, und ich las dann noch die Übersetzungen aus dem Ungarischen, *Wir haben aber trotzdem einen guten Platz bekommen, Onkel Geza hat ihn erkämpft*, bis ich irgendwann auch das nicht mehr konnte, mein seelischer Speicher war voll mit den Toten im Wald, und ich fing an, die losen Blätter zu kopieren, denn Geräte sind bekanntlich dazu da, unsere Unfähigkeiten zu eliminieren, oder eher, unsere Fähigkeiten zu erweitern, und ich kopierte, als hätte ich durch das Kopieren irgend jemandes Leben verlängern oder gar vervielfältigen

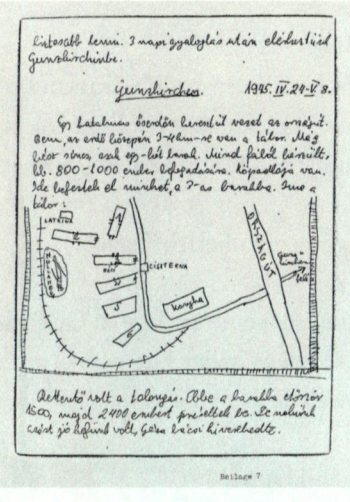

können, ich schaute nicht einmal auf die Blätter, dort waren Bilder, die nicht für mich bestimmt waren, ich schaute nur kurz hin und war sicher, dass ich sie nie wieder anschauen würde, aber ich brauche sie!, und drückte auf den Knopf, so erzeugte ich weitere Kilos von Grausamkeiten, doch durch diese Vervielfältigung passierte etwas, wozu wir Geräte brauchen, und ich drückte auf den Knopf, als hätte dieses Gerät etwas retten können, ich kopierte alles und spürte, wie meine eigene Zukunft immer größer, immer ausgedehnter wurde, je mehr ich Gunskirchen kopierte, angesichts dieser immer weiter aufgeschobenen Betrachtung, die mir vielleicht gar nicht gestattet ist, und ich kopierte, bis ich zu ahnen begann, dass ich wieder einmal *e* von *ä* nicht unterschied, gerettet, Geräte, und in diesem Gerät Rettung suchte, unbedacht.

Woran ich dachte –

als die ungarischen Juden nach Gunskirchen kamen, war mein Großvater bereits dort, sollten die nichtjüdischen Männer den jüdischen Häftlingen etwas angetan haben?

dass die Schlechtesten überlebt haben

was ich alles tue, um seine 42 Tage in Gunskirchen und die 37 Jahre seines Lebens in der Heimat zu verstehen, und sei es nur für eine Zeile

ich möchte nach Hause

er war genauso alt wie ich jetzt

ich habe ihn wieder aus den Augen verloren

wenn die Welt so ist, hat es überhaupt keinen Sinn zu leben, dieser Gedanke bedeutet keine Schwäche

ein Kind auf dem Schoß seiner Mutter

dass es kaum Wasser im Lager gab, und wenn mein Großvater überlebt hat, bedeutet es, dass jemand an seiner Stelle
sterben musste, aber das habe ich schon gesagt

an das Wort Kazettler, das in den Dokumenten stand, ein
Kazettler, acht Kazettler, Kazettler hin, Kazettler her

zwei amerikanische Greise, die sich irgendwo mitten in
den USA treffen, vielleicht in Texas, und von Gunskirchen
reden, darüber, wie ihre Einheit im Wald zufällig Tausende
von Verhungerten gefunden hatte, und darüber, wie Tausende in den folgenden Tagen starben, nachdem sie von
ihren Rettern Essen bekommen hatten

wie eine israelische Familie nach Gunskirchen fährt, nachdem sie das Tagebuch des verstorbenen Vaters gefunden
haben, der Mauthausen, Gusen und Gunskirchen überlebt
hatte, ein 17jähriger, aus Budapest, er überlebte, weil er
alles zählte wie besessen, die Stufen, die Bäume, die Menschen, die Streifen. Seinen Kindern sagte er nichts, und
nun sitzen sie, vier erwachsene Geschwister, im Gunskir-
chener Wald, um den ihnen unbekannt gewordenen Vater
zu finden. Einer von ihnen dreht einen Film darüber und
nennt ihn *Six Million and One*, als hätte seine Kalkulation
aus einer monolithischen Zahl wieder einzelne Menschen
gemacht, aus *six million* werden *six million ones*

dass man etwas sieht oder tut, und das ist dann für immer

ich weiß nicht, woher diese Überzeugung kam, aber genau dort, in diesem kleinen Lager, geschah nach allem, was schon geschehen war, etwas, was die Rückkehr meines Großvaters nach Hause unmöglich machte, so dass er, zurück in Kiew, nicht bei der Familie bleiben konnte, nicht bei seinen Töchtern und seiner Frau Rosa, deren Mutter und Schwester in Babij Jar liegen, was einen für immer jüdisch macht, ich weiß, dass seine gescheiterte Rückkehr etwas mit dem Todesmarsch der ungarischen Juden zu tun hatte

vielleicht hat mein Großvater in dieser Menge von Frauen und Kindern jemanden gesehen, der den Seinen ähnelte

dass die Gewissheit in der Vermutung liegt

Benno, der 17jährige Bruder meiner neugefundenen Verwandten Mira Kimmelman, Nummer 133 856 von Mauthausen, wurde im März 1945 auf einem der zahlreichen Märsche von Mauthausen nach irgendwo erschossen, er konnte nicht weitergehen, wie ein Augenzeuge sagte

dass Verwandte sich auf solchen Wegen treffen, und hier sind alle verwandt

an den Todesmarsch auf Google Map

Iwan Mjatschin, ihn habe ich noch gar nicht erwähnt, noch ein 17jähriger. Er war der einzige, über den mein Großvater sprach, Iwan arbeitete in der Lagerküche, und als er erfuhr, dass Wassilij zwei Töchter hat, versuchte er, für ihn Reste zu besorgen, denn Iwans Meinung nach sollte eher Wassilij überleben als Jungen, die keine Kinder hatten, Wasja überlebte, und er dachte, wegen Iwan, aber vielleicht wollte er auch nur jemandem für sein Überleben dankbar sein, sonst bleibt nur die Schuld, doch in welchem Lager sie einander begegnet sind, wissen wir nicht, auf den Mauthausener Listen gibt es keinen Iwan Mjatschin

in der Sowjetunion gab es nach dem Krieg zehn Millionen mehr Frauen als Männer, oder zwanzig

mein Großvater Wassilij war nach Hause zurückgekehrt, doch nur für kurze Zeit. Alle hatten auf ihn gewartet, meine Großmutter Rosa hatte seinen Lieblingsledermantel durch den Krieg gerettet, trotz der Evakuierung und dem Tod naher Verwandter. Wassilij war wieder da, und sie stritten, vielleicht nicht die ganze Zeit, aber oft. Erst verschwand der Mantel, und dann ging auch Wassilij.

Das Ende des Imperiums

Ich bin überzeugt, dass meine Reise durch Österreich inszeniert wurde, ich weiß nur nicht, von wem, ich folgte den Spuren einer Kriegsgefangenschaft, traf Saudis, den Riesen Hans und dann noch zwei Staatspräsidenten, die mit ihren Hubschraubern auf der Wiese vor Mauthausen gelandet waren, wie in *Apocalypse Now*, begleitet von Walkürengesang, und in den Städten hielten mir fremde Männer die Türe auf. Als ich endlich in Wien ankam, wo sich die Kriegsarchive befanden und wo Ozjel, der Vater meiner Großmutter Rosa, geboren wurde, war gerade Otto von Habsburg gestorben, und die Zeitungen schrieben über das Ende des alten Europa, über siebenhundert Jahre Habsburg, eine Dynastie, die die Geschichte mehrerer Jahrhunderte geprägt hatte, sie schrieben über den Ersten Weltkrieg und was alles in diesem nun wirklich abgeschlossenen Jahrhundert gewesen wäre, wenn Otto von Habsburg Kaiser geworden wäre oder mindestens eine einflussreiche Persönlichkeit in der europäischen Politik, und in den Zeitungen stand auch, dass dies nun wirklich das Ende sei. Darüber, wie diese Dynastie Europa in den Ersten Weltkrieg geführt hatte, kein Wort. Die Stadt schmückte sich für das üppige Begräbnis, die Menschen gingen langsamer, als unsere Zeit erlaubt, auch ich schritt langsam und feierlich die Straßen und Gassen von Wien entlang, wie die Tänzer im letzten Akt, wenn sie Hand in Hand, er und sie, an den Reihen ihrer Untertanen vorbeigehen und triumphierend das Ende der Vorstellung erreichen. Ich ging allein und sah, wie aus den Fenstern am Weg des Begräbniszugs schwarze Schleifen herausgehängt wurden, und dachte an einen anderen Zug, im Geiste war ich immer noch bei meiner nicht enden wollenden Kolonne.

La-la-la Human Step hieß die Tanz-Performance, bei der ich wieder einen Hans kennenlernte. Danach gingen wir tanzen. Hans war ein DJ aus Deutschland, er erzählte mir von Dionysos, seinem Kult und seinen Frauen, von der Selbstvergessenheit im Rhythmus, von Hingabe und Trance, von den Schwingungen der Masse in unserer globalisierten Welt, Hunderte von Menschen tanzten mit uns, und irgendwann sprachen wir von unseren Großvätern, die in

Kriegsgefangenschaft gewesen waren, seiner als Deutscher in Sibirien, meiner als Russe in Österreich, wir raveten, oder we were raving for peace, die ganze Nacht, für den Weltfrieden, für Dionysos und in memoriam Otto von Habsburg. Am nächsten Tag reiste ich ab und fuhr ein letztes Mal durch Wien, vorbei an Sperranlagen, Gendarmen, Kutschen, Kavalleristen und Militärs, es waren auch alte Leute auf den Straßen, in bunten Kleidern und mit Hutgarnituren, als wären sie aus einer Sissi-Inszenierung auferstanden, Untertanen ihrer eigenen Vergangenheit, aber Otto von Habsburgs Begräbnis habe ich verpasst, wie auch das angekündigte Ende Europas.

Kreuzung

Ich bin als Kreuzung zweier Straßen mit deutschen Namen entstanden, Engels und Karl Liebknecht. In diesen beiden Straßen sind meine Eltern zur Welt gekommen, mein Vater in der Uliza Engelsa und meine Mutter in der Uliza Liebknechta Ecke Institutskaja, und auch meine Schule stand an dieser Kreuzung. Wenn es eine Schuld gibt, in dem Sinn, dass alles einen Grund hat, dann liegt sie in dieser deutschen Kreuzung, ihre Klänge sind in mich hineingefallen, damals, als ich zur Schule ging. Engels kannten wir, er hat *Der Ursprung der Familie* geschrieben und war mit Marx befreundet, er hieß einfach Engels, Klassiker hatten kurze, klangvolle Namen und waren immer im Profil zu sehen, und immer alle zusammen, sie blickten nicht uns entgegen, nur der Zukunft, Karl Marx, wie zwei Schüsse, oder wie ein Befehl, im Gleichschritt, Marx! Außerdem war er der Namensgeber unserer Tortenfabrik. Karl Liebknecht dagegen, mit seinem krächzenden Stottern, hatte kein Profil, Karl, mein lieber Knecht mit Krücken, niemand kannte ihn, und schon deswegen war er mir lieber, vielleicht weil ich sein Verhängnis am Kanal spürte. Die kleine Rosa-Luxemburg-Straße kreuzte die Karl-Liebknecht-Straße und wurde von der Tschekisten-Straße abgeschnitten, eine Topographie, die nicht vergeht, wie ein Gedicht. »Nacht, Weg, Laterne, Apotheke, / Das Licht ist sinnlos trüb und bleich. / Geh weiter auf der Lebensstrecke – Kein Ausweg. / Alles bleibt sich gleich. / Du stirbst – beginnst ein neues Mal. / Und wieder, eh du dir's gedacht: / Weg, kaltes Kräuseln im Kanal, / Laterne, Apotheke,

Nacht.« Jetzt ist mir rätselhaft, warum wir nie gefragt haben, wer dieser liebe Knecht ist und warum wir damals nicht begriffen haben, dass auch die zahlreichen Prinzen mit ihren Schimmeln und Schlössern sich aus den deutschen Märchen in unsere Kindheit eingeschlichen haben.

Als ich wieder zur Kreuzung Institutskaja/Liebknecht ging, in Richtung Laterne, Apotheke und des Hauses, in dem Ozjel starb und ich geboren wurde, dachte ich daran, dass in unserem Haus, wie mir meine Mutter erzählte, noch viele Jahre nach dem Krieg schwarze Nummern auf den Türen zu sehen waren, in der Okkupationszeit war dort ein militärischer Stab der Deutschen einquartiert, aber die Nachbarn sagten, nein, es sei die ukrainische Polizei gewesen, und sosehr man sich auch mühte, die schwarze Farbe kriegte man nicht weg. Obwohl dort niemand mehr lebte aus der damaligen Zeit, nicht einmal aus meiner Zeit, und es inzwischen Klimaanlagen gab und verglaste Balkone, zog es mich dorthin. Als ich gegenüber dem Haus stand, das ich zu meinem erklären konnte, und überlegte, ob wir zu der Zeit, als ich geboren wurde, im zweiten oder im dritten Stock gewohnt hatten, kam eine alte Dame aus der Apotheke. Sie lächelte, und ich lächelte zurück, sie war weiß gekleidet, trug einen langen weißen Mantel und weiße Schuhe, auch ihre Haare waren weiß und leuchteten in einem leichten weißen Licht an diesem vernebelten Tag. Wir standen eine lange Minute nebeneinander an der Kreuzung, bei uns haben die Ampeln Sekundenanzeigen, nach dreißig Sekunden lächelte sie immer noch, sie schaute zu mir, als hätte sie mich erkannt und wäre sich sicher, dass ich sie niemals erkennen würde, und dann sagte sie – oder tadelte sie mich? – Ich treffe Sie etwas zu oft hier in letzter Zeit! Und ich erwiderte erstaunt, dass ich seit Jahren nicht mehr hier gewesen sei. Das spielt doch keine Rolle, sagte sie.

Es wurde grün. Ich war so überrascht, dass ich stehen blieb und nicht wahrnahm, wie die Dame verschwand. Als ich mich umschaute, war die Ampel wieder rot, und die Dame war fort, wie in Luft aufgelöst, und ich dachte, sie hat recht, ich kehre etwas zu oft hierher zurück, ja genau, dachte ich, etwas zu oft.

Danksagung

Ich danke meinen Eltern, Miron Petrowskij und Swetlana Petrowskaja, für ihr Vertrauen – und dafür, dass sie mich mit ihrem Verständnis für ein Buch überraschen, das ich für sie und zugleich über sie geschrieben habe, in einer Sprache, die sie nicht kennen.

Mehr als allen anderen danke ich meinem Mann Tobias Münchmeyer. Ihm hatte mein Vater die Geschichte von Vielleicht Esther als erstem anvertraut, und er ist zugleich Adressat und Auslöser dieses Buchs. Er hat mir von Anfang an zur Seite gestanden, ich danke ihm für seine hingebungsvolle und unermüdliche Hilfe, beim Finden von Wörtern, dem Entwickeln von Gedanken und der Bewältigung des Alltags.

Auf der Suche nach dem richtigen Ausdruck begleitete mich während der ganzen Entstehungszeit Sieglinde Geisel. Sie hat sich in dieses Wagnis gestürzt – ohne ihre Geduld, ihre Begeisterung und unsere Freundschaft wäre dieses Buch nicht möglich gewesen.

Meine Lektorin Katharina Raabe bestärkte mich in der Idee, dieses Buch zu schreiben. Aufmerksam und vertrauensvoll unterstützte sie mich in allen Phasen des Schreibens.

Ich danke allen, die mir bei meinen Recherchen geholfen haben, oft mit einer Großzügigkeit, die weit über das Notwendige hinausging: Halina Hila Marcinkowska und Anna Gawrzyjał (Kalisz), Anna Przybyszewska Drozd, Yale J. Reisner und Jan Jagielski (The Emanuel Ringelblum Jewish Historical Institute, Warschau), meinem lieben

Bruder Yohanan Petrovsky-Shtern (Northwestern University, Chicago), Annemarie Zierlinger (St. Johann), Michael Mooslechner (Flachau), Wolfgang Schmutz (Gedenkstätte Mauthausen), Mira Kimmelman und ihrer Familie (Oak Ridge, Washington), Rosalyn und Eshagh Shaoul, die bewiesen haben, dass Familie viel größer ist, als man denkt. Kornel Miglus, Maciej Gutkowski, Grzegorz Kujawa, Michael Abramovich, Yevgenia Belorusets. Dank an alle meine Lehrer und Freunde.

Danke auch der Robert Bosch Stiftung für die Unterstützung im Rahmen des Programms »Grenzgänger« wie auch dem Künstlerhaus Lukas (und dem Land Mecklenburg-Vorpommern) für das Arbeitsstipendium.

Bildnachweis

S. 33: Lida. Ca. 1957 Lidija Sinjakowa. Familienarchiv. – S. 63: Rosa. Rosalija Krzewina. Ca. 1991. Familienarchiv. – S. 95: Ozjel Krzewin und sein Schüler. – S. 97: Krzewins Taubstummenschule. Kiew. 1916. Familienarchiv. – S. 98: Abram Silberstein. – S. 110: Graffiti in Warschau. 2012. Foto: K. P. – S. 129: Stickerinnen 1925. Aus: *Seifer Kalisz*. Tel-Aviv. 1968. – S. 135: Kopfsteinpflaster, Kalisz. 2012. Foto: K. P. – S. 151: Nikolaus Basseches: »Prozess der Toten Seelen«. 18. April 1932. Archiv des Auswärtigen Amtes Berlin. – S. 158 und 170: Judas Stern. – S. 162: Prozess gegen Sergej Wassiljew und Judas Stern. *Vossische Zeitung*. 17. April 1932. – S. 222: Ecke Luteranskaja, Meringowskaja Straße. 25. November 1941. Aus: Malakow, D.: *Kiew, 1941-1943, Fotoalbum*. Kiew 2000. – S. 273: Bericht eines Häftlings von Gunskirchen. Archiv der KZ-Gedenkstätte Mauthausen, Bundesministerium für Inneres, Wien.

Inhalt